성찬
하나님 나라의 성례

Copyright ©1987 by SVS press
Originally published in English under the title *The Eucharist*
by St vladmir's Seminary, 575 Scarsdale Road, Crestwood, New York , 10707-1699
All rights reserved.

Korean Edition ©2021 by Korea Touch Books
2nd floor, 800, Tongil-ro, Deogyang-gu, Goyang-si, Gyeonggi-do, Republic of Korea

이 책의 한국어판 저작권은 미국 SVS Press와 독점 계약한 터치북스에 있습니다.
신저작권법에 의하여 한국 내에서 보호를 받는 저작물이므로
무단전재와 복제를 금합니다.

THE EUCHARIST

성찬

하나님 나라의 성례

알렉산더 슈메만

터치북스

일러두기

'예배'를 뜻하는 영어 service, worship, liturgy 등은 문맥에 따라 공적 예배, 예전, 개인 예배 등으로 번역했다.

추천의 글 • 6

출판사 서문 • 14

서문 • 16

1장. 성회의 성례 ⋯⋯⋯⋯⋯⋯⋯⋯⋯⋯ 22

2장. 하나님 나라의 성례 ⋯⋯⋯⋯⋯⋯ 47

3장. 입당의 성례 ⋯⋯⋯⋯⋯⋯⋯⋯⋯⋯ 82

4장. 말씀의 성례 ⋯⋯⋯⋯⋯⋯⋯⋯⋯⋯ 107

5장. 신실한 자들의 성례 ⋯⋯⋯⋯⋯⋯ 132

6장. 봉헌의 성례 ⋯⋯⋯⋯⋯⋯⋯⋯⋯⋯ 162

7장. 연합의 성례 ⋯⋯⋯⋯⋯⋯⋯⋯⋯⋯ 212

8장. 드높임의 성례 ⋯⋯⋯⋯⋯⋯⋯⋯⋯ 255

9장. 감사의 성례 ⋯⋯⋯⋯⋯⋯⋯⋯⋯⋯ 274

10장. 기념의 성례 ⋯⋯⋯⋯⋯⋯⋯⋯⋯ 309

11장. 성령의 성례 ⋯⋯⋯⋯⋯⋯⋯⋯⋯ 341

12장. 친교의 성례 ⋯⋯⋯⋯⋯⋯⋯⋯⋯ 364

역자후기 • 392

추천의 글

●●● 교회 안 나가는 그리스도인, 소위 '가나안 교인'이 언어도단임을 알려면 이 책을 보라! 저자는 교회의 진정한 부흥이 하나님 나라의 성례인 성찬의 부흥에 있다고 선언한다. 성례를 무시하고 간과하는 오늘날의 가벼운 강단 신학에 대해서는 예배학적으로 예리하게 비판하면서도 저자는 많은 그리스도인들이 참된 예배자로 바로 서기를 바라는 마음으로 쉽고 평이한 문체로 성찬의 의미를 되새긴다.

저자는 예전 자체를 신학으로 규정하며 교리와 신자의 삶에 대한 기존 이해를 뒤집는다. 로마가톨릭 교회의 스콜라주의와 개신교의 개인주의적 신학과 성례 이해 자체를 싸잡아 비판하는 동시에 자신이 속한 동방교회의 전통에 대해서도 둘의 영향을 받아 성례와 성찬의 상징을 상실하였다고 혹독하게 질책한다. 또한 저자는 회중 모두가 성례의 능동적 참여자라는 확신하며 성직자와 평신도의 구분을 철저하게 거부한다.

동방정교회의 예전 입문서인 본서는 삼위 하나님과 누리는 교제와 삶을 담은 신학과 교의학 책이다. 성회, 입당례, 말씀례, 봉헌, 감사의 연속적인 예전 전체에서 교회는 하나님 나라로 들려 올라가 그리스도의 몸이요 성령의 성전으로 완성된다.

하나님 나라의 성례는 창조 세계와 완성될 세계 모두를 품기 때문에 예배자는 일상생활에서 우주적이면서 동시에 종말론적인 사명을 수행한다. 단호하고 격정적 문체에 담긴 저자의 풍성한 가르침은 독자들을 매료하여 깊은 영적 세계로 인도한다. 무엇보다 본서는 개신교 예전의 특징과 한계를 대면하게 한다. 저자의 말처럼 상징이 사라진 예배와 경건이 언어유희에 불과하다면, 과연 우리 예배는 예배라 할 수 있을까? 저자의 진지한 호소에 경청함으로써 참된 예배에 참여할 수 있기를 바란다.

유해무 교수 (前 고려신학대학원 교의학과)

●●● 자기 백성을 위해 친히 바쳐진 '그리스도의 몸'을 기념하기 위해 이제 '그리스도의 몸'이 된 교회가 '그리스도의 몸'인 성찬을 나누기 위해 함께 모일 때 하나님께 영광이 되며 은혜는 극치에 달하고 세상은 새로운 소망을 얻는다.

안타깝게도 오늘날 교회는 성찬을 무시하는 저교회 경향과 사제중심의 고교회 관습으로 양분되어 하늘나라의 잔치인 성찬을 제대로 향유하지 못하고 있다. 정교회 전통에서 교부들의 풍성한 신학을 전수하는 데 전념했던 알렉산더 슈메만의 책은 그런 의미에서 무척 반갑다. 이 책은 성찬의 풍성한 의미를 예전적으로 그리고 신학적으로 잘 풀어 설명해 준다. 이 책을 읽으면 예전이 어떻게 신학을 형성하며, 나아가 삶을 바꿔 놓는지 잘 알 수 있다.

종교개혁 전통을 따르는 신학자로서 우리 개신교회가 정교회 신학과 전통을 그대로 수용할 필요는 없다고 생각한다. 그럼에도 불구하고 이 책의 통찰을 우리 성찬에 지혜롭게 접목시킨다면, 그리스도로 말미암아 성령 안에서 모인 새로운 하나님 나라 백성이 참된 연합을 바르게 실현하고 확증하는 데 큰 도움을 얻을 수 있으리라 확신한다.

우병훈 교수 (고신대학교 신학과)

●●● 알렉산더 슈메만의《성찬: 하나님 나라의 성례》는 탁월하다 못해 빼어나도록 아름다운 작품이다. 이 한 권으로 그리스도교의 교양과 서재의 품격이 달라진다.

저자는 정교회 예배 전통과 신학, 역사의 변화를 꿰뚫고 이어진 신앙의 삶을 투명하고도 도전적으로 해설한다. "기도의 법이 신앙의 법이다 lex orandi lex credendi"라는 오랜 신학적 원칙을 이처럼 빼어나게 드러낸 책이 드물다. 이로써, 로마가톨릭교회와 개신교회 같은 서방교회에서 잊혀진 감각, 특히 불필요하게 과도한 논쟁과 오해 안에서 왜곡된 성례sacrament(성사)의 깊고 넓은 본래 이해를 회복한다. 각 장을 '성례'로 이름 붙인 이유이다. 이 빼어난 연구와 성찰은 독자를 여러모로 불편하게 한다. 그리스도교의 전례적 예배 전통에 낯선 이들과 동방 교회에 생경한 이들은 책장을 쉽게 넘기기 어렵다.

서방교회의 개인주의적 신앙 관습에 대한 도전이 뼈를 때리고, 성찬에 관한 좁은 이해에서 벗어나 눈과 생각이 휘둥그레할 정도로 천착하고 확장하기 때문이다. 게다가, '신자의 모임'assembly과 성찬 Eucharist, 그리고 교회Church의 연결과 일치로 교회론의 논리와 바탕을 든든히 마련한다. 그 지향은 단연 '하나님 나라'이다. 성찬은 이를 미리 맛보는 경험으로의 초대이며, 세상의 정치와 이념에 대한 비판의 근거이기도 하다.

미완성 원고의 저자 사후 출판 작인 탓에, 학문적 엄밀성과 논리성에서 아쉬움이 없지 않다. 그래서 오히려 성찬에 관한 감각과 성찰을 위한 책으로 읽어야 진가가 드러난다. 신학생과 목회자의 필독서일 뿐만 아니라 신자들이 곁에 두고 곱씹어 읽어야 할 또 다른 이유이기도 하다. 미완성 유작의 성격과 '하나님 나라'를 향한 종말론적 희망과 체험이 이처럼 아름답게 만나는 작품이 또 어디 있을까?

주낙현 신부 (성공회 서울주교좌성당 주임사제 · 전례학)

●●● 본서는 하나님의 보좌 앞으로 독자들을 인도하며, 교회의 중심에 있는 성찬과의 밀접한 관계안에서 저자의 생애와 사역을 통해 경험한 예배의 핵심을 풍성하고, 열정적으로, 그러면서도 진솔하게 전한다. 기독교세계는 저자를 통해 콘스탄티노플의 게르마노스, 니콜라스 카바실라스, 예루살렘의 시릴, 요한 크리소스톰, 그리고 밀란의 암브로스의 작품에 비견할 보물을 전수받게 되었다.

에이단 카바나 교수 (예일대학교 예전학)

●●● 교부 신학의 실천에 관한 탁월한 입문서… 저자는 교회 전통에 굳게 뿌리박은 명료한 사상으로 독자들을 매혹시킨다.

⟨Journal of Early Studies⟩

●●● 이 책이야 말로 슈메만의 작품 중 최고다!

⟨Religious Studies Review⟩

●●● 교회신학과 관련된 저서뿐 아니라 예전 신학과 관련된 저서 중에서도 중요하게 인식될 작품이다. 이 책은 실천과 목회적 차원에서 쓰인 최고의 신학이다. 목회를 준비하는 사람이라면 누구도 간과해서는 안 될 통찰이 담겨 있다.

⟨Theological Book Review⟩

the Eucharist

출판사 서문

●●● 저자 사후에 출판된 작품의 역사는 그야말로 복잡할 수밖에 없다. 이 책도 그렇다. 1983년 12월 13일 사망하기 전 저자는 본서의 러시아판 집필을 마쳤고, 원고는 1984년 YMCA 출판사를 통해 《성찬 Evkharistiia》라는 제목으로 출간되었다. 그리고 몇 년 후 저자는 영역판 출간을 위한 번역 과정에 참여했다. 처음 두 장의 번역 과정에서 저자는 자문 위원으로서 역할을 감당했고, 그 밖의 일부 단락들에 대해서는 자신이 손수 영어로 번역하는 작업을 마다하지 않았다. 그러나 불의의 사고로 저자는 작업을 끝내지 못하고 주님의 품에 안겼다. 5장과 9장에 대한 부기附記는 말할 것도 없고, 각주를 좀 더 정교히 달고, 저자가 항상 하던 대로 본문 전체를 주의 깊게 다듬는 일도 마무리하지 못했다. 그러나 본 영역판의 번역자와 편집자들은 주요 부분을 새로 추가하거나 변경하는 것은 근본적으로 본서에 나타난 저자의 의도를 훼손할 위험이

있다고 생각해, 본문을 최소한 손대지 않고 필요한 부분에만 약간의 설명 정도를 덧붙이기로 했다. 그 과정에서 우리는 콘스탄틴 안드로니코프Constantine Andronikof 교수의 수고로 1985년 O.E.I.L/YMCA 출판사에서 출간한 본서의 불어판 *L'Eucharistie: Sacrament du Royaume*의 도움을 받았다. 비록 이 번역본이 슈메만의 탁월한 표현력을 충분히 드러내지는 못하지만, 우리는 이 책이 그의 생각 깊이에 자리하고 있던 성찬이라는 주제를 충실히 전달해 주리라 확신한다.

성 블라디미르 신학교 출판부

● 서문

●●● 본서는 예전 지침서나 학술서가 아니다. 여러 바쁜 일 가운데 틈틈이 쓴 이 책은 각각의 독립된 내용들을 하나의 책으로 묶어 출판한 것이다. 이 책이 동방정교회 예전에 관한 총괄적이거나 체계적인 연구가 아니라는 점을 우선 밝힌다. 오히려 이 책은 성찬에 관한 일련의 고찰이나 학문적인 분석이 아니라 제한적이기는 하지만 나 자신의 경험을 통해 얻은 일종의 성찰이다.

30년 이상 나는 사제와 신학자로, 목회자와 가르치는 자로 교회를 섬겨 왔다. 그렇게 지낸 시간 동안 나는 성찬과 교회 생활에 대해 깊이 생각해야 한다는 부르심을 느꼈다. 이 주제에 관한 생각들과 질문들은 청년기부터 내 삶 전체를 기쁨으로 채워왔다. 그렇다고 거기에 기쁨만 있던 것은 아니다. 그리스도의 승리와 영광의 성례인 성찬예식을 더욱 직접적으로 경험할수록 교회 안에서 성찬이 위기를 맞고 있다는 확신도 점점 더 강하게 들었다. 교회의 전통은 변하지 않았다. 변한 것은 성찬에 대한 인식, 곧 성찬의 본질에 대한 우리의 인식이었다. 근본적으로 이런 위기는 성찬예식 안에서 이루어진 것과 그것이 인식되고, 이해되고, 삶으로 드러나는 방식과 일관되게 연결되어 있는 어떤 결핍에서 비롯된다. 물론 이런 위기는 언제나 교회에 존재해 왔다. 교회의 삶, 아니 교회 신자들의 삶이 완벽하거나 이상적인 적이었던 때는 한번도 없다. 그러나 시간이 지남에 따라 이 위기는 만성적이 되었다. 교회의 생명을 오염시킬 뿐 아니라, 그 기본 토대를 손상시키는 이런 정신분열증은 이제 정상적인 것처럼 보이는 지경에 이르렀다.

　동시에 영적으로 위험한 시대에 우리가 살고 있다는 말도 결코 과장이 아니게 되었다. 이 시대의 무서움은 단순히 이 시대가 안고 있는 증오와 분열, 그리고 폭력성 때문만은 아니다. 이 시대의 무서움은 무엇보다 하나님과 그의 나라에 대한 엄청난 반역, 곧 하나님이 아닌 인간이 모든 것의 기준이 되었다는 데 있다. 믿음이 아닌 이데올로기와 이상적인 현실 도피가 이 세상의 영적인 상태를 좌우하게 되었다. 분명 서방 기독교는 이런 관점을 받아들였고, 그 결과 이런저런 '해방신학'들이 무수히 탄생했다. 경제·정치·심리학적인 쟁점들이 하나님이 원하시는 대로 세상을 바라보는 기독교적 시각을 대체해 버렸다. 신학자들, 성직자들, 그리고 다른 기독교 전문가들이—나름대로 하나님의 입장에서—이것 혹은 저것이 옳다며 세상을 분주하게 했지만, 지극히 왜곡된 방식으로 그렇게 했다. 그것들은 모두 평화와 일치, 그리고 사랑이라는 명목으로 행해졌지만 실제로 그들이 말하는 평화와 일치와 사랑은, 우리 주 예수 그리스도가 주신 참된 평화와 일치와 사랑이 결코 아니었다.

많은 사람들이 이런 위기에 대응하는 나의 제안, 곧 우리가 그와 같은 여러 측면들에 관심을 기울이는 대신 성찬이라는 성례와 그것에서 받는 생명을 핵심으로 하는 교회에 관심을 가져야 한다는 나의 주장에 크게 놀랄 것이다. 그렇다! 나는 바로 이 교회의 지성소, 곧 주님의 식탁으로 나아가 점차 하나님 나라로 올라가는 이 과정에 우리가 바라는 교회 갱신의 근원이 있다고 확신한다. 또한 나는 교회가 언제나 믿어 왔던 것처럼 위로 올라가는 이 여정이 "이 세상의 모든 염려를 모두 내려놓는"데서, 곧 이 음란하고 죄악된 세상을 떠나는 것에서 교회 갱신이 시작된다고 확신한다. 이는 어떤 이데올로기적인 소란함이 아니라 오직 하늘로부터 오는 선물이다. 이것이 바로 이 세상 속에서 교회가 받은 소명이자 세상을 향한 교회의 섬김의 원천이다.

또한 나는, 하나님의 은혜로 정교회가 모든 세대를 통해 리옹의 이레니우스 Irenaeus of Lyons가 《이단 논박 Against the Heresies》에서 말한, "교회가 있는 곳에 성령과 은혜의 충만이 있다"3:24:1는 이 비전과 지식을 정확히 인식하고 이를 지키고 보호해 왔다고 확신한다. 그러나 바로 그런 이유로 동방정교회 교인들은 성찬과 관련한 교회의 갱신에 참여할 수 있는 내적 에너지를 찾으려 더욱 노력해야 한다. 오늘날 교회에 절실히 필요한 것은 예배 형태를 바꾸거나 조정하거나 현대화하는 것이 아니라, 처음부터 교회의 생명을 구성했던 이 비전과 경험으로 돌아가는 것뿐이다. 이를 독자들에게 상기시키는 것이 이 책의 목적이다.

알렉산더 슈메만

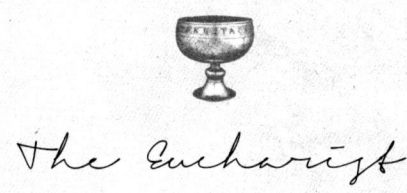

the Eucharist

1장
성회의 성례

먼저 너희가 교회에 모일 때에….

고린도전서 11:18

1

"먼저 너희가 교회에 모일 때에…." 이 말씀은 사도 바울이 고린도 교회에 쓴 편지 내용이다. 이 말씀은 바울과 초대 그리스도인 모두에게 단순히 성전이 아니라, 모임의 본질과 목적을 떠올리게 했다. 잘 알려진 바와 같이 '교회'(에클레시아)라는 말은 '모임' 또는 '성회'assembly라는 뜻이고, 초대교회 성도들에게 '교회에 모인다'는 것은 교회를 드러내고, 실현하는 목적의 모임을 갖는다는 뜻이었다.[1]

이 모임은 성찬적이다. 이 모임의 완성과 성취는 주의 만찬과 성찬의 '분병'이 행해지는 어떤 상황에 달려 있다. 같은 편지에서 사도 바울은, 고린도교회 성도들이 그들의 모임에서 성찬 이외의 목적으로 음식을 먹는 것이나, 성찬의 떡을 떼기 위해 모이는 것을 책망한다고전 11:20-22 이하. 이를 통해 우리는 명백하고 의심할 바 없이 '성회'와 '성찬', 그리고 '교회'가 세 연합triunity을 이루고 있으며 초대교회가 바울의 전통을 잘 따랐음을 알 수 있다. 오늘날 예전 신학은 이러한 연합의 의미와 본질을 밝히는 것을 가장 근본적인 과제로 한다.

　이 과제가 시급한 이유는 초기 교회에 자명했던 이 세 연합에 대한 인식이 오늘날 기독교에서 매우 희박해졌기 때문이다. 초기 교부들의 전통과 결별한 이후, 신학적 방법과 본질에 있어서 서방 교회에 뿌리를 두고 있는 소위 '스콜라주의' 신학은 거룩한 모임과 성찬, 그리고 교회 사이의 깊은 연관성을 철저히 무시했다. 여전히 성찬을 여러 성례 중 하나로 간주하고 정의하기는 했지만, 5세기 아레오파 기티카Areopagitica의 한 작가가 정의했듯이, 더 이상 '성회의 성례'로 간주하지 않았다.[2] 이런 '스콜라주의적' 교리들은 성찬의 교회론적 의미를 온전히 인식하지 못한 것일 뿐 아니라 교회론의 성찬적 측면, 곧 교회론의 핵심을 간과한 것이다.

---

1. Dom Gregory Dix, *The Shape of the Liturgy*(Westminster: Dacre Press, 1945); H. Chirat, *L'assemilee chritienne a l'age apostolique*(Paris, 1949).
2. *Ecclesiastical Hierarchy*

우리는 이와 같은 신학과 성찬의 괴리, 그리고 이로 말미암아 교회의식에 미친 비극적 결과들에 주목할 필요가 있다. 무엇보다 우리는 '성회의 성례'라는 성찬 개념이 기독교 경건에서도 점차 사라졌음을 주목해야 한다. 예배학 교과서들은 성찬을 '공동예배'의 한 분야로 분류하고, 예전이 '예배자들의 모임' 가운데서 이루어지는 것으로 기술한다. 그러나 이 '예배자들의 모임', 곧 성회를 성찬의 중요한 형태로 이해하지 않으며, 예전학에서도 교회의 주요한 형태로 성회를 고려하지 않는다. 예전적 경건liturgical piety은 철저히 개인주의화 되었다. 이것의 가장 적절한 예가 바로 신자 개인의 '영적인 필요'에 완전히 종속된 오늘날의 성찬예식 관행이다. 오늘날 성직자나 평신도들은 모두 성찬예식을 "성령의 교제 안에서 한 떡과 한 잔에 참여하는 우리모두가 서로 연합되게 하소서"라는 성찬적 기도의 정신에 입각해 이해하지 않는다.

이렇듯 우리는 경건과 교회됨 안에서 점진적이고 뚜렷한 성찬의 '축소', 곧 교회 생활에서 성찬의 우선적이고 근원적인 의미와 위치가 축소되는 것을 목격하고 있다. 그렇기 때문에 예전 신학은 성찬을 정확히 설명하기 위해 이런 성찬의 축소를 극복하고, 성찬을 '성회의 성례', 곧 '교회의 성례'로 보는 본래의 이해로 돌아가야 한다.

여기서 우리는 경건과 신학 모두에서 성찬을 축소시키는 것이 초기 교회부터 지켜왔던 성찬의 근본적인 순서ordo와 전적으로 배치됨을 알 필요가 있다. 여기서 순서란 복잡하게 발전하고 변화하며 성장해 온 의식이나 다양하고 구체적인 신령한 내용들이 아니라, 기독교 예배의 근본적이고 사도적인 원리에 기원을 둔 성찬의 근본 구조—돔 그레고리 딕스의 표현으로는 '형태'—를 가리킨다.

다른 곳에서도 이미 언급했듯이[3] 스콜라주의 신학의 근본적인 결점은 성례를 교회의 살아 있는 체험과 교회에 의해 보존된 구체적 예전 전통이 아닌, 교회의 실재에 맞지 않는 선험적이고 사변적인 범주에서 다루고 정의한다는데 근본적인 문제점을 갖고 있다. 초기 교회는 믿는 것 *lex credendi*과 기도하는 것 *lex orandi*이 서로 불가분의 관계에 있으며, 서로 의미를 구체화시켜 준다는 사실을 잘 알고 있었다. 이레니우스는 이에 대해 "우리의 가르침은 성찬과 조화를 이루고, 성찬은 우리의 가르침을 확증한다"라고 말한 바 있다.[4] 그러나 스콜라주의 방법에 근거한 서방 신학은 교회에서 행해지는 예배와 그 예배의 고유한 논리와 '방식'에 전혀 관심을 두지 않는다. 사변적인 전제에서 출발한 이 신학은 무엇이 '중요'하고 무엇이 '부차적'인지를 연역적으로 결정했고, 정확히 '부차적'인 것으로 간주되어 신학의 관심밖에 있던 것을 예배 자체

---

3. *Introduction to Liturgical Theology*, 3d ed.(Crestwood, N.Y.: SVS Press, 1986), pp. 16-32와 *Church, World, Mission*(Crestwood, N.Y.: SVS Press, 1979), pp. 129-146의 'Theology and Liturgy'장 참고.
4. *Against Heresies* 4:18:5.

로, 곧 모든 복잡성과 다양성 가운데 교회가 실제로 살아가야 하는 어떤 것으로 만들었다. 신학자들은 인위적으로 구분한 어떤 중요한 '순간'들—성찬에서 성물이 변화되는 순간, 그 성물을 받는 순간, 세례에서의 세 번의 침수 순간, 결혼식에서 축성문consecratory formula과 '그들을 영광과 명예로 관을 씌우는' 순간 같은—에만 온통 관심을 집중했다. 이런 식으로 스콜라주의 신학자들은, 이런 순간들의 '중요성'이 예전의 원래 맥락에서 결코 분리되어서는 안 된다는 것을 깨닫지 못했다.

이것이 바로 우리가 스콜라주의 신학에서 발견하는 성례에 대한 설명과 접근 방식의 빈곤, 편견의 뿌리다. 또한 이것은 예전적 경건에 있어서의 편협함과 편견의 뿌리이기도 하다. 교부 시대에서처럼 진정한 신학적 해설이었던 '예전적 신앙교육'liturgical catechesis으로 양육되고 지도받지 못해 교회는 결국 온갖 형태의 상징주의적이고 알레고리적인 예배 해석이나 특정한 예전적 '민간 전승'에 빠져 버리고 말았다.

그렇기 때문에 우리는 예전 신학에서, 교회의 예전적 전통을 설명하는 데 있어 사변적이고 맹목적인 지적 도식이 아닌 예배 그 자체에서 출발해야 한다는 가장 중요한 원리를 재발견해야 하고 이것은 무엇보다 성찬의 순서에서부터 시작해야 한다.

2

성찬의 순서에 대한 진지한 연구는, 우리로 하여금 이 예전 순서가 전적으로 처음부터 끝까지 상관관계의 원리, 곧 예식을 집례하는 사제와 하나님의 백성들 사이의 상호의존성에 기반하고 있음을 믿게 한다. 사제와 신자들 사이의 이 연대를 우리는—니콜라스 아파나시에프Nicholas Afanasiev가 뛰어나지만 제대로 조명받지 못했던 자신의 책 《주의 만찬 *The Lord's Supper*》에서 표현한—상호 섬김, 또는 공동 집전이라고 정의할 수 있다.[5]

그러나 이런 개념은 스콜라주의 신학과 그 신학으로부터 파생된 예전적 경건에서는 아무런 역할도 하지 못하고, 오히려 온갖 실용적인 목적으로 인해 거부되어 '공동 집전'이라는 단어는 예배에서 주도적 역할을 하는 성직자에게만 적용되었다. 그리고 평신도들의 예배 참여는 전적으로 수동적인 것으로 인식하게 되었다. 이런 예를 우리는 예전 가운데 행하는 기도문들에서 볼 수 있다. 이 기도문들은 특히 평신도들을 위해 편집된 기도서들에 포함되었는데, 특별한 의도를 가지고 이 기도문들을 편집한 사람들은 성찬 중에 행하는 성찬 기도는 오직 성직자들의 유익을 위해 존재한다고 오해했다. 안타까운 것은 교회의 지도자들도 이와 같은 이해에

---

5. *Trapeza Gospodnia* (Paris, 1952).

서 크게 다르지 않았다는 점이다. 예전을 거행하는 데 필요한 조건들을 나열할 때, 대수도원장 키프리안 컨Kiprian Kern은 자신의 책 《성찬 The Eucharist》[6]에서 가장 학적이고 신뢰할 만한 예배학 교과서들과 교회법에 따라 임명된 사제들이 포도주 상태에 이르기까지 성찬과 관련된 모든 것을 언급하면서 '교회로서의 성회'에 대해서는 한마디도 언급하지 않는다고 지적한다. 예전의 조건으로 성회를 전혀 고려하지 않는다고 말이다.

초기 기독교 문헌들에 따르면, 모임 혹은 회합(σύναξις, 조과, 소시과, 만과, 성찬을 포함한 예전을 목적으로 한 정교회의 모임-옮긴이)은 언제나 성찬의 가장 처음이자 기본적인 행위로 간주되었다. 고대 예전에서 성찬을 집례하는 사람을 가리키는 명칭에서도 이런 점이 분명히 나타난다. '인도자'(προϊστάμενος, 프로이스타메노스)의 주요한 역할은 '형제들의 대표'로서 '모임'의 통솔자가 되는 것이었다. 아무튼 성회 자체가 성찬의 첫째 되는 예전 행위이자 예식의 기초요, 시작이었다.

초기 기독교 시대에는 현대 예배와는 달리, 성도들의 집회가 사제들의 입당보다 앞섰다. 요한 크리소스톰John Chrysostom은 다음과 같이 기록한다. "교회는 우리 모두의 집이고, 우리(성직자)가 입당할 때 성도는 우리를 기다리고 있다…이것이 우리가 입당

---

6. *Evkharistia* (Paris, 1947).

한 직후, 성도들에게 평화의 인사를 전하는 이유다."[7] 소위 '소입당' Little Entrance에 관해서는 성찬에서 입당 entrance이 차지하는 위치와 의미에 대해 다룰 때 좀 더 자세히 다루도록 하고, 여기서는 소입당과 관련한 오늘날 우리의 관행에 관한 몇 가지를 다루는 것으로 만족하려고 한다. 오늘날 예전은 전체적인 시작, 곧 집례자들의 입당, 예복 착용, 손 씻기, 성물 준비 등이 성직자들에 의해서만 행해진다는 차원에서 사적인 영역으로 고립되어 축소되면서 특별한 예전적 '직무'가 되었다.

비록 이런 관례가 예배서에 의해 공식적으로 정당화되긴 했지만, 이는 오늘날까지 보존된 더 오랜 관례, 바로 주교 중심의 성찬 집전 pontifical celebration of the eucharist에 의해 거부된다. 주교 중심의 성찬 집전에 따르면 주교에 의해 예전이 집례될 때, 회중들이 먼저 교회에 모여 주교의 입당을 맞아들인다. 그런 후 성직자의 예복을 입는 순서가 회중 한가운데에서 행해지고, 소입당 때까지 주교는 제단으로 나아가지 않는다. 그리고 나서야 봉헌 바로 전에 성찬 준비, 요즘 말하는 '대입당' Great Entrance이 행해진다.

이 모든 상황이 주교 중심의 예배에 밀착되어 있는 특별한 '의식절차'가 가져다준 결과라고 생각하면 이는 오산이다. 이런 주장은 종종 '원시 기독교적 단순성' primitive Christian simplicity을 옹호하

---

7. *Homily on Matthew* 32 (33), 6, PG 57:384. J. Mateos, Évolution historique de la Liturgie de S. Jean Chrysostome', part 1, *Proche-Orient Chrétien* 15 (1965), pp. 333-351와 비교.

는 자들의 항변에서 들을 수 있는데, 하지만 이런 주장과는 달리 전체적인 맥락에서 볼 때, 주교 중심의 예배는 초기 성찬 예배의 형태와 정신을 훨씬 잘 보존하고 있다. 초기 교회에서 관례상 성찬을 위해 모인 회중을 주재했던 사람이 바로 주교bishop였기 때문이다.[8] 사제들의 지위가 성찬예식에서 주교를 돕는 특별 집례자에서 '일반적인' 성찬 집례자로 바뀐 것은, 지역 교회 공동체가 점차 행정 구역(감독 교구)으로, 다시 여러 지역 교구로 분할되고 나서도 한참 지난 후에 일어난 일이다. 예배학의 관점에서 보더라도 '규범'으로 여겨야 하는 것은, 주교가 회중들 가운데로 입당하는 방식이다. 이처럼 '편의주의적 발상에서' 나온 '사제 중심'의 순서가 아무리 실용적이고 불가피한 것이었다 하더라도 이는 결코, 그리고 실제로 성찬의 원칙이요 첫 번째이자 가장 기초적 행위인 '교회로서의 성회'의 중요성을 대신하지 못한다.

3

사제와 성도들의 상호관계, 곧 그들이 성찬의 공동 집례자라는 것은 성찬 기도문이 모두 대화 형식으로 되어 있다는 점에서 더 분명

---

8. Mateos, 'Evolution historique,' pp. 333.

해진다. 성찬의 모든 기도문은 모임을 이룬 회중들에 의해 기독교 예배의 핵심 단어 중 하나인 '아멘'[9]으로 봉인되는데, 그렇게 함으로써 하나님의 백성들과 집례자들은 머리되신 그분 앞에서 온전히 하나된 유기체가 된다. 나중에 살펴볼 '천사 찬송'Cherubic Hymn이 불리는 동안 '사제 자신을 위한 기도'를 제외하고 모든 기도는 성도를 위한다. 엄숙한 성찬예식의 모든 구성 요소들—말씀 낭독, 감사 기도, 성찬 참여 등—은 "모든 이에게 평화가…그리고 여러분의 영혼에도 평화가"라고 서로에게 평화를 기원하는 것으로 시작된다. 마지막으로 모든 기도문은 "성령의 교제에…참여하게 된 우리 모두를 서로 연합하게 하소서"라는 우리의 찬양과 회개, 감사와 성찬으로 구성된다.

이런 연합은 성찬에서 이루어지는 개별 예식들에서도 동일하다. 각각의 의례들은 사제와 성도의 연합뿐 아니라, 말 그대로 그들이 협력하고 공동으로 집례하는 '시너지 효과'도 어느 정도 드러낸다. 이렇듯 초기 모든 증거들의 일치된 증언에 따르면, 말씀이 성찬예식의 제일 첫 번째 순서로, 하나님 말씀을 낭독하고 그것을 설교로 정교히 전하는 것 자체가 말씀 선포를 받는 자들을 전제로 하고 있다. 성찬 준비 장소가 성소로 옮겨진 것도, 성찬 준비를 위한 특별한 '봉헌대'table of oblation가 출현한 것도 모임 가운데

---

9. Dix, op. cit. ; Schlier, 'Amen,' in Kittel, *Theologisches Wörterbuch zum Neuen* Testament 1:341 ; A. Baumstrark, *Liturtie comparée,* 3d ed.(Chevetogne, 1953), p.52, p.85.

서 성물을 나누는 원래의 관례들을 신자들에게서 빼앗지 못한다. 오늘날 이 부분은 사제들이 입장하는 '대입당' 시간에 모두 이루어진다. 그리고 마지막으로 "서로 사랑하게 하소서"라는 선언과 함께―지금은 사제들 사이에서만 행해지는―'평화의 입맞춤'을 한 후에 전체 모임을 향한 "평화 가운데 세상을 향해 나아갑시다"라는 선언이 선포된다.

비잔틴식 예전 의식이 점진적이고 조직적으로 '성직자'와 '평신도'를 구분했고, '섬기는 자'와 '기도하는 자'를 분리시켰으며, 그리고 이 분리가 이후에 더욱 확대 발전되었다는 점을 우리는 주목할 필요가 있다. 아파나시에프가 정확히 기술한 것처럼[10], 비잔틴식 예전적 경건은 전문적인 지위를 습득한 자와 그렇지 않은 자 사이를 극단적으로 대조함으로써 점차 예배를 신비로운 것으로 인식하게 만들었다. 그럼에도 이런 영향이 성찬의 본래 구성 요소를 바꾸지 못했다. 교회 예전에서의 말 한마디, 행동 하나하나가 여전히 서로 긴밀하게 연결되어 있고, 각자의 온전한 지위와 사역 속에서 성도들 모두가 참여함으로써 공동 집례 형식을 지속적으로 표현하고 있기 때문이다.

이런 말과 행위의 우선적이고, 직접적이며, 즉각적인 의미가

---

10. Trapeza Gospodnia. Cf. Schmemann, *Introduction to Liturgical Theology*, pp. 103-113와 "Sacrament and Symbol", in *For the Life of the World,* rev. ed.(Crestwood, N.Y.: SVS Press, 1973), pp. 135-151.《세상에 생명을 주는 예배》(복있는사람 역간).

사제와 평신도들의 의식에 침투하지 못하고, 오히려 그들의 생각 속에서 신학의 자료와 해석으로 양분된 것은 또 다른 문제다. 그 결과 가장 단순한 말과 행위의 직접적이고 즉각적인 의미들은 잡초처럼 무성해진 온갖 '상징적' 해석들에 의해 철저히 관심 밖으로 밀려나게 되었다. 우리는, 교회에서 새로운 도전이 제기되지 않고 있는 이와 같은 '맹목적인' 예전적 경건이라는 새로운 개념의 원인과 결과에 대해 이미 언급한 바 있지만, 나중에 다시 한번 더 논하게 될 것이다. 다만 여기서는 이 새로운 경건의 이해와 방식이 결코 원래의 성찬의 공동체적 특성을 근본적으로 무색하게 하거나 왜곡하지 못했다는 것만을 강조하고 싶다. 이 공동체성은 결코 교회로부터 분리되지 않으며, 따라서 성회로 일컬어지는 이 모임으로부터도 절대 분리되지 않았다.[11]

심지어 이 새로운 '경건'이 초래한 가장 분명하고 안타까운 결과인 수찬금지조차 성찬의 순서 자체의 직접적인 증거 앞에서는 아무런 문제가 되지 않는다. 오늘날 어떤 여러 이유들로 성도들은 예전과 성찬에 참여하지 못한다. 그러나 분명한 것은 "우리는 모두 하나의 떡과 잔에 참예하는 자가 됩니다", "하나님을 경외하는 마음과 믿음으로 가까이 갑니다" 같은 성찬에서의 간구와 선언들

---

11. "이제 당신이 사람들을 계속해서 교회에 모이고, 스스로를 떠나지 말고, 항상 모이라고 가르치고, 명령하고, 주의를 줄 때, 누구도 모이지 않음으로 인해 교회가 줄어들지 않도록 하기 위해서다." *Antenicene Christian Liturgy*, Antenicene Christian Library, ed. A Roberts and J. Conaldson, II: 59, p. 124에서 인용.

이 보여주듯 이 성찬은 모임 참석자 전체를 염두에 두고 있는 것이지, 특정하게 구별된 참여자들만 고려하는 것은 아니다.

아파나시에프는 이상의 상황을 다음과 같이 매우 적절히 표현했다. "만약 우리가 우리의 예전적 삶에 흘러들어온 것들을 모두 버렸더라면, 지난 몇 세기 동안 우리가 남긴 것과 교회가 남긴 초기 관례 사이에는 어떤 심각한 차이도 존재하지 않았을 것이다. 예전적 삶에 있어서 우리의 근본적 결점은, 우연이든 아니든 우리가 예전의 본질보다 예전 직무의 세부 사항에 훨씬 더 주안점을 두었다는 데 있다. 그러나 성찬에 대한 근본적인 교리의 원칙들은 예배 가운데서 온전히 명백해진다. 이 예배 가운데 성찬의 본질은 오염되지 않은 채 온전히 남아 있다…그러므로 우리는 우리의 예전적 삶의 다양한 변화가 아니라, 성찬의 진정한 본질을 예배 가운데 깨닫는 것을 목표로 해야 한다."[12]

4

결정적으로 성회와 공동 집례에 대한 위와 같은 개념이 성찬이 행해지는 바로 그 외적인 환경, 곧 성전에 표현되고 구체화되어 있

---

12. *Trapeza Gospodnia*, pp. 90.

다. 오늘날 예배학 교과서는 교회 건물, 내부의 배치와 구성, 그리고 세세한 부분의 '상징적' 의미를 매우 심도있게 다룬다. 하지만 그런 정의와 설명은 기독교 성전과 거룩한 회집으로서의 모임, 곧 성찬의 중재적인 공동체를 하나로 다스리는 특징 사이의 자명한 연결성에 대해서는 아무런 언급도 없다.

동방정교회의 교회 건물과 성전의 경건 사이의 복잡한 발전 과정에 대해 다른 책에서 이미 언급했으므로 여기서 다시 반복할 필요는 없다. 다만, 여기서는 본래의 기독교 성전이 무엇보다 '모이는 집'*domus ecclesiae*, 곧 교회가 모이는 장소이자 성찬의 떡을 떼는 장소였음을 상기하는 것만으로 충분하다. 기독교 성전의 새로움과 그 성전 발전의 원리는 바로 이런 모임을 중시하는 인식에 있었다. 성전 발달이 얼마나 복잡한 과정을 거쳤든, 또 우리가 앞에서 '신비로운' 경건이라고 칭한 그 경건의 영향력이 어떠했든 분명한 것은, 그 모든 과정을 통합하고 지침이 되었던 요소가 바로 성례전적 공동체라는 개념이었다는 사실이다. 초기 기독교 시대와 마찬가지로 오늘날에도 비잔틴식이나 러시아식 구현에서 성전은

---

13. Schmemann, *Introduction to Liturgical Theology*, pp.105 이하. *Martyrium*, Recherches sur le culte des reliques et l'art chrétien antique, I: Architecture, and II: Iconographie (Paris: Collége de France, 1946); L. Ouspensky, *The Theology of the Icon in the Orthodox Church* (Crestwood, N.Y.: SVS Press, 1978); Y. Congar, Le mystère du temple (Paris, 1958). 러시아어 sobor는 '모임'(assembly) 혹은 '공회의'(council)와 '주교좌 성당'(cathedral) 모두를 의미한다.

여전히 소위 '소보르'[13], 곧 하늘과 땅과 그리스도 안의 모든 만물의 모임으로 경험되고 이해된다. 이런 모임이야말로 교회의 본질이고 목적이다.

교회 건물의 형태와 성상들도 이 점을 정확히 반영하고 있다. 본질적으로 '공간의 유기체'인 성전의 형태는 동일한 상호관계와 동일한 '대화적 구조'를 반영한다. 우리가 보았듯이 이 상호—한편으로는 제단과 성소, 다른 한편으로 제단을 마주하고 있는 회중의 자리 사이의—관계야말로 성찬 모임의 순서에서 가장 결정적인 요소다. 우리의 궁극적 목표는 제단이지만, '제단'은 필연적으로 회중석이 필요하고, 회중과의 관계 가운데서만 존재의 의미가 있기 때문이다.

오늘날의 예전적 경건은 성소를 독립적이고, 특별한 훈련을 받은 전문가들만 접근 가능한 곳으로 간주한다. '신성함'으로 구별되는 '거룩한' 성소는 그 장소 밖의 평신도들이 자리하고 있는 '세속적' 범주를 강조라도 하는 듯 말이다. 그러나 이런 인식은 비교적 최근에 생겨난 잘못으로 이는 오늘날 교회의 가장 큰 해악이다. 이런 인식은 정교회 전통과 어울리지 않는 '성직주의'를 계속해서 증대시킬 뿐이다. 이 성직주의는 평신도들의 위치를 이등 시민으로 평가 절하하고, 평신도를 특정 장소에 들어갈 권리가 없는 자나 특정 물건을 만질 권리가 없는 자, 또는 어떤 활동에 참여할 권리가 없는 자들로 부정적으로 규정한다. 이런 이유로 인해 안타깝게도 자신들의 사제직이 평신도들로부터 성물을 철저히 보호하는 것을 목적으로 하고 있다고 여기는 부류들이 생겼다. 심지어 그들은 이런 보호에서 거의 탐욕스러울 정도로 특별한 희열을 느끼기까지 한다.

그러나 다시 한번 말하지만 제단에 대한 이런 인식은 본래와는 다를 뿐 아니라 거짓에 가깝다. 물론 이런 잘못된 인식은 성상의 성화벽inconostasis(성소와 회중석의 구별을 목적으로 성상들이 그려진 벽-옮긴이)을 제단과 평신도들을 나누는 장애물로 보는 이해에 기인한다. 오늘날의 대다수 정교회에는 생소하게 들릴 수도 있지만, 원래 성화벽은 정확히 이와는 반대되는 목적에서 시작되었다. 사제들과 평신도들을 구분하기 위해서가 아니라 연합하기 위해서 말이다. 성상, 곧 아이콘icon은 증인이자 더 나은 의미에서 예수 그리스도 안에서 성취된 하나님과 인간의 연합, 하늘과 땅의 연합의 결과물이다. 모든 아이콘은 본질적으로 성육신적이기에, 성화벽은 성전을 '지상의 천국'으로 경험케 하고 '천국이 가까이 왔다'는 사실에 대한 증거를 경험케 하는 것을 목적으로 한다. 교회 건물에 있는 모든 다른 성상들처럼 성화벽은 모임으로서의 교회, 곧 보이는 세계와 보이지 않는 세계의 연합체로서의 교회, 새롭고 변모된 창조 세계의 현시와 현존으로서의 교회 비전의 성육신이다.

비극적인 사실은 성상에 대한 이와 같은 동방정교회의 참된 전통이 오랜 시간 동안 간과되었고, 그 과정에서 성상과 성전 사이의 상호관계에 대한 정확한 이해가 교회의 인식에서 거의 사라져 버렸다는 것이다. 오늘날 더 이상 성상들이 우리 교회들 가운데 그려지거나 만들어지지 않는다. 성전과는 전혀 관련이 없는 몇 개의 큰 아이콘이나 여러 종류의 '장식들'이 교회 벽을 '치장'하고 있을 뿐이다. 교회 건물 전체의 정신을 지배해야 할 성상이 단지 장식적인 효과를 위한 '세밀한 장식' 정도가 되고 말았다. 이와 비슷한 또 하나의 비극은 성화벽의 점차적인 퇴보다. 먼저는 그 형태에 있어, 다음으로는 의미에 있어서 성화벽은 퇴보되었다. 원래 자연스럽게 강력한 지지를 요구했던 하나의 예전 순서가 성상의 구조 또는 조화로운 체계에서 단지 성상들로 장식된 벽으로 변하고 말았다. 성화벽의 본래 기능과는 정반대로 말이다. 처음에는 성상을 위해 벽이라는 형태가 필요했지만, 이제는 오히려 그 벽을 위해 성상이 필요한 형국이 되었다. 이런 식으로 성화벽은 근본적으로 성상을 예배에 있어 부수적인 것으로 만들어 버렸다.

나는 성상에 대한 이해와 성상과 관련한 예술 자체에 대한 이해를 포함하는 성상에 대한 각성이 모든 곳에서 일어나, 성화벽이 진정으로 다시 태어나 고대 교회들에서 느낄 수 있었던 그런 경험으로 다시 회복되길 간절히 바란다. 성상은 교회의 거룩한 모임에 참여하고, 그 거룩한 모임은 성상의 의미를 제대로 표현함으로써 교회의 영원한 움직임과 리듬―교회 전체, 곧 거룩한 모임에 참여하는 자들이 모든 '계층'(예언자, 사도, 순교자, 성인)과 함께 하늘에 오르고, 그리스도로 말미암아 드높임을 받아 그의 나라에서 그의 식탁으로 높이 올려지는—을 온전히 제공하게 되기를 말이다.

분리를 수반하는 성소와 성벽에 대한 새로운 사고방식이 교회의 예전 전통에 있어서도 명백하게 반대되지 않는다는 것 또한 집고 넘어갈 필요가 있다. 교회 전통은 성전과 제단 탁자의 구별은 인정하지만, 사제가 성도들과 구별된다는 것에 대해서는 결코 인정하지 않는다. 제단 탁자와 마찬가지로 성소 전체가 성유holy chrism로 기름 부음을 받기 때문이다. 이와 동일하게 교회 전체도 성소로, 거룩한 장소로 '봉인'된다. 이를 우리는, 성물이 성전 안으로 들어와 제단 위에 놓일 때 행해지는 성전의 성별에 관한 복잡하지만 참된 비잔틴식 의식 가운데서 분명히 볼 수 있다. "오 문들아, 너희의 왕을 맞으라. 영광의 왕이 뉘시뇨?…만군의 주 영광의 왕이시라!"는 집례자의 선언은 비잔틴식 의식에서 성소의 왕의 문(성화벽의 가운데 있는 문)에서가 아니라, 교회의 문 밖에서 이루어진다. 이 예식에 대해 예배를 가장 '상징주의적'이고 '신비주의적'으로 해설하는 데살로니가의 시므온Symeon of Thessalonica은 다음과 같이 말한다. "성물의 모습으로 나타나는 순교자들과 주교 자신은 그리스도를 나타내고, 교회는 천국을 나타낸다. 주교는 입당의 기도문을 읽으며 공동 집례자들과 함께 천사들을 부른다. 그런 후 집례자들은 성전의 문으로 가 그 문을 열고 성전으로 들어간다. 하늘에서 우리를 위해 하늘 문이 열릴 때, 예수 그리스도의 증인들이 엄위하신 하늘 아버지를 통해 입장하는 것처럼."[14] 수많은 문서들이 확증하듯 이 의식은 '왕의 문'이 성소의 문으로 일컬어질 때가 아니라 교회의 문으로 지칭되던 시기에 발전되었다. 성전 자체가 이 땅에서의 천국으로 경험되고 이해될 때, 교회의 성찬 모임을 통해 주님은 '닫힌 문으로 들어오시고', 성전은 주님과 함께, 그리고 주님 안에서 그분의 나라로 들어가는 장소가 된다.

'소입당'과 관련해 성찬에서의 제단이 무엇을 의미하는지에 대해서는 나중에 좀 더 충분히 살펴보도록 하고, 지금은 교회로서의 성회가 성전과 근본적으로 연관되어 있을 뿐 아니라, 교회가 건축적인 면에서 형태·색·이미지로 구현된 것처럼 성전 자체도 바로 그 모임 sobor에 의미를 두고 있음을 강조하는 것에 만족하기로 하자.

5

예전은 '성회의 성례'다. 그리스도는 '흩어진 하나님의 자녀를 모아 하나되게 하기 위해' 오셨다요 11:52. 그리고 성찬은 그리스도로 말미암아 그리스도 안에서 모인 새로운 하나님 백성의 연합을 실

---

14. *On the Holy Temple*, PG 155:321 D.

현하고 확증한다. 그렇기 때문에 우리는 성전에 오는 것이 개인적인 기도를 위해서가 아니라, 교회로서 함께 모이기 위한 것임을 분명히 할 필요가 있다. 보이는 성전이 중요하긴 하지만 그것은 사람의 손으로 만들어지지 않은 성전의 형상일 뿐이다. 따라서 '교회로서의 성회'는 사실 최초의 예전적 행동이자 예전 전체의 기초다. 이를 이해하지 못하면 우리는 성찬예식의 나머지 부분을 결코 이해할 수 없다. 교회로 모인다고 할 때, 이것은 믿는 자들과 함께 교회를 구성하기 위해, 세례 받은 날로부터 그렇게 된 한 몸을 유지하기 위해, 더 온전하고 절대적인 의미에서 교회의 한 몸이 되기 위함을 뜻한다. 바울이 "너희는 그리스도의 몸이요 지체의 각 부분이라"고 말한 이유다 고전 12:27. 우리는 우리의 지체됨을 드러내고 구현하기 위해, 그리고 하나님과 세상 앞에서 이미 '능력으로 임한' 하나님 나라의 비밀을 드러내고 증거하기 위해 교회로 모인다.

하나님 나라는 교회 안에서 능력으로 임했고 또한 지금도 임하고 있다. 이것이 교회의 신비요 그리스도의 몸의 신비다. "두세 사람이 내 이름으로 모인 곳에는 나도 그들 중에 있느니라" 마 18:20. 교회 모임의 기적은 교회를 구성하는 죄인과 보잘것없는 사람들이 단순히 '집합'이 아니라 그리스도의 몸을 이룬다는 데 있다. 우리는 얼마나 자주 나 자신의 도움을 얻기 위해, 힘을 얻기 위해, 또 위로를 얻기 위해 교회로 모인다고 말하는가? 우리는 우리가 교회라는 것, 우리가 교회를 이룬다는 것, 그리스도께서 그의 지체 안에 거하신다는 사실을 얼마나 자주 잊어버리는가. 교회는 우리 밖이나 우리 위에 존재하지 않는다. '우리'가 그리스도 안에, 그리스도가 '우리' 안에 계신다는 사실을 우리는 기억해야 한다. 기독교는 그리스도인에게 '자아를 실현할 수 있는' 가능성이 열렸다는 소식을 전하기 위해서가 아니라, 우리가 교회 되도록 부르심을 받고 명령받았음을 전하기 위해 존재한다. '거룩한 나라, 왕 같은 제사장, 택하신 족속'으로서 이 세상에서 그리스도의 임재와 그의 나라를 교회라는 이름으로 증거하고 고백하도록 우리는 부르심을 받았다^{벧전 2:9}.

교회의 거룩함은, 우리의 거룩함이 아닌 교회를 사랑하고, 교회를 위해 자신을 내어주신 그리스도, 곧 교회를 "거룩하게 하시고…거룩하고 흠이 없게 하려 하신" 그리스도의 거룩함이다^{엡 5:25-27}. 성인들의 거룩함이 바로 그러한 성화sanctification, 곧 우리가 세례를 받던 날 부여받은 그 거룩함의 계시와 실현인 것처럼, 우리는 모두 계속해서 그 거룩함에서 자라가도록 부르심을 받았다. 그러나 성령을 통해 하나님이 우리 안에 임재하듯이 우리가 하나님의 선물로 그 거룩함을 소유하고 있지 않다면, 우리는 거룩함에서 자랄 수 없다. 일찍이 모든 그리스도인들이 성도로 불렸던 이유가 바로 이 때문이다. 이런 이유로 '교회로서의 성화'는 우리의 주된 책임이자 의무다. 우리는 이 책무를 위해 성별되었고, 우리가 이런 책무에서 스스로를 단절시키지 않는 한, 이 일은 우리의 사명으로 남는다.

고대에는 합당한 이유 없이 성찬 모임에 참여하지 않는 사람들을 교회에서 제명했다. 성찬에 참여하지 않는 사람은 예전에서 드러나는 그리스도의 몸의 유기적인 연합으로부터 자신을 끊은 자로 인식했기 때문이다. 다시 말하지만 성찬은 여러 '성례 중 하나' 혹은 여러 예배 의식 중 하나가 아니라, 교회의 능력과 신성과 충만과 완성이 나타나는 예배 자체다. 우리는 이 성찬에 참여함으로써 거룩함 가운데서 자랄 수 있고, 교회가 될 수 있고, 또 교회가 해야 할 명령을 성취할 수 있게 된다. 성찬을 위해 모인 교회는, 비록 '두세 사람'이 모였더라도 그리스도의 몸의 형상이요 실현이다. 오직 모인 자들만이 그리스도의 몸과 피를 받는 수찬자들이 될 수 있는데, 그들이 그 모임을 통해 그리스도를 나타내기 때문이다. 교회에서, 모임에서, 그리고 그 신비로운 연합에서 주어지고 명령받지 못한 채 성찬에 참여할 수 있을 만큼 '충분히' 거룩한 사람은 없다. 이 신비로운 연합 안에서 그리스도의 몸을 이룰 때에만 우리는 하나님을 담대하게 아버지라 부를 수 있고, 거룩한 생명의 참여자요 성찬을 받는 사람이 될 수 있다.

이제 어떤 현대식 예배든 성전에 '개인주의적'으로 입장하는 것이 얼마나 성찬의 본질에 위배되는지 분명해졌다. 이런 '개인주의적인' '자유'를 소유하려는 사람은 여전히 교회의 신비를 알지 못하거나 발견하지 못한 것이다. 이 사람은 성회의 성례에, 예수 그리스도의 신-인 연합 안에서의 깨지고 죄악된 인간 본성의 재연합에 아직 참여하지 못한 것이다.

6

마지막으로 '교회로서의 성회'가 그리스도의 몸의 형상이라면, 그 몸의 머리의 형상은 사제다. 사제가 회중들의 모임을 주관하고, 이끌며, 앞에 서는 것은 그리스도인들이라는 집합을 그 충만한 의미에서 교회의 모임으로 만들어 주기 위함이다. 사실 사제의 인간적인 면만을 보면, 그는 거기에 모인 많은 사람 중 한 사람일 뿐이다. 아니 어쩌면 가장 죄가 크고, 가장 형편없는 사람일지도 모른다. 하지만 성령강림 이후로 교회에 의해 보존되고 주교들의 안수를 통해 중단 없이 전해진 성령의 은혜로 말미암아, 사제는 우리를 위해 자신을 거룩하게 하고, 신약의 제사장이 되신 그리스도의 제사장직의 능력을 나타낸다. "예수는 영원히 계시므로 그 제사장 직분도 갈리지 아니하느니라"히 7:24. 그리스도인의 모임의 거룩함이 그 모인 사람들의 거룩함이 아니라 그리스도의 거룩함인 것처럼, 사제의 제사장직도 그의 것이 아니라 그리스도의 몸으로서 교회가 받은 그리스도의 제사장직이다. 그리스도는 교회 밖에 계시지 않고, 그의 권능이나 권위도 다른 누구에 의해 대체되지 않으며 그리스도 자신이 교회 안에 거하시고, 성령을 통해 교회의 모든 삶을 실현한다. 사제는 그리스도인들의 '우두머리'나 '대리인'이 아니다. 성례에서의 모임이 그리스도의 몸인 것처럼, 사제는 그리스도 자신이다. 그리스도의 몸 맨 앞에 서서 사제는 자신 안에서 교회의 연합을 나타내고, 자신과 함께 모든 교회 지체들이 연합하여 하나됨을 드러낸다. 집례자와 모인 자들의 이런 연합에서, 그리스도 안에서 그리고 그리스도와 함께하는 교회의 신-인 연합이 현시된다.

비록 오늘날에는 예전 이전에 행해지는 사제가 예복을 입는 것도 이와 마찬가지로 모임과 밀접하게 관련되어 있다. 사제가 예복을 입는 모습도 그리스도와 교회의 연합, 곧 교회를 이루는 수많은 사람들의 해체할 수 없는 연합을 보여주는 하나의 이미지, 성상이기 때문이다. 사제가 입는 예복은 성도 각 사람이 세례를 받을 때 입은 것과 같은 흰색인데, 이는 모든 세례 받은 자들의 의복이자 교회의 의복을 사제도 입음으로써 사제와 성도 모두를 하나로 묶어 모임이 하나되었음을 상징한다. 사제가 허리에 두르는 '영대'도 우리의 구원과 성화를 위해 구주께서 우리 인간의 본성을 입으신 것의 이미지, 곧 그리스도 자신의 제사장직을 재현한다. 성찬 집례 시 소매에 착용하는 '수대'手帶 또한 마찬가지다. 예배를 집례하고 축복하는 사제의 손은 더 이상 그의 것이 아니라 그리스도의 것이기 때문이다. 허리띠는 언제나 순종, 준비된 자세, 형제애, 그리고 섬김을 뜻하는 상징이었다. 사제는 자신의 권위를 가지고 '높은 자리'를 취하지 않는다. 사제가 주인보다 더 클 수 없기 때문이다. 오히려 사제는 그가 따르는 주인이자 그가 섬기는 분에 의해 주어지는 은혜로 인해 바로 이 사역으로 보냄을 받은 자라는 인식을 가질 뿐이다. 마지막으로 사제가 가장 겉에 입는 소매 없는 예복('입펠로니온' 혹은 '리짜')은 새로운 피조물이 된 교회의 영광, 새로운 생명이 주는 기쁨과 진리와 아름다움, 하나님 나라와 "권위를 입으시고"시93:1 영원히 통치하실 왕을 예표한다.

 예복 착용은 집례자의 손을 씻는 것으로 마무리된다. 성찬은 죄 용서를 받은 자, 무법함에서 떠난 자, 하나님과 화해한 자들을 위한 것이기 때문이다. 이렇게 성찬은 "전에는 긍휼을 얻지 못하였더니 이제는 긍휼을 얻은"벧전 2:10 새로운 인류가 드리는 예배다. 우리는 성전에 가고, '교회로 모이며', 새 창조의 옷을 입는다. 이것이 바로 '성례 중의 성례'인 가장 거룩한 성찬예식의 첫 번째 의식이 가진 참된 의미이다.

2장

하나님 나라의 성례

내 아버지께서 나라를 내게 맡기신 것 같이
나도 너희에게 맡겨 너희로 내 나라에 있어 내 상에서 먹고 마시며….

누가복음 22:29-30

1

단어의 가장 심오한 본래적 의미에서 교회로서의 성회가 성찬예식의 시작이자 첫 번째요 가장 근본적인 조건이라면, 성찬예식의 마지막이자 완성은 그리스도의 나라에서 그분의 식탁에 앉는 것, 곧 교회가 천국에 들어가는 것이다. '교회로서의 성회'를 성찬의 시작으로 고백한 후 교회가 하나님 나라로 들어감이 성례의 목적이자 의도요, 완성이라 고백하는 것은 지극히 당연하다. 이 '끝'이 성찬의 전체적인 통일성, 곧 이동과 올라가는 것, 무엇보다 하나님 나라의 성례로서의 성찬예식의 순서와 본질을 계시하기 때문이다. 지금의 예전 형식이 하나님 나라를 바라는 장엄한 기도로 시작하는 이유도 바로 이 때문이다.

무엇보다 오늘날 우리는 이 성찬의 '목적'을 다시 기억할 필요가 있다. 교회의 '서방 포로기'였던 '중세 시대'에 동방정교회를 장악한 스콜라주의 가르침은, '교회로서의 성회'가 성례의 시작이자 조건이라는 것과 교회가 하늘의 '그리스도의 식탁'으로 올라가는 것의 상징인 성례에 대해 가르치지 않았기 때문이다. 스콜라주의 신학에서 성찬은 크게 두 가지 '행동'acts과 두 가지 '순간'moments, 곧 성찬을 위한 성물이 그리스도의 몸과 피로 변하는 순간과 성찬을 대하는 순간 정도로 축소되었다. 어떻게와 언제의 문제, 곧 어떤 '인과관계'로 인해 어느 순간에 예물에 변화가 일어나는지에만 관심을 두었고, 그 대답에 따라 성례의 구체적인 정의는 달라졌다. 즉 스콜라주의 신학은 각각의 성례를 고유하면서도 성례의 완성에 필요한 축성문 정도로 규정해 버렸다.

예를 들어, 동방정교회가 받아들인 모스코바의 총대주교 필라레트Filaret의 권위 있는 《대요리문답Longer Catechism》에서 이 '축성문'consecratory formula은 다음과 같이 정의된다. "성찬예식을 제정하실 때 그리스도는 이렇게 말씀하셨다. '받아먹어라. 이것은 나의 몸이다…너희는 모두 이것을 마셔라. 이것은 나의 피니….' 성령의 간구와 봉헌된 떡과 포도주, 곧 예물을 위한 기도…이것이 행해질 때, 떡과 포도주는 그리스도의 몸과 피로 변한다."[1]

'축성문'의 기저를 이루는 성례에 대한 이러한 스콜라주의 신학의 영향은 불행하게도 오늘날 우리가 행하는 예전 의식에서도 여전히 드러난다. 이런 영향력을 우리는 '축성문'으로 알려진 성찬 기도문의 한 부분을 따로 떼어내는 데서, 말하자면 축성문을 독립적인 어떤 것으로 만들려는 명백한 의도에서 발견할 수 있다. 이런 목적을 염두에 두고 보면, 성찬 기도문 낭독은 '제3시의 트로파리온'Troparion(한 연으로 된 짧은 동방정교회의 성가 - 옮긴이)을 세 번 읽던 것과 충돌할 수밖에 없다. "오 주님, 제3시에 당신의 사도들에게 가장 거룩한 성령을 보내 주신 주여, 우리에게서 성령을 거두지 마소서. 선하신이여, 당신께 기도하는 우리 안에 성령을 새롭게 하여 주소서"라고 하는 '제3시의 트로파리온'은 사실 문법적으로나 의미론적으로 '성찬 기도'anaphora와 아무런 관련이 없는 탄원이다.[2] 이와 동일한 의도로 우리는 성찬 기도문에서 부제와 사제 사이의 대화문을 따로 떼어낸다. 이 대화문은 먼저 떡을, 그 다

---

1. (Paris, 1926; repr. jordanville, N.Y., 1961), pp. 86-86. A. Katansky, *Dogmaticheskoe uchenie o semi tserkovnykh tainstvakh*(Dogmatic teaching concerning the seven sacraments of the Church in the works of the Fathers and Doctors of the Church, St. Petersburg, 1877); V. J. Malachov, 'Presuschestvlenie Sviatikh Darov v Tainstve Evkharistii'(The transformation of the Holy Gifts in the sacrament of the Eucharist), *Bogoslovskii Vestnik* (1898), pp. 113-140. Thomas Aquinas' treatise De sacramentis와 최근에 나온 Dom A. Vonier, *The Key in the Doctrine of the Eucharist*(New york, 1925) 참고.
2. Fr Kiprian Kern, *Evkharistia*, pp. 277 이하.

음에 잔을, 그리고 봉헌된 예물을 각각 따로 축성하는데 그 본질이 있다. 이 '축성문'을 이런 식으로 이해하는 것은 요한 크리소스톰의 '아나포라'가 대 바질Great Basil의 "성령으로 변화시켜 주소서"라는 축도의 마지막 문구로 바뀌는 과정에서 완전히 잘못 적용되어 생겼다.

다른 예전 의식들과 관련해 축성문은 성례를 완성하는 데 불필요하고, 따라서 신학적 이해를 위한 필수 주제가 아니기에 대체로 무시되거나 앞에서 인용한 대요리문답에서처럼 예전에 참여한 자들에게 '교훈'을 가져다주는 그리스도 사역 가운데 나타난 상징적인 '예증들' 가운데 하나 정도로 이해된다.

'축성문' 교리에 대해서는 나중에 다시 논의하도록 하고 여기서는 이 교리가 예전으로부터, 그리고 교회의 본질과 의미로부터 성찬을 분리시켰다는 것만을 주목하기로 한다.

물론, 이런 분리는 본질적이지 않고 외형적이다. 동방정교회의 전통은 매우 엄격하기에 고대 예배 형식을 변화시키거나 그것에서 벗어나는 것을 결코 허용하지 않기 때문이다. 그럼에도 이 분리는 또한 매우 실제적이다. 이런 접근으로 교회가 스스로 성례를 치루는 '주체'로 여기지 않게 되었을 뿐 아니라, 스스로 성례의 '대상'으로 여기는 것 또한 그만두었기 때문이다. 그러나 성례는 '이 세상'에 '능력으로 임한' 하나님 나라로서 교회의 교회됨을 드러내는 본질이다. 따라서 성찬에 대한 이런 설명과 정의뿐 아니라 이런 식의 접근이 성찬의 시작인 '교회로서의 성회'와 성찬의 끝이자 완성인 '존재의 실현', 곧 하나님 나라의 현시와 임재를 얼마든지 경험으로부터 분리했다는 사실만으로도 이런 접근이 내포하는 축소가 교회에 초래한 비참한 손상은 얼마든지 입증이 되고도 남는다.

2

그러면 도대체 이런 축소의 원인은 무엇이고, 그것은 어떻게 교회의 의식 구조 속에 스며들게 되었는가? 이 질문은 성례와 성찬을 해석하는 데 중요할 뿐 아니라, 무엇보다 '이 세상'에서의 교회의 정체성과 위치, 그리고 사역을 이해하는 데 매우 중요하다. 먼저 교회 예배에 대한 모든 '논의들'도 중요하긴 하지만, 여전히 막연하고 모호한 상태로 남아 있는 개념과 관련된 축소를 먼저 분석하는 것이 좋겠다. 모호한 개념이란 바로 상징이다.[3] 정교회 예배의 '상징주의'symbolism에 관해 언급하는 것은 오랫동안 통상적인 일이었다. 정교회 예배에 관한 모든 '논의'를 배제하더라도, 정교회 예배가 실제로 상징적이라는 것에는 의심의 여지가 없다. 하지

---

3. 예전과 관련한 상징에 대해서는 다음 도서를 보라. R. Bornet, *Les commentaires byzantins de la divine liturgie VIIe au XVe siècle* (Paris, 1966); Dom Odo Casel, *Le mystière du culte dans le christianisme* (Paris, 1946); B. Neunheuser, *L'Eucharistie, II: Au Moyen Age et à l'époque moderne* (Paris, 1966).

만 이 '상징적'이란 말은 도대체 무엇을 의미하는가? 그것은 구체적으로 무엇을 뜻하는 것인가?

이 질문에 대한 가장 '일반적인' 대답은 상징을 재현representation 또는 예증illustration과 동일시하는 것이다. 누군가 '소입당'이 구세주가 복음을 전하기 위해 세상에 들어 온 것을 상징하는 것이라고 말한다면, 그 사람은 입당 예식이 과거의 어떤 사건의 재현이라고 이해하는 것이다. 실제로 이런 '예증적 상징'은 예배 전반에 관한 교회 전체적인 또는 개별적인 의식consciousness에 적용되어 왔다. 그러나 비잔틴 시대에 절정을 이룬 상징에 대한 이런 해석은 감정의 경건pious of feelings에 뿌리를 두고 있기에, 근본적이고 본래적인 기독교 예배 개념에 결코 부합하지 않는다. 그러나 이런 의식은 기독교 예배를 왜곡했고, 나아가 우리로 하여금 오늘날 교회의 예배를 쇠퇴시킨 주된 이유 중 하나라는 것조차 인식하지 못하게 만들었다.

이렇게 상징이 예배 쇠퇴의 주된 원인이 된 데는 여기서 '상징'이 실재와 구별된 어떤 것이 아니라, 오히려 본질적으로 그와는 정반대되는 어떤 것을 가리켰다는 사실에 있다. 우리는 여기서 서방의 로마 가톨릭이 성찬의 예물 위에 그리스도의 '실제적 임재'를 강조하는 것은, 근본적으로 그리스도의 임재가 '상징적인' 범주로 전락하지는 않을까 하는 우려에서 발생했던 것임을 알게 된다. 그러나 이런 현상은 '상징'이라는 단어가 더 이상 실재하는 어떤 것을 가리키지 않고, 오히려 그것과는 정반대로 그것이 실재가 될 때에 발생한 것이다. 말하자면 '실재'와 관련된 것은 상징을 필요로 하지 않고, 반대로 상징이 존재한다면 거기에는 실재가 없다는 말이다. 이는 우리로 하여금 예전적 상징의 재현이 '실재'하지 않음을 보여 줄 만큼만 필요로 하는 '예증'으로 이해하게 만든다. 따라서 실제로는 이천 년 전 구세주가 복음을 전하러 오셨고 이제 우리는 그 사건의 의미와 중요성을 기억하기 위해 구세주의 사역을 상징적으로 예증한다.

거듭 말하지만, 이 상징들은 그것 자체로는 경건하고 합당한 의도에서 나왔다. 그러나 이런 종류의 상징이 종종 임의로, 그리고 인위적으로 사용되면서―예전에서의 입당이 그리스도께서 세상에 오신 것이라는 상징 정도로 이해하게 만들었던 것처럼―우리 예배 의식의 의미를 교훈적인 드라마 수준 정도로 떨어뜨렸다. 마치 상징이 종려주일에 '나귀를 타고 입성'하는 장면을 연기하거나 '바벨론의 사자굴에 떨어진 젊은이들'에 관한 신비한 연극을 하는 것과 다를 바 없게 되었다. 이런 상징이 가져다준 의미적 축소는 예배 의식consciousness으로부터 의식rite의 내적 필요성을 박탈하고, 의식과 예배의 실재와의 관계도 일체 허용하지 않게 만들었다. 그러나 이렇게 되면 하나님 나라의 성례인 예배 예식은 그저 '상징의' 배경이 되고, 예전에 소위 '진실성'을 부여하고, 예전에 필요한 두세 개의 '충분한' 행동이나 '순간들'을 보조하는 장식 정도로 전락할 뿐이다. 부분적인 것에 집중하는 이런 현상은 앞서 지적한 대로 스콜라주의 신학에 의한 것이다. 사실상 이 신학은 이미 오래전 성찬의 전체적인 순서에 대한 관심을 사라지게 했고, 단 하나의 순간, 곧 분리된 축성문에 모든 관심을 집중시켰다. 안타깝게도 이는 우리의 경건 생활에도 그대로 드러났고, 이런 이유로 교회에 서 점점 더 많은 사람들이, 수많은 상징적인 표현과 설명들이 자신들의 기도와 예배를 방해한다고 느끼는 수준에 이르게 되었다. 실제로 너무나 많은 상징적인 표현들과 설명들이 오늘날 예배자들의 기도의 본질인 영적인 실재와의 직접적 만남을 방해한다. 신학자들에게 불필요한 '예증적인' 상징이 신자들에게 불필요한 것은 너무나 당연하지 않겠는가.

3

위에서 언급한 상징과 실재의 이런 분리와 대치는 축성문을 그 중심으로 하는 성례, 그중에서도 성찬에 대한 인식과 그에 따른 세부 개념들을 정의하는 기초가 되었다. 동방과는 반대되는 이런 성례에 대한 접근은 일찍이 성례가 특별한 가르침과 정의의 대상이 된 서방에서 유래했다. 스콜라주의 논문, '성례에 관하여'*De sacramentis*가 가장 대표적이다. 논의가 발전해 가면서 교회로부터 성례가 오히려 소외되는 것을 우리는 이런 식의 글에서 분명히 확인할 수 있다. 물론 성례가 교회로부터 소외되었다는 것은, 성례가 교회 밖이나 교회와는 독립적으로 제정되고 작동했다는 뜻은 아니다. 분명 교회에 주어진 성례는 교회 안에서, 그리고 교회를 위해 행해졌다. 그러나 성례는 교회 안에서 그리고 교회를 통해 수행되면서도, 교회에서조차 교회와 구별되는 하나의 특별한 실재로 인식되었다. 성례는 교회에 의해 직접 제정되었기에, 또한 본질적으로 '비가시적 은혜의 가시적 표시'이기에, 그리고 성례의 유효적 측면과 '은혜의 원인'*causae gratiae*이기에 특별하게 인식되었다.

이와 같이 성례를 새롭고 독자적인 실재로 또한 구별한 결과 중 하나로 스콜라주의는 정의한다. 성례를 오직 인간의 타락과 그리스도에 의한 구원이라는 시각에서 제정된 것으로 간주해 다음과 같이 이해한다. '원래적 무죄'original innocence 상태에서 인간은 성례를 필요로 하지 않았다. 성례는 오직 인간이 죄를 범했기 때문에 생겼고 따라서, 그 죄의 상처를 치유하기 위한 치료제라는 필요에 의해 생겼다. 누가 뭐래도 성례는 죄의 상처에 필요한 치료제다*quaedam spirituales medicamenta quae adhibentur contra vulnera peccati*. 그리고 이 치료제의 유일한 재료는 십자가의 고난과 희생을 통해 인류를 회복시키시고 구원하신 그리스도의 수난*passio Christi*이다. 성례는 인류에게 적용된 그리스도의 고난의 능력*passio Christi quaedam applicata hominibus in virtute passionis Christi*으로 말미암아 완성된다.

이과 같은 서방의 성례 신학 발전과 그 결과를 정리하며 로마 가톨릭 신학자 돔 보니어Dom Vonier는 자신의 책 《성찬 교리의 열쇠 The Key to the Doctrine of the Eucharist》에서 다음과 같이 말한다. "성례의 세계는 하나님이 자연계로부터, 심지어 영적인 세계로부터 구별해 창조하신 새로운 세계다…하늘이나 땅에서 성례와 같은 것은 없다. 성례는 성례만의 존재 형식, 성례만의 심리학, 성례만의 은혜가 있다…우리는 성례가 무언가 전적으로 독자적임을 이해해야 한다."4

4

우리는 치밀하게 구성되고 내적으로 일관된 서방의 성례에 관한 교리 체계를 더 이상 자세히 살펴볼 필요는 없다. 이런 성례에 관한 교리가 정교회의 성례 경험에 얼마나 이질적인지, 또 오래된 정교회의 예전 전통과 얼마나 양립할 수 없는지에 대해 우리는 충분히 살펴보았다. 내가 경험에 있어서 이질적이라고 했지, 교리적으로 그렇다고 말하지는 않았다는 것을 주목하라. 정교회의 교과서에서 발견되는 성례에 관한 가르침, 특히 성찬에 관한 가르침은 분명 서방의 모형을 따라 형성되었고, 서방의 분류 방식에 따라 구성

---

4. Vonier, pp. 41-41. 각주1과 비교해 보라.

되었다. 그러나 이것은 정교회의 예전 경험에 부합하지 않았을 뿐 교리적으로 그런 것은 아니었다.

그럼에도 우리가 처음부터 교회가 예배법 가운데 보존해 온 경험에 대해 말할 때, 서방의 성례적 스콜라주의가 이 경험으로부터 철저히 멀어져 있는 것은 매우 우려스러운 일이다. 이런 소원 疏遠, estrangement의 가장 주요한 원인은 세계와 인간, 그리고 모든 피조물에 대한 기독교적 이해에 이미 내재되어 있는 성례의 존재론적 기초를 형성하는 상징성을 라틴 교회의 교리가 부인하고 거절한 데 있다. 이런 시각에서 볼 때, 라틴 교리는 상징의 붕괴와 분해의 시발점이었다. 이렇듯 상징은 한편으로는 '예증적 상징'으로 '축소'되어 실재와의 접촉점을 잃어버렸고, 다른 한편으로는 더 이상 세상과 창조에 대한 근본적인 계시로 이해하지 못했다. 돔 보니어가 "하늘이나 땅에서 성례와 같은 것은 없다"라고 말했을 때, 그 말은 성례가 완성되기 위해서는 창조와 창조의 본질에 의존하고 있음에도 불구하고, 정작 성례가 이런 창조의 본질에 대해 아무것도 계시하거나 증거하지도, 드러내지도 못하고 있다는 뜻이 아니겠는가!

성례에 대한 이런 라틴 교리는 정교회에 있어서 매우 이질적이다. 정교회의 교회적 경험과 전통에서 성례는 무엇보다 창조와 세계의 참된 본질을 나타내는 계시이기 때문이다. 창조된 '이 세상'이 아무리 타락했다 해도 '이 세상'은 여전히 구속, 회복, 치유,

새 하늘과 새 땅으로 변화될 날을 기다리고 있는 하나님의 세계다. 이를 다른 말로, 정교회 경험에서 성례는 본질적으로 창조세계 자체의 성례성sacramentality을 계시해 준다고 할 수 있다. 세상은 피조물 된 삶에서 신적인 삶에 동참하도록 창조되었고, 인간에게 주어졌기 때문이다. 세례에서 물이 '중생의 세례반'이 될 수 있다면, 우리 육신의 음식인 떡과 포도주가 변하여 그리스도의 몸과 피가 될 수 있다면, 기름을 통해 우리가 성령의 기름부음을 받을 수 있다면, 다시 말해 세상의 모든 것이 하나님의 선물로, 곧 새로운 삶에 참여할 수 있게 되고 증거되고 이해될 수 있다면, 그것은 창조된 모든 것이 "하나님이 만유의 주로서 만유 안에 계시려 하심"이라는 신적 경륜의 완성을 위해 부름을 받도록 예정되었기 때문이다.

참으로 세상에 대한 이런 성례적 이해에 이 세상의 본질과 교회 삶 전체와 정교회의 전체 예전적 영적 전통에 깊이 침투해 있는 이 세상의 빛, 곧 선물이 있다. 죄란 인간과 인간 안에서 모든 창조물이 이 성례성, 곧 하나님의 임재인 '기쁨의 낙원'으로부터 떨어져 나와 더 이상 하나님의 뜻에 따라 살지 않고 자기의 뜻대로, 그리고 자기 마음대로 살려는, 그리고 그 결과 타락하고 죽을 수밖에 없는 '이 세상'으로 떨어진 상태이기 때문에, 그리스도는 이 세상과 성례로서의 삶 자체를 새롭게 함으로 이 세상의 구원을 이루신다.[5]

5

성례는 우주적이면서 또한 종말론적이다. 성례는 하나님이 처음 창조하신 그대로의 하나님의 세계를 의미하는 동시에, 하나님 나라에서 완성될 세계를 가리킨다. 성례는, 모든 창조물을 품으며 "주님의 것, 온전히 주님의 것…모든 것을 대신해서 그리고 모든 것을 위해"라는 찬양에서처럼 하나님의 것을 하나님께로 돌려드림으로써 그리스도의 승리를 드러낸다는 점에서 본질적으로 우주적이다. 하지만 성례는 또한 그만큼 종말론, 곧 장차 올 하나님 나라를 지향한다. '이 세상'은 자신의 창조자요, 구원자요, 주인이신 그리스도를 배척하고 죽였기 때문에 이미 죽음을 언도받았다. "그 안에 생명이" 없으므로 "그 안에 생명이 있(고) … 사람들의 빛"요 1:4이었던 예수 그리스도를 거절했기 때문이다. '이 세상'이 끝날 때 천지는 없어지겠지만 그리스도를 믿어 그를 길이요, 진리요, 생명으로 받은 사람들은 도래할 새 세상을 소망하며 영원히 살며 그들은 여기에는 "영구한 도성이 없으므로 장차 올 것을 찾는다"히 13:14. 이것이 바로 기독교의 기쁨이자 기독교 신앙이 말하는 부활의 본질이다. '장차 올 세상'은 비록 '이 세상'과의 관계로 볼 때

---

5. 창조의 성례적 본질에 대해서는 Schememann, *For the Life of the World*를 보라. '성례로서의 세상'에 대한 본질이 무엇보다 명확히 나타나는 곳은 (불행히도 주의 깊게 연구되지 않고 있지만) 교회의 기도와 찬송가다. "하늘은 놀람으로, 땅은 떨림에 사로잡혀 있다." 이런 본문들에서 우리는 교회의 우주적 차원을 본다.

미래지만 이미 '우리 가운데' 도래했다. '바라는 것들의 실상(실재)이요 보이지 않는 것들의 증거'인 믿음은 그것이 향하는 바, 곧 장차 올 하나님 나라와 희미해지지 않는 그 나라의 빛을 우리에게 직접 증거하고 우리에게 그 빛을 비추어 준다.

　이는 결과적으로 정교회 경험과 전통 속에서 교회가 성례임을 우리가 깨닫게 한다. 신학 역사가들은 오래전부터 초기 교부 시대 전통에서는 교회에 대한 정의를 찾아볼 수 없다고 말해 왔다. 하지만 그 이유는 어떤 신학자들이 가정하는 것처럼 당시 신학이 '발달하지 못해서'가 아니라, 교회의 초기 전통에서 교회는 '정의'를 내리는 대상이 아닌 새 생명의 생생한 경험이었기 때문이다. 이런 교회 경험에서 제도화된 교회 구조, 성직 체계, 교회법, 예전 등이 발견되기도 하지만, 본질적으로 교회의 경험은 성례적이고 상징적이다. 교회는, 교회가 증거하는 그 동일한 실재로 변화되기 위해, 곧 보이는 것에서 보이지 않는 것으로, 땅의 것에서 하늘의 것으로, 물질적인 것에서 영적인 것으로, 완성되기 위해 존재하기 때문이다.

　그러므로 교회는 우주적이고 종말론적인 차원에서 성례다. 교회는 우주적인 의미에서 성례다. 이는 교회가 '이 세상'에서 참된 하나님 나라를 하나님이 처음 창조하셨던 그 모습, 태초의 그 모습으로 증거하기 때문이며 그리고 오직 처음에 비추어 볼 때에만 우리의 부르심의 높이가 얼마나 높은지 알 수 있고, 하나님과 우리 사이의 심연의 깊이가 얼마나 깊은지 알 수 있기 때문이다. 교회는 종말론적인 의미에서 성례다. 하나님이 창조하신 본래의 세계를 계시하고, 그리스도에 의해 이미 구속함을 받았기 때문이다. 그리고 예전적 경험과 기도의 삶 속에서 교회는, 교회가 지음 받고 구원받은 그 목적, 곧 "하나님이 만유의 주로서 만유 안에 계시려"고전 15:28는 목적end을 위해 세상의 끝end과 결코 단절되지 않는다.

6

가장 근본적이고 포괄적인 의미에서 성례로서의 교회는 성례 안에서, 그리고 성례를 통해, 무엇보다 '성례 중의 성례'인 성찬을 통해 자신을 창조하고, 증거하고, 완성한다. 앞서 언급했듯이 성찬이 성례의 처음과 끝이고, 세상과 하나님 나라로서의 세상의 완성을 뜻하는 성례라면, 이 성찬은 교회의 승천을 통해, 곧 '사모하는 본향'the status patriae에 올라 하나님 나라의 메시아적 잔치에 참여함으로 완성된다.

이는 '교회로서의 성회', 곧 하나님의 보좌로 올라가 그 나라의 잔치에 참여하는 이 모든 것이 성령 안에서, 그리고 성령을 통해 성취된다는 뜻이다. "교회가 있는 곳에 성령과 은혜의 충만함이 있다."⁶ 리용의 이레니우스의 이 말은 교회 경험을 성령의 성례로 확증한다. 교회가 있는 곳에 성령이 있다면, 성령이 있는 곳에는 창조의 회복이 있다. 거기서 우리는 '또 다른 삶, 완전히 새롭고 영원한 삶의 시작', 그리고 신비롭고 쇠하지 않는 하나님 나라에서의 하루가 시작됨을 발견하기 때문이다. 성령은 "진리의 영이고, 양자됨의 영, 장차 얻을 유업의 보장이며, 영원한 축복의 첫 열매요, 생명을 창조하는 능력이요, 성화의 근원이다." "성령을 통해 이성과 분별력 있는 모든 피조물이 당신을 경배하며 영원히 당신께 영광의 찬송을 부릅니다"(대 바질의 예전을 위한 '아나포라' 중에서). 다른 말로 하면, 성령이 있는 곳에는 하나님 나라가 있다. 성령은 '오순절의 마지막 큰 날'에 임하셔서 이 마지막 날을 새로운 창조의 첫 날로 바꾸시고, 교회가 이 첫 날이자 '여덟째' 날의 선물이자 임재임을 드러내신다.

따라서 교회에 있는 모든 것이 성령으로 말미암고, 성령 안에 있으며, 성령에 참여한다. 성령 강림과 함께 교회가 마지막에서 새로운 시작으로 변하는데 이 옛 생명에서 새 생명으로의 이 모든 변화는 전적으로 성령에 의해 이루어진다. "성령께서 모든 것을 주시네. 성령은 예언의 근원이시고, 사제직을 수행하시며, 온 교회의 무리를 모으신다네"(오순절 찬송). 교회에 있는 모든 것이 성령 안

---

6. *Against Heresies* 3:24:1.

에 있고, 그분이 우리를 천상의 성소요 하나님의 보좌로 들어올리신다. "우리는 참 빛을 보았고, 천상의 영을 받았다네"(또 다른 오순절 찬송). 마지막으로 교회는 전적으로 '축복의 보고'寶庫이자 생명을 주시는 성령을 향해 있다. 교회의 모든 삶은 성령을 얻기에 갈급하고, 성령에 참여하는 데 목마르며, 성령 안에서의 은혜의 충만을 간절히 바란다. 사로프의 세라핌Serafim of Sarov의 말을 빌려 말하면, "신자들 각자의 삶과 영적 싸움은 성령을 얻는 것에 있다." 마찬가지로 교회의 삶도 동일하게 성령을 얻는 것, 영원히 만족하며 결코 꺼지지 않는 성령을 동일하게 갈급하는 것에 있다. "오소서, 오 성령이여. 우리를 당신의 거룩함에 참여하는 자로, 어두움을 모르는 빛에 참여하는 자로, 거룩한 삶에 참여하는 자로, 가장 향기로운 세대에 참여하는 자로 만드소서"(성령 축일의 마침 기도문).

7

이제 우리는 이 장 첫 부분에서 시작한 주제, 곧 교회가 '하나님 나라 안에서 주님의 성찬 식탁'으로 올라가는 것인 하나님 나라의 성례로서의 성찬에 대한 정의를 다시 다룰 수 있게 되었다.

우리는 이제 성찬에 대한 정교회의 정의가 서방으로부터 받아들인 스콜라주의적이고, 사변적인 예전에 대한 설명으로 인해 궤도에서 벗어나 있음을 알았다. 또한 이런 차이의 주된 원인이 그리스도인의 의식 속에서 상징이라는 핵심 개념이 붕괴되고 상징과 실재가 대치되며, 상징이 '예증적 상징'의 범주로 축소되었기 때문임도 알았다. 기독교 신앙은 처음부터 "이는 진실로 참된 그리스도의 몸이요, 참된 그리스도의 피다"라는 표현에서처럼 성찬의 떡과 포도주가 그리스도의 몸과 피로 바뀌는 변화의 실재성을 고백해 왔다. 그렇기 때문에 이런 실재성과 '상징성'의 혼동은 성찬의 '현실성'realism과 제단에 놓인 그리스도의 몸과 피의 실재적 임재에 대한 위협과 성찬의 의미를 축소하는 것으로 간주되었다. '축성문'의 협소함을 통해 시간과 공간 속에서 떡과 포도주의 변화의 실재성을 '보장'하고자 했다. 그리고 이런 '우려'는 그 '유효성'과 함께 변화의 '방법' modus과 '순간' moment에 대한 점점 더 세밀한 정의를 내리기에 이르렀고, 결국 거룩한 예물 봉헌 전에는 성체용 쟁반에 떡이, 성배에는 포도주가 담겨 있다면, 봉헌 후에는 오직 그리스도의 몸과 피가 발견된다고 인식하기에 이르렀다. 이 때문에 서방교회는 이 변화의 '실재성'을 설명하려고 아리스토텔레스의 '본질' essence과 '속성' accidents이라는 범주를 사용해 떡과 포도주의 변화를 '화체설' transubstantiation로 묘사하려고 했다. 결론적으로 바로 여기에서 우리는 성물의 변화와 성례의 설명에서 비롯된 예전의 실제적인 축소에 대한 예전의 진정한 관계를—구체적인 측면에서나 전체적인 측면에서나—거부해야 할 근거를 발견한다.

이제 우리는 이런 상징과 상징성에 대한 이해, 곧 상징과 '실재'와의 대립이 '상징'이라는 개념의 본래적 의미에 부합하는지 물어야 한다. 그리고 그것이 기독교적 '예배법'과 교회의 예전 전통에 적용될 수 있는지도 물어야 한다. 이 근본적인 질문에 대한 나의 대답은 부정적이다. 그리고 이것은 정확히 이 문제의 핵심이다. '상징'의 주된 의미는 결코 '예증'과 동일하지 않다. 사실 상징은 실례로 설명하지 않을 수도 있다. 즉, 상징은 그것이 상징하는 어떤 것의 외적인 유사성 없이 존재할 수도 있다.

종교 역사는 더 오래되고, 더 깊고, 더 유기적인 상징일수록 앞에서 말한 상징의 '예증적'인 속성이 점점 덜해짐을 보여준다. 상징의 원래 목적과 기능은 실례를 예증하는 것이 아니라(여기서는 설명되어지는 것의 '부재'를 가정한다), 그 대상을 나타내고manifest 전달하는communicate 데 있다. 상징은 실재의 성질에 참여하면서도 그것이 상징하는 실재를 전적으로 닮지 않는다. 그렇기 때문에 실제로 상징이 실재를 전달하는 것이 가능하다고 말할 수도 있는 것이다. 다시 말해 상징에 대한 오늘날의 이해와 본원적 이해와의 차이는, 오늘날은 상징을 부재하는 실재의 재현 또는 표지, 곧 (화학기호인 H_2O 안에 진짜 또는 실재의 물이 없는 것처럼) 표지 자체 안에는 실재가 존재하지 않는 어떤 것으로 이해하는 반면, 원래는 상징을 다른 실재의 현시와 임재로 이해하는 데 있다. 그러나 이 다른 실재는 정확히 주어진 환경에서 상징 말고는 다른 어떤 형태로도 명시되거나 존재할 수 없다.

이는 결국 본래 상징이 믿음과 떨어질 수 없는 관계에 있음을 의미한다. 믿음이란 '보지 못하는 것들의 증거'히 11:1이고, 증명할 수 있는 것과는 다른 어떤 것이 존재한다는 지식, 곧 참여하고 전달할 수 있는 '실재 중에 가장 실제적인' 어떤 것이 될 수 있다는 지식이기 때문이다. 따라서 상징이 믿음을 전제한다면, 믿음은 필연적으로 상징을 필요로 한다. '확신'이나 철학적인 '관점'과는 달리, 믿음은 분명 만남contact이자 만남을 향한 갈망이며, 구현이자 구현을 향한 갈망이다. 또한 믿음은 또 다른 실재 안에 있는 실재의 현시, 현존, 그리고 작용이다. 이 모든 것이 바로 상징(이 단어는 '결합하다', '일치시키다'라는 헬라어 συμβάλλω에서 유래했다)이다. 단순한 '예증'이나 기호, 심지어는 스콜라주의적이고 이성적으로 '축소'된 성찬 안에서와는 달리, 상징 안에서 성찬은 경험적인(혹은 '보이는') 것과 영적인(혹은 '보이지 않는') 것의 결합이다. 이 결합은 논리적으로(이것은 저것을 '의미한다'거)나 유비적으로(이것은 저것을 '예증한다')가 아닌, 혹은 '원인과 결과'(이것은 저것의 '매개' 혹은 '원동력'이다)에 의한 것이 아닌, 경험을 통해 직관적으로 이루어진다. 하나의 실재는 다른 것을 나타내는(헬라어로 ἐπιφαίνω) 동시에, 전달한다. 그러나 이는 매우 중요한 부분으로 오직 그 상징이 영적인 실재에 참여하는 것일 때, 그리고 그 실재를 구현할 수 있거나 그렇게 하도록 요구되는 정도까지만 나타내고 전달할 수 있다. 다시 말하면, 상징 안에서 모든 것은 영적인 실재를 나타내지만, 영적인 실재에 관련된 모든 것이 상징으로 구현되지는 않는다는 것이다. 상징은 언제나 부분적이고, 언제나 불완전하다. 우리는 '부분적으로 알고 부분적으로 예언'할 수 있기 때문이다고전 13:9. 본질적으로 상징은 이질적인 실재들을 결합하지만, 그 안에서 다른 하나와의 관계는 언제나 '절대 타자' absolutely other로 남는다.

상징이 얼마나 실제적이든, 얼마나 성공적으로 다른 실재를 우리에게 전달하든, 그 상징은 우리의 목마름을 채우는 것이 아니라 그 목마름을 더욱 심하게 하는 역할을 한다. "우리가 결코 다함이 없는 당신의 나라가 오는 날에 더 완전히 당신과 함께할 수 있도록 해 주소서." 이 목마름은 '이 세상'의 어떤 부분이 성스럽게 되는 것의 문제가 아니라, '하나님이 만유의 주로서 만유 안에' 계시는 완전한 영화glorification를 향한 기대와 목마름으로 이 세상의 모든 것을 보고 이해하느냐의 문제다. 그렇다면 우리는 '상징'이라는 단어의 존재론적이고 '현현적인'epiphanic 의미만이 기독교 예배에 적용된다고 말해야 하는가? 물론 이는 가능할 뿐 아니라, 실제로 이 둘은 불가분의 관계에 있다. 상징의 본질이 실재와 (비실재로서의) 상징 사이의 괴리를 극복한다는 데 있기 때문이고, 무엇보다 실재는 상징의 완성으로 경험되고, 상징은 실재의 완성이기 때문이다. 기독교 예배가 상징적인 것은, 그것이 다양한 '상징으로 표현되는' symbolical 묘사를 포함하고 있기 때문만은 아니다. 분명 기독교 예배는 그러한 묘사를 포함한다. 하지만 그것은 주로 여러 '주석가들'의 상상 속에나 존재하지 예배 자체의 질서나 의식 속에 존재하지 않는다. 기독교 예배가 상징적인 것은, 첫째 하나님이 손수 지으신 이 세상 자체가 상징적이고 성례적이기 때문이며, 둘째 이 상징을 실현시키고 '실재 중에 가장 실제적인 어떤 것'으로 깨닫는 것이 교회의 본성이자 '이 세상'에서 감당할 교회의 사명이기 때문이다. 그렇기 때문에 우리는 상징이 세상, 인간, 그리고 모든 만물을 포함하는 모든 것을 하나의 성례의 '질료'matter로 계시한다고 말할 수 있다.

이제 우리는 다음과 같은 기본적인 질문들을 제기할 수 있게 되었다. 그러면 성찬은 무엇을 상징하는가? 어떤 상징성이 예배 전체와 그 모든 예식들을 하나로 묶는가? 달리 말하면 어떤 영적 실재가 이 '성례 중의 성례'에서 나타나고, 또 우리에게 주어지는가? 이 질문들은 이 장을 시작하면서 논했던 주제, 곧 성찬을 하나님 나라의 성례로 고백하는 것으로 우리를 다시 이끈다.

8

거룩한 예전은 장엄한 송영doxology으로 시작한다. "성부와 성자와 성령의 나라는 복되도다. 이제와 영원히, 세세 무궁토록." 마찬가지로 구세주의 사역도 하나님 나라의 선포, 하나님 나라가 도래했음을 알리는 힘차고 분명한 공표와 함께 시작한다. "예수께서 갈릴리에 오셔서 하나님의 복음을 전파하여 이르시되 때가 찼고 하나님 나라가 가까이 왔으니 회개하고 복음을 믿으라 하시더라"막 1:14-15. 그리고 모든 기독교의 기도 중 최초이자 최고의 기도도 하나님 나라를 향한 갈망을 포함한다. "나라가 임하시오며…."

그러므로 하나님 나라는 그리스도인의 믿음의 내용이고, 그리스도인의 삶의 목표요, 의미이며, 구체적인 내용이다. 성경과 전통의 일치된 증거에 의하면, 하나님 나라는 하나님을 아는 지식이고, 그분을 향한 사랑이며, 그분과의 연합이자 그분 안에 있는 생명이다. 하나님 나라는 하나님과의 연합이고, 모든 생명의 근원이며, 참된 생명 자체, 곧 영원한 생명이다. "영생은 곧 유일하신 참 하나님을…아는 것이니이다"요 17:3. 인간이 창조된 이유가 바로 이와 같은 사랑, 연합, 그리고 지식으로 충만한 참되고 영원한 삶을 영위하기 위해서다. 하지만 인간은 타락하면서 이 모든 것을 잃어버렸고, 인간의 죄로 말미암아 악과 고통과 죽음이 세상을 지배했다. '이 세상의 임금'이 통치하기 시작하면서 세상은 자신의 왕인 하나님을 거절했다. 그러나 하나님은 세상을 버리지 않으셨다. 우리가 요한 크리소스톰의 '아나포라'를 따라 "우리가 떨어져 나왔을 때 당신이 우리를 천상으로 올리시기까지, 그리고 우리에게 장차 올 당신의 나라를 주시기까지 당신은 그 모든 일을 중단하지 마소서"라고 기도하는 것처럼, 구약의 예언자들은 그 나라를 갈구하며 그 나라를 위해 기도했고 예언했다. 이것이 구약의 성스러운 역사 전체의 목적이자 절정이었다. 역사가 거룩한 것은 인간의 거룩함 때문이 아니라(인간은 철저히 타락과 배신과 죄로 얼룩져 있기 때문에), 장차 올 그의 나라를 예비해 두신 하나님의 거룩함 때문이다.

이제 "때가 찼고 하나님 나라가 가까이 왔다"막 1:15. 죄의 용서와 하나님과의 화해, 그리고 새로운 생명을 선포하고 인간에게 주기 위해 하나님의 독생자가 인자가 되셨다. 십자가에서의 죽음과 죽은 자 가운데서의 부활을 통해 인자는 그 나라를 얻으셨다. 하나님은 그를 "하늘에서 자기의 오른편에 앉히사 모든 통치와 권세와 능력과 주권과 이 세상뿐 아니라, 오는 세상에 일컫는 모든 이름 위에 뛰어나게 하시고 또 만물을 그의 발아래에 복종하게" 하셨다엡 1:20-22. 그리스도께서 통치하시므로 그를 믿는 모든 사람들, 곧 물과 성령으로 거듭난 모든 사람들이 그 나라에 속하게 되었고, 그리스도를 소유하게 되었다. '그리스도는 주시다'라는 이 고백은 가장 오래된 그리스도인의 신앙고백이었다. 주후 3세기 동안 로마 제국의 모습으로 나타난 이 세상은 이런 고백을 했던 사람들을 핍박했다. 그들이 주인이요 왕이신 하나님 한 분 말고는 누구도 이 땅의 주인으로 인정하기를 거부했기 때문이다.

그리스도의 나라는 믿음으로 받아 '우리 안에' 감추어진다. 왕 스스로 종의 형태로 오셔서 오직 십자가를 통해 통치하셨다. 이 땅에는 그 나라의 어떠한 외적인 흔적도 남지 않았다. 그 나라는 '장차 올 세상'의 나라이기에 오직 그분이 영광 가운데 다시 올 때 모든 사람들이 이 세상의 진정한 왕을 알아보게 될 것이다. 하지만 그 나라를 믿고 받아들인 자들에게 그 나라는 지금 여기에 우리를 둘러싼 어떤 '실재들'보다 더 생생하게 존재한다. "주님은 오셨고, 주님은 오고 계시며, 주님은 다시 오실 것이다." 이 삼위일체적 아람어 표현인 '마라나타'는 모든 핍박을 무력케 하는 기독교의 승리하는 믿음에 관한 모든 것을 담고 있다.

얼핏 보기에 이것은 상투적인 문구 정도로 들릴지도 모른다. 하지만 지금 막 언급했던 것들을 다시 읽어 보고, 그것을 오늘날의 그리스도인들의 믿음 그리고 '경험'과 비교해 보라. 그러면 우리가 여기서 언급했던 것들과 현대적 '경험' 사이의 절대적인 차이를 확신하게 될 것이다. 하나님 나라, 곧 복음의 중심 개념이 더 이상 기독교 신앙의 중심 내용이나 기독교 신앙의 내적 동기가 되지 못하고 있음을 금방 알 수 있을 것이다. 초대교회 그리스도인들과 달리, 이후 그리스도인들은 점차 하나님 나라가 '가까이 왔다'는 개념을 잃어버렸다. 오늘날 그리스도인들은 하나님 나라를 오직 마지막 날 임할 나라로, 각 신자들의 '개인적인' 죽음과 삶이 끝난 후에 가야 할 나라로만 이해하고 있다. '이 세상'과 '하나님 나라'는 복음서에서 나란히 대비되어 긴장관계에 있고, 서로 충돌한다. 그러나 오늘날 신자들은 그 나라를 시간상 순차적으로, 이 세상이 지난 후에야 오는 것으로 생각하고 있을 뿐이다. 하지만 초대교회 그리스도인들에게 있어 모든 것을 아우르는 기쁨, 그들의 신앙에서 진정으로 놀라웠던 새로움은 그 나라가 가까이 와 있다는 사실에 있었다. 그 나라는 이미 왔다. 비록 그것이 지금은 감추어 있고 '이 세상'에 보이지 않지만, 그 나라는 이미 존재하고 있으며, 그 빛을 이미 비추고 있고, 세상 속에서 이미 역사하고 있다. 그러나 오늘날 신자들은 그 나라를 세상의 끝날, 신비스럽고 헤아릴 수 없는 시간으로 '밀어냄'으로써 점차 하나님 나라를 자신들이 소망해야 하는 어떤 것, 바랐던 모든 소망, 모든 갈망, 생명 자체, 그리고 초대교회가 '나라가 임하시며'라는 고백 속에 함축했던 그 모든 것의 기쁨의 성취로 인식하지 못하게 되었다.

교의신학에 관한 학술서들이 지닌 특징 가운데 하나는 (물론, 초기 교리들에 대해 침묵해서는 안 되겠지만) 하나님 나라에 대해 매우 빈약하고, 흐릿하며, 심지어 지루하게 말한다는 것이다. 여기서 종말론, 곧 '세상과 인류의 마지막'에 관한 교리는 사실상 '하나님이 심판하고 원수를 갚아 주실 것'이라는 교리 정도로 축소되었다. 경건에 관해서도 신자들 개인적 경험을 예로 들면, 그들의 관심은 '죽음 이후' 개인의 운명에 관한 질문들로 한정되었다. 동시에 초기 그리스도인들에게는 하나님 나라의 반영이었던—사도 바울이 '지나간다'라고 표현했던—'이 세상'은 이제 그 나라와는 아무런 상관도 없는 각자 자신들의 가치와 존재를 요구하는 영역이 되었다.

9

기독교 종말론의 급격한 변질까지는 아니더라도 이런 점진적인 축소, 특히 종말이라는 주제와 하나님 나라 경험의 단절은 교회의 예전에 관한 인식 형성에 매우 중대한 영향을 미쳤다. 앞에서 언급했던 기독교 예배의 상징성과 비교해 보더라도, 오늘날 교회의 예배는 본질적으로 하나님 나라의 상징, 곧 교회가 하나님 나라로 올라가고, 이 올라감을 통해 교회가 그리스도의 몸이요 성령의 거하시는 성전으로 완성된다는 상징성을 외적인 형태로 갖고 있을 뿐이다. 그러나 기독교의 '레이트루기아'(예배)는 미래적 '파루시아'(하나님 나라의 도래)가 지금 여기 왔으며, 또한 '장차 이 세상'에 올 것이라는 종말적 특성을 드러내는 데 그 전적인 새로움과 유일성이 있다. 내가 《예전 신학개론》에서 말했듯이 '주의 날'이 하나님 나라의 현재적 현현이라는 상징으로 우리에게 주어진 것은 바로 이러한 종말적인 경험에서였다. 바로 이런 경험이 유대절기인 유월절과 오순절의 기독교적 수용을 결정했고, 유대절기를 현재의 영원한 시간에서 장차 올 영원한 시간으로 '넘어감'을 기념하는 기독교적 축제로, 하나님 나라의 상징들로 받아들였다.

하지만 다른 모든 상징들―주의 날, 세례, 유월절 등―을 포괄하면서도 "그리스도와 함께 하나님 안에 감추어져 있는"골 3:3 모든 그리스도인들의 생명과 함께 가장 탁월하게 하나님 나라를 상징하는 것이 바로 성찬이다. 부활하신 주님의 오심을 나타내는 성례, 곧 우리가 그분을 만나고 '그의 나라에 있어 그의 상에서' 앉아 교제할 것을 나타내는 성찬 말이다. 세상에 보이지 않게, 비밀스럽게 '그 문이 닫혀 있는' 교회, '적은 무리'지만 아버지로부터 그 나라를 기쁨으로 받는 교회는 이 성찬 안에서 하나님 나라의 빛과 기쁨과 승리로 올라가고 온전히 그 안으로 들어간다. 전적으로 유일하고 비교할 데 없는 이 경험, 곧 완전히 실제화된 이 상징으로부터 기독교 예배의 원칙이 태어나고 발전해 왔다.

이제 본래의 종말론의 의미가 약화되고 쇠퇴했으며 동시에, 하나님 나라의 예전적 상징, 곧 이차적인 설명들과 알레고리적인 해설이라는 잡초들이 상징의 붕괴를 의미하는 '예증적 상징'과 함께 무성해졌는지 그 이유가 확실해졌다. 시간이 지날수록 교회에 있어 매우 근본적인 이와 같은 하나님 나라의 상징은 점점 잊혀졌다. 예전, 곧 교회의 예배법이 그 모든 형식과 전체적인 질서와 함께 이미 존재했고 감히 손댈 수 없는 전통의 한 부분으로 여겨졌기 때문에, 예전은 자연스럽게 새로운 설명을 필요로 하기에 이르렀다. 그리고 이와 같은 '핵심'을 가지고 그리스도인은 '이 세상'에서 교회의 위치와 사역을 이해하기 시작했다. 이것이 바로 '예증적 상징'이 예배의 설명에 깊숙이 침투하게 된 이유다. 역설적이게도 이런 과정 속에서 성찬의 초자연적이고 천상적인 실재는 인과관계, 시간, 생각과 경험의 범주라는 측면에서 '이 세상'에 '편입'되어 버렸고, 그러면서 창조의 본질적 특성이자 창조와 결코 분리될 수 없는 하나님 나라의 상징, 곧 교회와 교회의 삶을 위한 진정한 열쇠도 불필요한 예증적 상징이라는 범주로 축소되고 말았다.

10

확실히 하나님 나라의 상징이 축소되는 과정은 길고 복잡하다. 그러나 이런 변형이 본질까지 바꾸지는 못했다. '예증적 상징'이 외적으로 어떤 승리를 했든 본질적이고 종말론적이며 믿음 자체에 뿌리박은 예전의 상징을 결코 완벽히 대체하지는 못했다. 《예전 신학 개론》에서 내가 '외적 장엄함'이라고 부른 그런 방향으로 비잔틴 교회의 예배가 굉장한 발전을 이루고, 또 실제로 장식적이고 알레고리적인 세부 항목들—황제 숭배에서 빌려 온 화려함, 그리고 신비주의적인 '신성성'으로부터 채용한 예증적 상징—로 풍성해졌지만, 여전히 예배는 전체적으로 그리고 신자들의 마음속에 있는 깊은 직관적 진실로서 계속해서 하나님 나라의 상징성에 의해 결정되었다. 이에 대해 원래의 동방정교회의 성전과 성화벽의 경험보다 더 좋은 증거는 없다. 이 경험은 비잔틴 시대에 분명한 틀을 갖춘 '상징적' 예전 해석의 장황한 수사보다 정교회의 '지성소'의 의미를 더 잘 표현하고 있다.

"성전에 서 있기에 우리는 천국에 서 있습니다." 나는 기독교 성전의 기원이 '교회로서의 성회' 경험에서 비롯된다고 앞서 언급한 바 있다. 이제 우리는 이 모임이 의심할 바 없이 천상의 것인 한, 성전이 '교회로서의 성회'를 실재화하는 '지상의 천국'이라는 점을 덧붙일 수 있게 되었다. 성전은 이 두 실재와 교회의 두 차원, 곧 '하늘'과 '땅'을 결합하는 상징이다. 한쪽은 다른 한쪽에서 각각 나타나고, 각각 실재가 된다. 다시 말하지만, 이런 성전 경험은 교회 건축과 성상의 진정한 전통 안에서 일어난 무수한 쇠퇴와 분열에도 불구하고 교회 역사 전체를 지나면서 바뀌거나 약화되지 않았다. 이 경험이 성전의 모든 요소들, 곧 공간, 형태, 모양, 성상들, 그리고 성전의 리듬과 질서 등 명명할 수 있는 모든 것들을 결합하는 '연합된 전체'를 여전히 구성하고 있다. 예를 들어 성상의 경우, 그것은 본질적으로 하나님 나라의 상징이자 새롭고 변화된 창조의 '현현', 곧 하나님의 영광으로 가득 찬 하늘과 땅의 현현인 것이다. 이런 이유로 교회법은 어떠한 알레고리적이거나 예증적인 '상징'을 지닌 도상학iconography의 도입을 절대적으로 금지한다. 성상은 결코 '예증하지' 않기 때문이다. 성상은 단지 나타낼 뿐이다. 성상은 임재이자 교제이기에, 성상은 그것이 나타내는 어떤 것에 참여하고 있는 만큼만을 현시할 수 있는 것이다. 비록 지금은 황폐하고 텅 비어 있지만 '성전 중의 성전'인 콘스탄티노플의 성 소피아 성당 안에 서 본 사람이라면, 성전과 성상이 "성령의 평강과 희락" 롬 14:17의 교통 속에서 천국을 생생하게 경험하게 해 줄 뿐 아니라, 그런 의식을 더욱 고양시켜 준다는 사실을 알 수 있을 것이다.

그럼에도 불구하고 오늘날 이런 경험은 너무나 희미해졌다. 교회 미술사가들은 종종 교회 건축과 성상의 쇠퇴가 성전과 성상의 전체적인 약화와 사소한 것들에 대한 관심 아래 묻히며 일어났다는 것에 주목해야 한다고 지적한다. 그로 인해 성전이 자기충족적인 장식들의 두꺼운 층 아래서 사라져 버렸다고 말이다. 러시아의 비잔틴 성상에서까지 원래의 전체성은 점차 아름답게 그려진 세부적인 것에 대한 관심으로 대체되어 버렸다. 이런 변화는 '전체'에서 '부분'으로, 전체를 경험하는 것에서 사소한 것에 대한 '설명'으로, 곧 상징에서 '상징성'으로 이동한 것이다! 그러나 '기독교 세계'가 불완전하게 때로는 명목상으로라도 스스로를 '하나님 나라' 또는 '사모하는 고향'에 속해 있다고 여기는 한, 이 원심적인 추세는 구심력을 완전히 압도하지는 못할 것이다. 혹자는 처음에 그리고 그 이후로 오랫동안 예배에서든 성상에서든, 혹은 성전에서든 '예증적' 상징성이 하나님 나라의 최초의 존재론적인 상징성 내부에서 발전했다고 주장한다. 그러나 둘 사이의 더 깊고 비참한 단절은 교부 시대의 전통으로부터, 그리고 교부 시대 이후 오랜 시간 동안 여러 방식으로 계속되고 있는 정교회 정신의 '서방 유수'와 함께 시작되었다고 보는 것이 옳다.

풍부하고 넘쳐나는 '예증적' 상징성의 흐름이 때마침 정교회 신학 안에서의 서방 법률주의juridicism와 이성주의의 승리, 성상숭배에 서의 경건주의와 감상주의의 승리, 교회 건축에서의 '아름다운' 바로크 양식의 승리, 교회 음악에서의 '서정주의'와 감정주의의 승리 등과 동시에 일어난 것은 결코 우연이 아니다. 이 모든 것들은 정교회 의식의 동일한 '유사 변형'을 드러낸다.

그러나 상징과 관련해 이렇듯 깊고 비참한 쇠퇴가 최종적인 것만은 아니다. 깊은 곳에서 교회의 의식은 궁극적으로 이 모든 것들에 영향을 받지 않고 남아 있었다. 이렇듯 일상의 경험은 '예증적 상징성'이 살아 있는 참된 신앙과 교회 생활에 낯선 것임을 우리에게 보여준다. 이것은 마치 '스콜라주의' 신학이 결과적으로 살아 있는 신앙과 부합하지 않는 것과 같다. '예증적 상징성'은 피상적이고 오직 '가시적인' 틀에 박힌 종교성에 익숙하다. 이런 종교성 안에서 '거룩한' 어떤 것을 향한 광범위하지만 얕은 호기심이 오늘날 마치 종교적인 느낌과 '교회에 대한 관심'인 양 쉽게 받아들여지고 있다. 하지만 살아 있고, 참된, 그리고 최선의 의미에서 단순한 믿음이 있는 곳에 '예증적 상징'을 위한 자리는 없다. 참된 믿음은 호기심이 아닌 갈망에 의해 지속되기 때문이다.

천 년 전에도 그랬던 것처럼 지금도 여전히 '순전한' 신자는

"다른 세계에 닿기 위해" 교회에 간다(도스토예프스키). "그리고 영혼은 아무런 방해를 받지 않고 마음껏 천국을 호흡한다"(블라디슬라브 코다세비치). 어떤 면에서 신자는 예배에 전혀 '관심'이 없다. 예전의 세부적인 것들에 관한 '전문가들'이나 분별가들의 관심을 신자들은 갖지 않는다. 신자들은 "성전에 서 있기에" 자신이 갈망하는 모든 것, 곧 빛과 기쁨, 하나님 나라의 위로와 "이제 막 교회에서 돌아온 옛 사람들"의 얼굴에서 나오는 찬란한 빛을 받기 때문이다. 이런 신자에게 이런저런 예식이 무엇을 '표현하는지', 왕의 문이 열리고 닫히는 것이 무엇을 의미하는지에 대한 복잡하고 장황한 설명이 무슨 소용이 있겠는가? 신자들은 이 모든 '상징'을 제대로 알 수도 없고, 그럴 필요도 없다. 신자가 알아야 하는 단 하나는, 자신이 일상의 삶이 아닌 전혀 다른 장소, 참으로 본질적이고, 참으로 가치 있고, 참으로 생생하여 자신의 모든 삶에 빛을 비추고 의미를 부여하는 장소에 와 있다는 인식뿐이다. 또한 신자는 예배에서 말로 표현할 수는 없는 전혀 다른 이 실재가 삶 자체를 살게 한다는 것만을 알면 되는 것이다. 모든 것이 다른 실재를 향해 나아가고, 그것으로 귀결되고, 다른 실재가 나타내는 하나님 나라에 의해 판단받을 것을 이미 알고 있기 때문이다. 개별적인 언어나 의식들이 신자 자신에게 명백하게 이해되지는 않더라도 하나님 나라가 교회 안, 곧 공동의 행위, 하나님 앞에서 함께 서는 '성회' 가운데 '하늘을 향해 오르며' 연합과 사랑으로 그에게 주어졌다는 것만이 신자들이 예배에서 알아야 할 모든 것이다.

11

그렇기 때문에 우리는 우리가 시작했던 참된 성찬이 시작되는 곳, 곧 하나님 나라를 송축하는 것으로 다시 돌아간다. 하나님 나라를 송축한다는 것은 무슨 뜻인가? 그것은 우리에게 하나님 나라가 우리의 가장 궁극적인 가치이며, 우리의 갈망의 대상이며, 우리가 사랑하고 소망하는 대상이라는 것을 인정하고 고백한다는 뜻이다. 또한 그것은, 하나님 나라가 이제 시작하는 성례, 곧 예배당으로 들어감, 승천, 입당의 목적임을 우리가 선포한다는 뜻이다. 그것은 우리가 우리의 관심, 우리의 마음과 뜻과 우리의 영혼과 삶 전체를 진정으로 '꼭 필요한 것 한 가지'에 집중한다는 뜻이다. 마지막으로, 그것은 이제 '이 세상'에서 이미 우리가 하나님 나라와의 교제, 그 찬란한 빛, 진리, 그리고 기쁨 안으로 들어갈 수 있게 되었다는 것을 확증한다는 뜻이다. 이는 그리스도인들이 '교회로 모일 때'마다 그들이 온 세상 앞에서 그리스도가 왕이며 주님이심을, 그의 나라가 인류에게 이미 계시되고 주어졌음을, 그리고 새롭고 영원한 삶이 시작되었음을 증거한다는 뜻이다. 이것이 바로 교회의 예전이, 이미 오셨으며 또한 영원히 거하고 세세토록 다스릴 왕에 대한 장엄한 고백과 송영으로 시작되는 이유다.

"주님을 예배할 시작할 시간(카이로스)입니다"라고 부제가 집례자에게 알린다. 이것은 단순히 성례 진행을 위한 '적절한' 혹은 '편리한' 시간이 되었음을 알리기 위함이 아니다. 이는 새로운 시간, 곧 하나님 나라의 시간과 교회 안에서 하나님 나라의 충만이 이제 '이 세상'의 타락된 시간 안으로 들어간다는 확언이요 고백이다. 교회된 우리가 하늘로 들려 올림을 받고, 교회는 '교회의 원래 모습', 곧 그리스도의 몸이자 성령이 거하시는 성전으로 변화되기 위한 시간이 되었다는 선언이다.

"성부와 성자와 성령의 나라는 복되도다." 아멘으로 성도는 화답한다. 이 단어는 보통 '그렇게 되기를'이라고 번역된다. 하지만 그 의미는 이보다 훨씬 크다. 아멘은 단순한 동의를 의미할 뿐 아니라 '예, 그렇습니다. 그리고 그렇게 되기를 바랍니다'라는 적극적인 수용을 뜻한다. 교회의 모임은 이 말로 집례자가 하는 각각의 기도를 마무리한다. 말하자면 봉인하는 것이다. 이 말을 통해 교회는 모든 신성한 행위에 유기적으로, 책임감 있게, 자발적으로 참여함을 표현한다. 아우구스티누스는 이렇게 말한다. "당신의 현재 모습을 향해 아멘이라고 말하라. 그리고 당신의 대답으로 그것을 봉인하라. 당신이 '그리스도의 몸'의 소리를 들었기 때문이다. 그리스도의 몸의 지체가 되라. 그것은 당신의 아멘으로 실현된다…그것으로 당신의 당신됨을 완성하라."

3장

입당의 성례

오 주님, 주 우리 하나님. 하늘에 질서를 정하시고,
천군 천사들과 천사장들로 하여금 당신의 영광을 위해 섬기도록 하신 하나님.
우리가 입당할 때에 거룩한 천사들도 함께 입당하게 하시고,
그들로 우리와 함께 섬기며 당신의 선하심에 영광을 돌리게 하소서.

입당 기도문 중에서

1

초기 기독교 시대에 신자들의 성회 후 바로 진행된 예전 행위는 집례자의 입당이었다.[1] 요한 크리소스톰은 이에 대해 다음과 같이 말한다. "모임의 대표자가 들어올 때, 그는 '여러분 모두에게 평화가

---

1. 입당과 그 발전, 세 개의 안티폰 등에 관해서는 다음을 보라. J. Mateos, 'Evolution historique de la Liturgie de S. Jean Chrysostome,' part 2, *Proche-Orient Chrétien* 16 (1966), pp 133-161 와 *La célébration de la Parole dans la liturgie byzantine*, Orientalia Christianan Analecta 191 (Rome, 1971), 2-3장, pp. 46-90. R. Taft, *The Great Entrance*, Orientalia Christiana Analecta 200 (Rome, 1978).

있기를'이라고 말한다."[2] 장엄한 예식은 입당과 함께, 그리고 입당을 통해 시작된다. 이는 오늘날 주교를 영접하는 순서에서도 명백히 나타난다. 여러 이유로 이 초기의 입당 순서는 나중에 다른 '시작'에 그 자리를 내어 주었다. 그래서 오늘날 우리가 '소입당'이라고 부르는 것이 더 이상 정확한 예전의 처음이자 가장 기본적인 의식으로 이해되지 않게 되었다. 바로 여기에서 소입당을 '예증적 상징'의 범주에서 해석해 예수님이 말씀을 전하러 오심을 상징하는 것으로 이해하는 일반적인 입장이 나왔다. 그러나 우리는 여기서 본래 예식이 어떠했는지를 돌아볼 필요가 있다. 이는 어떠한 고고학적이거나 현학적인 호기심 때문이 아니라, 입당이라는 개념이 성찬 예배를 이해하는 데 결정적으로 중요하기 때문이다. 우리의 연구 목적은 궁극적으로, 성찬의 의미가 교회가 하나님 나라로 입장하는 것에 내재되어 있음을 보여주려는 것이다. 또한 어떤 면에서 성찬 전체가 입당임을, 그리고 드높임을 뜻하는 헬라어 아나포라 ἀναφορά가 성물과 관련해 "우리가 평화 가운데 거룩한 예물을 드릴 수 있는 근거"일 뿐 아니라, 성찬 자체가 교회 모임 자체와 관련되어 있음을 보여주기 위함이다. 계속해서 이 점을 반복하겠지만 성찬은 하나님 나라의 성례이기에 교회가 하늘의 성소로 들려 올라감을 통해 완성된다.

---

2. *Homily on Colossians* 3:4, PG 62:322-3.

하지만 오늘날은 대연도Great Litany, 세 개의 응답송Antiphon, 그리고 삼성기도Trisagion로 이루어진 서두 부분이 순서상 입당보다 먼저 나온다. 우리는 짧게라도 어떻게, 그리고 왜 이 '입당 전 항목'이 생겼고, 일반적인 예전의 시작이 되었는지 설명해야 한다. 먼저 대연도, 곧 오늘날의 예배 순서에서 예외 없이 교회의 '예전' 예배의 시작을 알리는 일련의 탄원 기도부터 살펴보도록 하자. 우리는 저녁기도, 아침기도, 결혼식, 장례식, 물의 축복 축제 등을 시작할 때 대연도를 드리는데, 이는 그 기원을 안디옥에 두고 있는 것으로 추측한다. 대연도는 회집한 교회가 맨 먼저 하는 일반적인 기도로 비잔틴식 예배 순서에 비교적 일찍 등장한다. 하지만 12-13세기까지 연도는 오늘날 우리가 예전의 처음 부분에서 하는 것과는 달리 오히려 입당을 하고 삼성 기도, 곧 하나님의 거룩하심을 고백하는 입당 찬송을 부른 후에 드려졌다. "거룩하신 하나님, 거룩하고 강대한, 거룩하고 영존하는 주여, 우리를 긍휼히 여기소서." 이것은 성찬예식의 원래 시작이 입당이었다는 것을 다시 한번 보여주는 대목이다. 나중에 안티폰이 예전의 시작으로 추가될 때 대연도는 현재의 자리로 이 동해 안티폰 전에 드려지게 되었다.

무엇보다 '세 개의 안티폰이 있는 예배'가 비잔틴식 예배에서는 비교적 널리 보급되어 있었음을 우리는 주목해야 한다. '세 개의 안티폰이 있는 예배'는 하나의 단위로 결합되어 있거나 혹은 기도로 각각 분리되어 있는 세 가지 시편 혹은 세 그룹의 시편들을 두 찬양 인도자나 성가대가 번갈아 응답하며 부르는 형식이다. 소위 '낭송되는 노래 예식', 콘스탄티노플 예배 형식의 주일 전 철야예배, 그리고 매일의 예배인 아침기도, 저녁기도, 철야기도 등에서 이런 안티폰을 찾아 볼 수 있다. 우리가 분명히 인식해야 할 점은 이 안티폰이 예전과는 별개로 존재했다가 나중에 예전 전체 중 한 부분으로 성찬예식에 통합되었다는 점이다.

보통 이 안티폰은 특정한 성인이나 사건을 기념해 예배의 한 부분을 이루었고, 이 '기억'을 기념하는 축일의 성찬이 거행되는 교회로 행진하는 동안 불렸다. 이를 이해하기 위해서는 현재의 편성과는 반대로 예배학적으로 각각의 교구가 '독립적'이고 자체적으로 예전 주기 전체를 거행할 수 있었음을 기억할 필요가 있다. 비잔틴 교회에서 도시, 특히 콘스탄티노플 같은 도시는 이 것을 하나의 교회적 통일체로 간주했다. 그래서 예전적인 '대교회의 전례서' *Typikon of the Great Church*(성무일과 낭송과 전례 지침을 담은 전례서-옮긴이)는 각각 일정한 '기억'을 기념하는 지역 교회들을 포괄했다.

지정된 날에 교회의 행진은 성 소피아 성당에서 시작됐고, 그 축일에 해당하는 성인이나 사건을 축하하기 위해 봉헌할 교회를 향해 행진했다. 하나의 개별 '교구'로서가 아닌 교회 전체가 기념을 축하하는 것이다. 예를 들어 1월 16일 '사도 베드로의 매임'을 기념하는 축일에는, '대교회의 전례서'에 따라 행렬은 "성 소피아 성당에서 시작되어 성 베드로 성당을 향해 행진해 가서, 그곳에서 축일 성찬을 거행했다." 그리고 교회로 가는 행렬 동안 안티폰이 계속 불리고, 교회의 문에서 '입당의 기도문'을 읽음으로써 행진이 마무리된다. 그런 다음에야 실제로 사제와 하나님의 백성들이 성찬을 거행하기 위해 교회로 들어갔다. 여기서 안티폰의 다양성이 유래했다. 안티폰의 '가변성'은 그 축제가 기념하는 사건에 달려 있는데, 주님을 기념하는 만찬과 같은 순서들을 위해 제정된 안티폰이 여기서 유래하여 오늘날까지 이르게 되었다. 하지만 때로는 특정한 성인에게 드려지는 특별한 트로파리아 *troparia*(시편의 절 사이에 불리는 짧은 응창-옮긴이)가 안티폰 대신에 불리기도 했다. 그런 경우에 사제들의 회칙인 티 피콘 *Typikon*은 이런 트로파리아를 다음과 같이 규정한다. "성 베드로 성당으로 입당할 때, 이와 같은 트로파리온과 함께 '영광'송을 불러야 한다. 안티폰은 없고, 바로 트리사기온이…."[3]

이 짧은 분석에서도 우리는 물론 얼마든지 연장할 수 있겠지만, '안티폰'이 원래 별도의 예배였다는 것, 그리고 그 예배는 초기에는 교회 건물 밖에서 성찬 전에 이루어졌음을 분명히 알 수 있다. 안티폰 예배는 도시를 한 바퀴 도는 행렬 의식의 한 유형으로

---

3. J. Mateos, *Le Typikon de la Grande Eglise*, I, Orientalia Christiana Analecta 165 (Rome, 1962), pp. 198-199.

비잔티움에서는 특히 널리 퍼져 있었고, 오늘날 우리의 예배에서도 철야기도회나 특별한 축일에 교회 주위를 도는 행렬 의식으로 남아 있다. 나중에는 '특수한 것'이 '일반적인 규칙'이 되는 예배의 발전 원칙에 따라, 안티폰은 성찬에서 분리할 수 없는 부분이 되어 '교회로서의 성회'의 주요한 예전적 표현으로 간주되었다. 하지만 그것은 여기서도 여전히 별개의 서두 부분으로 이해되었을 뿐이다. 예를 들면, 교부들은 안티폰을 부른 후에야 교회로 들어갔는데, 이런 모습은 오늘날 주교가 집례하는 예전에도 분명히 남아 있다. 주교가 예전을 집례할 때, 사실상 주교는 '소입당' 때까지 참여하지 않는다. 그래서 처음 '하나님 나라의 찬미'와 모든 선포들은 사제들이 한다. 지금까지 논의된 바에 의하면, 비잔틴 예배 역사에 관한 어떤 가톨릭 전문가가 지적했듯이 '세 개의 안티폰'은 처음에는 교회 안에서 불리지 않고, 교회 바깥에서 장엄한 행렬이 있는 경우에만 불렸음이 분명하다. 지금 '소입당'이라고 불리는 것은 원래 다름 아닌 하나님의 백성들과 사제가 행렬의 끝맺음으로든 혹은 선행하는 서두의 행진 여부와 상관없이 교회에 입당하는 것이었다.[4]

---

4. Mateos, 'Evolution historique,' part 1, p. 344.

2

입당이 실제로 성찬식의 시작일 뿐 아니라, 성찬식의 역동적 특징을 나타내는 움직임으로서 성찬 입장을 강조하기 위함이 아니라면, 이와 같은 우리의 연구는 단지 역사적이고 고고학적인 호기심에 불과할 것이다. 우리는 더 이상 기독교적인 혹은 좀더 정확히 말해 '기독교화된' 세상에 살고 있지 않다. 도시의 거리를 행진하는 의식처럼 예전적 상징들이 하나님 나라로 가는 길로서의 교회와의 관계를 계시해 주고, 그래서 행렬이 가진 하나님 나라를 향한 방향성을 드러내는 세상에 우리는 더 이상 살고 있지 않다. 아니 오늘날 교회는 노골적으로 '종교에 무관심하고' '세속화된' 세상에 둘러싸여 있다. 그러나 바로 이것이, 우리가 서로 변하지 않는 교회와 세상의 관계 속에 있음을 깨닫고, 이를 바르게 분별해야 하는 주된 이유이기도 하다. 또 다른 시대와 상황에서는 이와 같은 교회와 세상의 상호관계가 교회로 향하는 사람들의 행렬 속에서 예전적으로 표현되어 있었다. '교회로서의 성회'가 세상과의 분리를 전제한다면, 세상으로부터의 이런 탈출*exodus*은 (문이 닫혀 있었는데도 예수님이 나타나셨듯이) 세상의 구원을 위해, 그리고 세상의 이름으로 완성된다. 우리가 이 세상의 '살 중의 살이요, 피 중의 피'이기 때문이다. 우리는 이 세상의 일부분이다. 오직 우리에 의해서, 그리고 우리를 통해서만 세상은 자신의 창조자에게로, 구세주에게로, 주인에게로 올라가고 자신의 목적과 실현을 향해 나아간다. 우리는 이 세상을 하나님 나라로 가져가기 위해, 하나님 나라로 들어 올리기 위해, 이 세상을 다시 한번 하나님께로 가는 길로 만들고, 그분의 영원한 나라에 참여시키기 위해 우리 자신을 이 세상과 분리한다. 바로 여기에 교회의 사명이 있다. 이를 위해 교회는 세상의 일부분으로, 그리고 세상을 향한 구원의 상징으로 이 세상 속에 존재한다. 우리는 이것을 성찬 안에서 실현하고 '실재화'한다.

　성찬의 순서를 따라가 보면 이 목적은 더 분명하고 확실하게 드러난다. 처음부터 '한 목소리'로 행해지는 이 '공동의 간구' 속에서, 하나님 나라를 선포하고 영화롭게 하는 이 기쁨에 찬 승리의 안티폰 속에서 우리는 '교회로서의 성회'가 이전의 타락과 죽음과는 대조적으로 중생하고 새롭게 된 창조 세계, 곧 세상의 모임 가운데 가장 큰 기쁨이 된다는 것을 알게 된다. 교회의 성례, 곧 성찬은 이처럼 "하나님이 이처럼 사랑하사…독생자를 주신"요 3:16 세상의 성례다.

3

이제 대연도로 다시 돌아가 보자.[5] "평화 가운데 주님께 기도합시다." 부제가 선포한다. 신앙고백과 하나님 나라에 대한 찬송 후에 우리는 '한 목소리'로 '공동의 간구'를 드린다. 그런데 우리는 그 의미를 온전히 이해하고 있는가? 무엇보다 교회의 이 기도문이 가지는 완전한 새로움을 우리는 이해하고 있는가? 우리는 이것이 '단순히' 한 사람 혹은 어떤 무리의 기도가 아니라, 그리스도가 친히 아버지께 드린 기도이며, 우리에게 주신 기도임을 이해하고 있는가? 그렇기에 그리스도의 기도와 중재의 선물, 그리고 중보의 선물이 교회가 받은 최초이자 최고의 선물이라는 것을 알고 있는가? 우리는 그리스도 안에서 기도하고, 그리스도는 그분의 성령을 통해 그분의 이름으로 모인 우리 안에서 기도하신다. "너희가 아들이므로 하나님이 그 아들의 영을 우리 마음 가운데 보내사 아빠 아버지라 부르게 하셨느니라"갈 4:6. 우리는 그 기도에 어떤 것도 더할 수 없다. 하지만 우리는 그분의 뜻을 따라, 그리고 그분의 사랑을 따라, 그 몸의 지체가 되었고, 그분과 하나가 되었으며, 그분의 보호하심을 입으며 세상을 위한 중보에 참여한다. 사도 바울은 믿음의 사람들에게 이렇게 권면한다. "내가 첫째로 권하노니 모든 사람을 위하여 간구와 기도와 도고와 감사를 하되." 그리고 다음과 같이 덧붙인다. "하나님은 한 분이시요 또 하나님과 사람 사이에 중보자도 한 분이시니 곧 사람이신 그리스도 예수라"딤전 2:1, 5.

3. 같은 책.

이것이 교회의 기도가 바로 신-인적 기도인 이유다. 교회는 그리스도의 인성이고, 그리스도가 교회의 머리이시기 때문이다. "내가 그들 안에 있고 아버지께서 내 안에 계시어 그들로 온전함을 이루어 하나가 되게 하려 함은 아버지께서 나를 보내신 것을…세상으로 알게 하려 함이로소이다" 요 17:23.

우리는 "위로부터 오는 평화를 위해 그리고 우리 영혼의 구원을 위해" 그리스도 안에서 그리스도의 평화를 받는다. 마치 우리가 성령의 기름부음을 받는 것처럼 모든 것이 우리에게 주어진다. 그리고 이 모든 것을 위해 우리는 계속해서 기도한다. "오셔서 우리를 구하소서. 당신의 나라가 임하소서." 우리는 주어진 것을 받아들이고, 이 선물에서 쉬지 않고 자라도록 부름 받았기 때문이다. 죄와 은혜, 옛 사람과 새 사람이 우리 속에서 끊임없이 싸우고 있다. 그리고 하나님께 받은 것은 언제나 하나님의 원수에 의해 도전을 받는다. 성도들의 모임인 교회는 죄인들의 모임이기도 하다. 죄인들은 받기는 했지만 주지 않고, 용서를 받았으나 은혜를 거절함으로 계속해서 은혜에서 떨어져 나온다. 우리는 무엇보다 복음서에서 '꼭 필요한 것 한 가지'라고 불리는 것을 위해 기도한다. "위로부터 오는 평화"는 하나님 나라요, "오직 성령 안에 있는 의와 평강과 희락이다" 롬 14:17. 하나님 나라를 위해 우리는 모든 것을 포기하고, 모든 것을 거절하며, 모든 것을 희생할 준비를 한다. "너희는 먼저 그의 나라와 그의 의를 구하라 그리하면 이 모든 것을 너희에게 더하시리라"마 6:33. "위로부터 오는 평화"를 얻는 것은 또한 영혼의 구원을 뜻한다. 성경에서 영혼은 그 사람의 진정한 본질과 부르심에 있어서 그 사람 자체를 뜻하기 때문이다. 영혼은 인간을 하나님의 형상과 모양으로 만들어 주는 신적 입자다. 그렇기 때문에 죄인 중의 괴수는 하나님의 눈에 아흔 아홉 마리의 양을 두고 찾아 떠날 만큼 값으로 따질 수 없는 보배인 것이다. 영혼은 하나님이 인간에게 주신 선물이다. "사람이 만일 온 천하를 얻고도 제 목숨을 잃으면 무엇이 유익하리요. 사람이 무엇을 주고 제 목숨과 바꾸겠느냐"마 16:26. 대연도의 첫 번째 간구는 우리에게 우리 삶의 궁극적이고 가장 높은 목적, 곧 그것을 위해 우리가 창조되었고, 그것을 위해 분투하고 있는 우리에게 '꼭 필요한 것 한 가지'를 알려 주기 위함이다.

"온 세상의 평화를 위해." 그리스도의 이 평화가 온 세상에 퍼지도록, 세상에 심긴 적은 누룩이 온 덩어리에 퍼지도록고전 5:6, 그래서 먼 데, 그리고 가까이 있는 모든 이들이 하나님 나라에 참예하는 자가 되도록 하기 위해 교회는 기도한다.

"하나님의 거룩한 교회의 유익을 위해." '너희는 이 땅의 소금이다'라고 그리스도는 제자들에게 말씀하셨다. 이는 교회가 그리스도와 그 나라를 위한 증인으로 세상에 남겨졌음을 의미한다. 또한 그리스도는 그 일을 교회에 위임하셨다. "만일 소금이 그 맛을 잃으면 무엇으로 이를 짜게 하리요"마 5:13. 그리스도인들이 처음부터 끝까지 성취하도록 주어진 자신들의 사역을 무시한다면, 누가 하나님 나라의 기쁜 소식을 전파하고 사람들에게 새로운 생명을 전하겠는가? 평화를 위한 기도는 그리스도인들의 충성과 신실함을 위한 기도다. 온 땅 위에 퍼진 교회가 각자의 장소에서 교회의 본질과 교회의 목적, 곧 '이 땅의 소금과 세상의 빛이 되려는' 것에 충실하기 위한 기도인 것이다.

"모든 이들의 연합을 위해." 하나님 안에서 모든 이들이 연합하는 것은 창조와 구원의 궁극적 목적을 이룬다. 그리스도는 "흩어진 하나님의 자녀를 모아 하나가 되게 하기 위하여" 오셨다요 11:52. 교회는 이 연합, 곧 모든 분열의 극복을 위해 "그들로 온전함을 이루어 하나가 되길"요 17:23 바라는 그리스도의 간구가 성취되도록 기도한다.

"이 거룩한 집과 하나님에 대한 믿음, 공경함, 경외함으로 이 집에 들어오는 이들을 위해." 여기서 우리는 기도와 성례에 진정으로 참여할 수 있는 조건을 발견한다. 성전에 들어오는 모든 이들은 자신을 살펴야 한다. 그 마음에 살아 있는 믿음이 있는가? 하나님의 임재에 대한 경외함이 있는가? 교회와 예배에 너무나 '익숙해지고' '습관이 되어' 쉽게 잊어버리는 그 구원의 '하나님을 경외함'이 우리 안에 있는가?

"대주교와 성직자들과 모든 사람들을 위해." 우리가 속해 있는 교회는 교회의 모든 섬기는 이들의 연합, 곧 주교들과 사제들,

부제들과 하나님 백성들의 연합 안에서 그리스도의 몸으로 지금 여기에 자신을 나타내는 실재이기 때문이다.

'나라를 위해, 도시를 위해, 권위자들을 위해, 모든 사람들을 위해, 적절한 날씨를 위해, 땅 위의 풍성한 열매를 위해, 육지나 바다로 여행하는 자들을 위해, 병자와 고통 중에 있는 자들을 위해, 포로된 자들을 위한' 기도는 온 세상, 곧 모든 자연계와 인류, 모든 생명을 포괄하고 넓혀지고 그것들을 품는다. 창조 세계 전체를 위해 하나님 앞에 우주적 기도를 드릴 수 있는 능력과 권위를 교회는 받았다. 우리의 믿음과 삶을 우리의 개인적인 염려와 필요로 한정할 때, 우리는 교회의 부르심이 언제나 어디서나 '모든 인류를 대신해 기도와 간구, 감사를 드리는 것'임을 잊게 된다. 그러나 예배는 우리로 하여금 교회의 기도의 리듬을 따라 살아야 하며, 우리 자신과 우리의 생각을 교회의 충만한 데까지 넓혀야 함을 깨닫게 한다.

마지막으로 "모든 성인들을 생각하면서." 모든 교회는 하나님의 어머니를 생각하며 개인적인 보호와 도움, 성공만을 구하는 것이 아니라 "우리도 그들처럼 우리의 온 생명을 하나님이신 그리스도께 맡긴다!" "위의 것을 생각하고 땅의 것을 생각하지 말라. 이는 너희가 죽었고 너희 생명이 그리스도와 함께 하나님 안에 감추어졌음이라. 우리 생명이신 그리스도께서 나타나실 그때에 너희도 그와 함께 영광 중에 나타나리라" 골 3:2-4. 우리는 그리스도께 우리의 생명을 돌려드린다. 그분이 우리의 생명이시기 때문이다. 세례의 세례반에서 우리는 단순한 '육적인 삶'에 대해 죽었고, 우리의 참된 삶은 하나님 나라의 신비스러운 높음 안에 감추어 있음을 확인한다.

4

대연도 다음에는 세 개의 안티폰과 세 번의 기도가 나온다. 예식서에서는 이를 '첫 번째, 두 번째, 세 번째 안티폰 기도'라고 명명된다. 우리는 이미 안티폰과 그것의 기원, 그리고 그것이 예배 순서에 어떻게 삽입되었는지 언급했다. 분명 안티폰이 예배의 가변적인 부분이긴 하지만, 지금 그것을 논하지는 않을 것이다. 그러나 집례자가 어떤 특정한 의미를 갖고 찬송과 감사의 노래들을 올려드리면서 행하는 이 세 개의 기도와 관련해서는 간략하게라도 언급해야 한다.

오늘날의 예배에서, 그 기원에 대해서는 나중에 따로 언급하겠지만, 집례자에 의해 드려지는 거의 모든 기도문이 조용히 '혼잣말'로 읽힌다. 회중은 오직 "당신은…이시기 때문입니다"라는 감탄 형식의 마지막 영광송만을 들을 수 있을 뿐이다. 이런 관례는 비교적 최근의 것이다. 원래 예전 기도들은 큰 소리로 읽혔다. 기도의 직접적인 의미와 내용 면에서 그 기도들은 회중 전체의 기도이고, 정확히 말해 교회 전체의 기도이기 때문이다. 하지만 한번 고정된 이 관례는 대연도의 처음과 끝의 두 탄원으로 이루어진 소위 소연도의 증가를 가져왔다. 그리고 이제 이 소연도들은 집례자가 은밀히 기도를 드릴 때 부제들에 의해 영창되고, 부제 없이 예배가 행해질 때는 사제가 연도와 기도를 소리내서 읽는다. 이런 식으로 기도는 안티폰이 불릴 때 '동시에' 읽히게 되었다. 그리고 이로 인해 이 관례는 결국 소연도의 잦고 단조로운 반복으로 귀결되었을 뿐 아니라, '교회로서의 모임'의 연합을 방해하게 되어, 그 속에 연합이 표현되어 있는 '한 목소리로 드리는 공동의 청원'으로부터 오히려 교회를 소외시키는 결과를 초래했다.

'첫 번째 안티폰 기도'에서 집례자는 교회의 믿음, 곧 비할 수 없는 하나님의 권능과 무궁한 영광, 헤아릴 수 없는 자비와 표현할 길이 없는 인류를 향한 그의 사랑을 고백한다. 이 모든 용어들은 헬라어 원문에서는 ('알파 결성어'라고 하는) 부정을 나타내는 말로 시작하는데, 이는 하나님의 절대적 초월성의 기독교적 경험을 표현한다. 우리의 언어, 개념, 그리고 정의로는 하나님을 표현할 수 없다는, 하나님에 대한 기독교 신앙과 지식의 부정의적 apophatic 기초의 표현인 셈이다.

하지만 하나님은 스스로 자신을 계시하셨다. 이로 인해 우리는 그분에게 "우리와 거룩한 집을 굽어 살피시고…주의 지극한 자비와 은혜를 내려주소서"라고 고백하며 그분을 초청할 수 있게 되었다. 이렇게 하나님은 자신을 백성들에게 계시하실 뿐 아니라, 그들과 함께 연합하셨고 그들을 자신의 소유로 삼으셨다. 교회가 하나님께 속했다는 것은 '두 번째 안티폰 기도'에서 고백한다. "주의 백성을 구원하시고 아버지의 상속자를 축복하소서. 주의 교회를 보호해 주시고 주의 집의 아름다움을 사랑하는 이들을 거룩하게 하소서." 교회 안에서 그분의 권능, 그분의 나라, 그분의 힘과 영광이 계시되기 때문이다.

그리고 마지막으로 '세 번째 안티폰 기도'에는 우리에게 하나님과 연합된 이 새로운 인류에게 영원한 생명을 주는 진리의 지식이 주어졌음을 알려 준다. "현세에서는 주의 진리를 깨닫고 후세에서는 영원한 생명을 누리게 하소서."

5

우리는 '소입당'이라는 표현을 14세기 문헌에서 처음 발견한다. 소입당은 신자들의 예전 첫 부분에 있는 대입당과 구별되는데, 이때가 바로 마지막으로 그리고 결정적으로 성찬식 순서가 오늘날의 형태로 최종 통합된 시기다. 우리는 입당이 예전의 시작이자 첫 번째 예식이었음을 알았다. 하지만 입당이 그 중요성을 잃고 일련의 '안티폰들'(혹은 '전형적인 시편들')이 예배의 첫 부분이 되었을 때, 최소한 개념상 주된 강조점은 복음서를 갖고 나오는 것으로 옮겨갔다. 오늘날의 예식에서 이 입당은 '복음서와 함께 하는 입당'으로 불린다. 여기에는 왕의 문을 통해 제단으로부터 복음서를 꺼내 가지고 나왔다가 다시 제단으로 가져다 놓는 장엄한 이동 전체가 포함된다. 어떤 문헌들은 이를 심지어 '복음서의 입당'이라 부르기도 하는데, 이미 언급했던 것처럼 이것이 바로 '예증적 상징'이 발전하게 된 시발점이다. 예증적 상징은 이 개념을 소입당에 적용해 소입당을 그리스도께서 복음을 선포하러 오신 것의 '재현'이라고 해석한다. 복음서를 가지고 나오는 것의 진정한 중요성은 말씀의 성례로서의 예전을 다루는 다음 장에서 다루기로 하고 이 장에서 우리는, 현재의 소입당이 분명히 연합시키는 두 가지의 예식, 곧 두 가지 주제로 거슬러 올라갈 수 있다는 것에 초점을 맞추기로 한다. 이 예식은 입당 자체와 하나님 말씀을 낭독하는 것과 관련되어 있지만, 이 장에서는 두 가지 중에 첫 번째인 입당 자체를 간단히 검토하는 것이 적절할 것 같다.

모든 복잡성에도 불구하고 우리는 소입당이 정확히 입장과 시작, 그리고 가까이함의 특징을 보전하고 있다는 점을 다시 한번 강조할 필요가 있다. 이에 대한 증거로 우리는 먼저, 예전에서 성직자의 지위 체계의 특징을 들 수 있다. 두 번째는 앞에서 언급한 것처럼 입당 기도가 전에는 집례자와 하나님의 백성들이 성전으로 들어갈 때 낭독한다. 심지어 지금도 이 기도는 새 성전의 봉헌을 위해서는 성화벽의 왕의 문 앞이 아닌 성전 밖에서 낭독한다. 이 기도에는 '예증'을 암시하는 어떤 것도 없다. 오히려 우리는 입당의 천상적 특징, 곧 입당할 때 하늘의 권능과 천군 천사들이 '우리와 함께 섬기고 있다'는 것을 발견할 수 있을 뿐이다.

비잔틴 성전의 발달과 함께 입당에 대한 개념이 복잡해지면서 생긴 새로운 요소가 성소라는 개념의 이동이다. 성전 전체를 가리킨 것이 제단, 곧 제단 탁자를 포함해 성화벽에 의해 본당으로부터 분리되어 성전의 일부분으로 축소되어 버렸다. 《예전 신학개론》에서 내가 서술했듯이 '신비주의' 신학의 영향 아래서 이 신학의 중심에 '예전 입회 허락을 받은 자'와 '예전 입회 허락을 받지 못한 자', 곧 성직자와 평신도들 사이의 대립이 자리하게 되었다. 여기서 성전 안에서 다시 내부의 성소, 곧 '예전 입회 허락을 받은 자'에게만 접근이 허락된 제단의 구별이 생겼다. 이후로 모든 '입당'이 이 제단에서 행해지게 되었다. 그로 인해 '교회로서의 성회'인 하나님 백성의 모임이 하늘에 있는 성소로 들어가고, 성소로 올라간다는 개념과 그 경험은 철저히 약화되었다. 왜냐하면 "그리스도께서는 참된 것의 그림자인 손으로 만든 성소에 들어가지 아니하시고 바로 그 하늘에 들어가사 이제 우리를 위하여 하나님 앞에 나타나"셨기 때문이다 히 9:24.

6

그러나 전형적인 '비잔틴'식 입당의 복잡성—제단 탁자를 가리킨 '제단'이라는 말이 점차 탁자 주변 공간에 적용되더니, 급기야 성화 벽에 의해 성전으로부터 떨어져 나오게 된—이 입당의 핵심에 영향을 미치지는 못했다. 정확히 말하면, 입당의 본질은 처음부터 성전의 초점인 거룩한 장소인 제단으로 가까이 가는 것에 여전히 있었다. 어쨌든 제단의 중요성에 대해서는 거룩한 선물의 봉헌을 다룰 때 좀 더 자세히 다루도록 하고, 지금은 모든 전통의 증거에 따라 제단이 그리스도와 그리스도의 나라를 상징한다는 것만 언급하자. 제단은 그리스도께서 우리를 모으는 탁자이고, 대제사장과 희생제물을 연합하는 희생의 탁자로 그곳은 왕의 보좌, 주님의 보좌다. 또한 그곳은 '하나님이 만유의 주로서 만유 안에 계시는' 하나님 나라, 곧 천국이다. 그리고 교회의 성찬적 신비의 초점으로서 바로 이 제단의 경험으로부터 제단에 대한 모든 '신비성'이 발전했다. 천국으로서, 예전의 종말론적 중심축으로서, 그리고 성전 전체를 '지상의 천국'으로 변화시키는 성례적 임재로서의 신비성이 발전되었다. 그렇기 때문에 입당, 곧 제단으로 가까이 가는 것은 언제나 위로 올라가는 것이 된다. 따라서 교회는 제단에서 '그리스도와 함께 하나님 안에 감추어져 있는 생명', 곧 교회의 참된 생명이 있는 하늘로, 성찬이 거행되는 곳으로 올라간다.

이것이 매우 중요한 이유는, 우리가 서방의 영향을 받아 성찬을 올라감의 열쇠가 아닌 내려옴의 열쇠로 이해하기 때문이다. 성찬에 대한 서방의 신비주의적 이해에는 그리스도께서 제단 위로 내려오는 이미지로 철저히 점철되어 있다. 반면에 원래의 성찬 경험은, 성찬 순서가 증거하듯 우리가 그리스도께서 올라가신 곳으로 올라가는 것, 곧 성찬예식의 천상적 본질에 초점이 맞춰 있다.

성찬은 언제나 '이 세상'으로부터 하늘로 올라가는 것이다. 그리고 제단은 이 올라감의 실재에 대한 상징이자 그 '가능성'의 상징이다. 그리스도께서 천국에 올라가셨기에 그의 제단은 '거룩하고 신령하다.' '이 세상'에 제단은 존재하지 않고 존재할 수도 없다. 하나님 나라는 '이 세상에 속하지 않았기 때문이다.' 이것이 우리가 제단을 경외의 대상으로 간주하고 중요시하는 주된 이유다. 우리는 제단에 입을 맞추고 그 앞에 엎드린다. 그것이 '정결해지고' '신성한 물체'가 되었기 때문이 아니다. 제단이 하나님 나라의 실재를 가리키는데, 곧 제단이 하나님 나라의 상징으로 변화되는 것에 제단 성별의 본질이 있기 때문이다. 우리의 경외함과 경배는 결코 '물질'이 아니라 그것이 계시하고 있는 '현현', 곧 현시와 임재에 대한 것이다. 교회에서 하는 모든 축성은 '속'된 것, 곧 성별되지 않은 것을 그것의 정반대 개념인 '거룩한 물질'로 만들지 못한다. 교회의 축성은 그 대상들에 대한 신적 개념, 곧 그것들의 원래적이면서 궁극적인 의미를 지시하는 것뿐이다. 온 세상은 '하나님의 제단'으로, 성전으로, 하나님 나라의 상징으로 창조되었기 때문이다. 그런 의미에서 세상은 거룩하지 결코 '속'되지 않다. 태초에 하나님이 세상의 본질에 대해 '매우 좋았다'라고 말씀하셨기 때문이다. 인간의 죄는 바로 그 시작부터 '매우 좋았더라'는 평가를 받는 것에 어둠의 그림자를 드리웠다. 세상을 하나님으로부터 떼어내 '목적 자체'로 만들었고, 그로 인해 타락과 죽음을 맛보는 존재로 만든다.

하지만 하나님은 세상을 구원하셨다. 하나님은 세상을 구원하시고, 그 가운데 자신의 목적이 하나님 나라로 가는 길이 되는 그의 생명, 곧 하나님과 함께 그분 안에서 모든 창조 세계와 함께 교제하는 것의 의미를 다시 계시하셨다. 그러므로 세상의 일부분이나 특정 물건에 대한 기독교의 신성화하는 이교도의 '신성화'와는 달리 세상에 있는 모든 것을 본래의 상징적 본질, 곧 그것의 '성례성'을 회복한다. 다시 말해 모든 것을 존재의 궁극적 목표로 돌려보낸다. 따라서 우리의 모든 예배는 제단으로 올라가며 "하나님이 자기를 사랑하는 자들을 위하여 예비하신 모든 것", 곧 "눈으로 보지 못하고 귀로 듣지 못하고 사람의 마음으로 생각하지도 못한" 고전 2:9 것을 증거하기 위해 '이 세상'으로 돌아간다.

제단으로 가까이 가는 것, 곧 하나님 나라로 올라가는 것으로서 입당의 이런 종말론적인 의미는 입당을 마무리하는 트리사기온 기도와 찬송에 가장 잘 드러나 있다. 성소로 들어간 다음 제단 앞에 서서 집례자는 다음과 같은 '트리사기온 기도'를 영창한다. "당신께서 우리에게, 당신의 낮고 하찮은 종들에게, 지금 이 시간에도 당신의 거룩한 제단의 영광 앞에 설 수 있게 하시고, 당신께 합당한 경배와 찬양을 드리게 하셨나이다… 우리 죄인들의 입술에서 나오는 삼성송을 열납하시고, 당신의 선하심 가운데 우리를 찾아와 주소서. 우리의 모든 죄를 사하여 주소서… 우리의 영혼과 몸을 거룩하게 하소서."

이 기도는 "오 거룩하신 하나님"이라는 말로 시작한다. 하나님의 거룩하심에 대한 고백과 우리 자신의 성화를 위한 탄원, 곧 하나님의 그 거룩하심에 참여할 수 있기를 바라는 탄원과 함께 시작한다. 그런데 '거룩'이라는 단어는 예언자 이사야의 말에서는 분명하게 천사들이 찬송한 내용이지만, 이 기도에서 우리가 '이 시간' 그 '거룩'에 참여하기 위해 우리 자신을 준비한다는 표현에 담긴 이 단어는 하나님과 관련해 무엇을 의미하고 표현하는 것인가? 이 질문에 답하기 전에 우리는 먼저 이 단어가 어떤 논증적 사고나 논리로 제대로 설명되지 않는다는 점을 알아야 한다. 거룩은 오직 종교의 기초이자 근본으로서 하나님의 거룩하심에 대한 감각이며 느낌이기 때문이다. 여기서 우리는, 예배가 하나님의 거룩하심이 뜻하는 바를 직접적으로 설명하지는 않지만 그 의미를 더 강력하게 우리에게 계시하고, 현시를 통해 제의의 오래된 본질을 더 이해할 수 있게 한다는 사실을 알게 된다. 인류의 역사만큼 근본적이고 오래된 것이 바로 거룩과 관련된 제의적 의식들이다. 그리고 그 의미는 제의적 의식을 통해 드러내는 몸짓, 축복하는 행위, 예배의 대상을 향해 손을 들거나 엎드리는 행위들과 거의 분간되지 않는다. 제의 또한 인간이 그것에 대해 '생각'하기 전에 이미 느끼는 어떤 필요, 거룩한 자에게 참여하고 싶은 갈망으로부터 주어진 필요에 의해 태어났기 때문이다.

루이 부이에Louis Bouyer는 다음과 같이 말한 바 있다.

마치 예전만이 이성이 뚫고 들어갈 수 없는 이 개념의 온전한 뜻을 아는 것 같다. 오직 예전만이 그것을 전달하고 그것을 가르친다…이 종교적 떨림, 곧 흠 없고 다가갈 수 없는 온전한 타자 앞에서의 내적 현기증, 그리고 동시에 보이지 않는 임재에 대한 엄청난 감각, 무한한 사랑에로의 끌림. 너무나 개인적이기에 맛을 보고서야 이것이 우리가 사랑이라고 부르는 모든 것을 초월한다는 것을 우리는 알 수 있을 뿐이다. 오직 예전만이 그 유일하고 말할 수 없는 이 모든 경험을 전달할 수 있다…이런 경험은 그 안에서의 모든 요소들, 곧 이사야의 비전과 마찬가지로 말, 몸, 빛, 성전을 채우는 향기로부터 흘러나온다. 여기서 이 모든 것들의 이면, 곧 이 드러나는데 단지 비추는 것만이 아니라, 그것을 전달하는 것으로 주어진다는 사실이 드러난다. 이것은 마치 밝은 빛을 드러내는 얼굴이 구체적으로 알 수 있는 방식은 없지만 영혼을 발견하게 해 주는 것과 같다."[6]

이처럼 우리는 입당을 했고 이제 거룩한 분 앞에 선다. 우리는 그분의 임재로 거룩하게 되고, 그의 빛으로 비춤을 받는다. 그리고 하나님의 임재의 떨림과 감미로움, 기쁨과 평화, 지구상에서는 결코 비교할 수 없는 모든 것들이 삼중의 느린 트리사기온 찬양에 표현된다. "거룩하신 하나님, 거룩하고 강대한, 거룩하고 영존하는 주여." 천상의 찬송은 땅에서 불리지만, 하늘이 땅과 화해했음을 증언하고, 하나님께서 인간에게 자신을 계시하신 것과 우리에게 "그의 거룩하심에 참여하는 것"[히 12:10]이 허락되었음을 증언한다.

이 찬양과 함께 집례자는 더 높이 성전의 심장부인 지극히 '높은' 제단, 곧 지성소로 올라간다. 그리고 이 올라감의 리듬 가운데—'이 세상'에서 성전의 문으로, 성전의 문에서 제단으로, 제단

---

6. 저자는 루이 부이에를 인용하지만 그의 책 어디에서도 이 문장의 출처를 찾을 수 없었다.

에서 저 높은 곳으로 가면서—집례자는 화해가 이루어졌음을, 하나님의 아들이 우리를 그분의 자리까지 높이셨음을 증언한다. 그 '높은 곳'에 오른 후 집례자는 그곳에서 회중을 향해 얼굴을 돌린다. 그러나 그는 모인 자들 중의 하나이자 주님의 형상으로서 그분의 권능과 위엄으로 옷을 입고 우리에게 하나님의 말씀을 듣도록 평화를 빈다.

4장
말씀의 성례

> 당신의 신적 지식의 순전한 빛으로 우리의 마음을 비추어 주소서,
> 인류를 사랑하시는 주여. 우리의 마음의 눈을 열어
> 당신의 복음의 가르침을 깨닫게 하소서.
> 또한 우리 안에 당신의 신성한 계명을 두려워하는 마음을 심으사
> 모든 육체의 욕망을 억누르고, 우리로 삶의 영적인 양식으로 들어가게 하소서.
> 당신이 기뻐하시는 것들을 생각하고 행하도록….
>
> 복음서 봉독 전 기도 중에서

1

모든 초기의 검증된 한결같은 증언에 따르면, 성경을 봉독은 '교회로서의 성회'에서 결코 뗄 수 없는 부분이었다. 성찬을 위한 모임에서는 더욱 그렇다. 성찬에 대한 최초의 기록 중 하나는 다음과 같이 증거한다. "일요일이라고 부르는 날에는 도시나 시골에 사는 사람 모두 각각 한 장소에서 모임을 갖는다. 시간이 허락하는 한 사도들의 체험기나 예언자들의 글을 읽는다. 봉독자가 읽기를 마치면, 담화 인도자는 우리에게 그와 같은 고귀한 것들을 닮도록

권면하고 초청한다. 그러면 우리는 모두 함께 일어나 기도를 드린다… 그리고 기도를 마치면 떡을 내오고, 포도주와 물도….”[1] 한편으로는 성경 봉독과 설교 사이의 연결고리가, 또 다른 한편으로는 성경봉독과 감사 선물의 봉헌과의 연결고리가 여기에 분명히 나타난다. 이 연결고리에 대한 증거를 우리는 오늘날의 성찬 순서에서 볼 수 있다. 오늘날의 성찬 순서에서는 주로 하나님의 말씀이 중심이 되는 이른바 세례 예비자들의 예전과 봉헌, 축성, 그리고 거룩한 선물의 나눔으로 이루어진 신자들의 예전들이 서로 긴밀하게 연결되어 있다.

그러나 우리의 공식적인 교과서들, 성찬에 대한 신학적인 설명과 정의들은 실제로 이 일치된 증거들을 무시한다. 교회의 삶과 실제에서 성찬은 분리될 수 없는 두 가지 부분으로 구성되었지만 신학적 설명은 이를 그저 첫 번째나 두 번째 부분으로 축소했다. 떡과 포도주 위에서 이루어진 일에만 온통 관심을 쏟고 있다. 두 번째 부분이 철저히 독립적이어서 영적으로든 신학적으로든 첫 번째 부분과 아무런 연관이 없는 것처럼 말이다.

물론 이런 '축소'는, 우리 정교회 신학이 서방의 영향을 받았기 때문이다. 서방에서 말씀과 성례는 이미 오래전에 서로 접촉점을 잃었고, 각각 독립된 연구와 정의의 대상이 되어 버렸다. 이 균

---

1. Justin Martyr, *First Apology*, 67:-35, tr. C.C. Richardson, *Early Christian Father*, Library of Christian Classics 1(New York, 1970), p.297.

열은 성례에 대한 서방 교리의 가장 주된 결핍 중 하나로, 사실상 정교회 신학이 이를 수용한 이후 이 균열은 바로 말씀, 곧 성경과 교회의 삶 안에서 성경의 위치에 대한 이해와 성례에 대한 왜곡되고 한쪽으로 치우친 이해를 초래했다. 이 점진적 성경의 '변질', 곧 전문화되고 지나치게 부정적인 비평의 방식으로 성경이 해체된 이유는 성경이 영적 실재의 경험인 성찬으로부터 그리고 교회로부터 실제적으로 소외되어 있었기 때문이다. 그리고 이 소외는 동일하게 성례를 자기충족적이고 독립적인 '성화의 수단'으로 축소했을 뿐 아니라, 성례로부터 복음적인 내용을 모두 빼앗아 버렸다. 성경과 교회 또한 여기서 두 가지 공식적인 권위, 곧 오직 어떤 권위가 더 높은가 하는 것에만 관심을 두는 학문적인 논문이 말하는 소위 두 개의 '믿음의 근원들'이라는 분류로 축소되었다. 무엇이 무엇을 '해석하느냐'가 가장 큰 관심사가 되었다.

사실상 이런 논리에 따르면, 이런 접근은 더 많은 위축과 '축소'를 요구할 뿐이다. 교회에서 믿음을 가르치는 데 있어 성경이 최고의 권위라면 성경의 '기준' criterion은 과연 무엇인가? 이 문제는 곧바로 '성경 과학' biblical science의 문제, 곧 순전히 이성의 문제가 된다. 하지만 반대로 우리가, 교회가 절대적이고 최고의 영감을 받은 성경 해석자라고 선언한다면, 도대체 이 해석은 누구를 통해, 어디에서, 그리고 어떻게 생기는가라는 또 다른 질문에 도달하고 만다. 우리가 이 질문에 어떤 답을 하든지 실제로는 이 '조직' 혹은

'권위'가 성경보다 외적으로 상위에 있다는 것이 증명될 뿐이다. 첫 번째 질문에서 성경의 의미가 다수의 개인적인, 그래서 교회의 권위가 빠진 '과학적 이론들'에 용해된다면, 그 결과는 바로 다음 두 번째 질문, 곧 성경은 신학적 정의와 공식화를 위한 '원료'raw material로 신학적 이성에 의해 '해석' 가능한 '성경적 질료'biblical matter로 간주될 뿐이기 때문이다. 이런 관점이 단지 서방의 특징이라고 생각하면 오산이다. 비록 형태는 다르지만 동일한 현상이 정교회 안에서도 일어나고 있다. 정교회 신학자들도 성경의 권위 있는 해석이 교회에 속해 있고 전통이라는 조명 안에서 성취된다는 공식적 원칙에 충실하기는 한다. 그러나 실상은 그들이 이 원칙의 핵심내용과 구체적이고 '실제적인' 적용을 분명히 드러내기는커녕 오히려 교회 생활 속에서 '성경 이해'와 관련해 일종의 마비 상태를 초래하고 있다. 이런 현상이 존재하는 한, 정교회의 성경적 학문은 모두 서방의 전제들에 갇혀 그들의 입장을 반복하며 최대한 '중도적'인, 그러나 실상은 시대에 뒤떨어진 서방 이론들을 답습한다. 실제로 일부 정교회 교회가 교회의 설교와 경건에 관심을 가졌지만, 그들 역시 이미 성경을 통해 '공급받고' 진정한 근원을 찾으려는 노력을 포기한 지 오래다.

말씀과 성례 사이의 이런 '단절'은 또한 성례에 관한 교리에도 치명적인 결과를 초래했다. 더 이상 성례는 성경적이기를 그치고, 그 단어의 가장 깊은 의미에서 복음적이기를 그쳤다. 이런 의미에서 서방 신학에 있어서 성례에 관한 가장 주된 관심사가 성례의 본질이나 내용이 아닌, 성례가 수행되는 조건들과 '방식', 그리고 '유효성'이었다는 것은 결코 우연이 아니다. 따라서 성찬 해석은 선물이 변화되는 방법과 순간, 그것들이 그리스도의 몸과 피로 변화되는 방법과 순간에 대한 질문들 주위를 맴돌게 되었다. 그러나 이런 변화가 교회, 세상, 그리고 우리 각 사람에게 가지는 의미에 대해서는 누구도 언급하지 않는다. 역설적이게도 그리스도의 몸과 피의 실제적 현존에 대한 이런 '관심'이 그리스도에 대한 '관심'을 대체하고 말았다. 선물에 참여하는 것은 '은혜를 받는' 하나의 방편, 곧 개인적 성화를 위한 하나의 행동 정도로 간주되었다. 그러나 그것은 더 이상 그리스도의 잔에 참여하는 것이 아니다. "내가 마시는 잔을 너희가 마실 수 있으며 내가 받는 세례를 너희가 받을 수 있느냐" 막 10:38. "너희가…성경을 연구하거니와 이 성경이 곧 내게 대하여 증언하는 것 이니라" 요 5:39 는 말씀처럼 말씀은 언제나 그리스도에 관한 것이기 때문에, 말씀으로부터 소외된 성례는 어떤 의미에서 그리스도로부터 분리된 것이다. 물론 신학이나 경건에 있어서 그리스도는 여전히 '창시자'이겠지만, 더 이상 그 내용은 아니다. 교회와 그리스도를 따르는 신자, 그리고 그분의 신적 특성을 드러내는 신자들에게 그리스도는 더 이상 선물이 되지 못하고 있다. 그렇기 때문에 고백의 성례는 '그리스도 예수 안에서 교회와 화해하고 연합'하는 것으로 경험되기보다 죄를 '용서하는'

권위로 경험된다. 그로 인해 결혼식은 '그리스도와 교회의 큰 비밀' 안에서 그 기초를 찾는 것을 완전히 잊어버리고 말았다.

교회의 예전적이고 영적인 전통 안에서 말씀의 육화로서의 교회의 본질, 곧 시공간에서의 신적 현현의 충만으로서의 교회의 본질은 분명 말씀과 성례의 깨어질 수 없는 연결고리 안에서 실현될 수 있을 뿐이다. 이것이 사도행전이 교회에 대해 "말씀은 흥왕하여 더 하더라"고 말했던 이유다행 12:24. 우리는 성례 안에서, 이 땅에 오신 말씀 안에서 우리와 함께 거하시는 그분과 교제한다. 교회의 사명은 정확히 이 기쁜 소식을 알리는 것이다. 말씀은 성례가 말씀의 충만임을 전제로 한다. 말씀이 되신 그리스도가 성례 안에서 우리의 생명이 되시기 때문이다. 말씀이신 그분은 교회 안에서의 자신의 성육신을 위해 교회를 모으신다. 말씀과 분리된 성례는 마술로 여겨질 뿐이고, 성례가 없는 말씀은 그저 '교리'로 전락할 뿐이다. 그렇기 때문에 말씀은 결국 성례를 통해 해석된다. 말씀의 해석은 언제나 그 말씀이신 그리스도께서 우리의 생명이 되셨다는 사실에 대한 증거이기 때문이다. "말씀이 육신이 되어 우리 가운데 거하시매…은혜와 진리가 충만하더라"요 1:14. 성례는 그리스도에 대한 증거다. 그러므로 그 안에 말씀에 대한 해설과 이해의 근원과 시작과 기초가 있고 신학의 근원과 척도가 있다. 오직 말씀과 성례의 끊을 수 없는 연합 안에서 우리는 진정으로 교회가 홀로 말씀의 진정한 의미를 보존한다는 선언의 의미를 이해할 수 있다. 이것이 바로 성찬예식에서 꼭 필요한 시작을 예전의 첫 부분인 말씀의 성례가 차지하는 이유다. 이 말씀의 성례에서 완성과 마침은 봉헌과 축성, 그리고 신자들에게 성찬의 선물을 나눠 주는 데서 발견된다.

2

어떤 초기 예식서 사본에서 소입당은 '복음서와 함께 하는 입당'으로 불리는데, 이 입당의 현대적 형태에 있어 그 중심이 복음서 자체에 있기 때문이다. 복음서는 부제에 의해 성화벽의 북쪽 문을 통해 위풍당당하게 꺼내져 왕의 문을 통해 제단 앞으로 옮겨진 후 그 위에 놓인다. 집례자와 회중이 성전으로 들어가는 것이 소입당의 원래 의미였음을 고려하면, '복음서와 함께 하는 입당'은 입당의 두 번째 '형태'인 셈이다. 오래전에는 집례자와 공동으로 집례를 하는 성직자들은 성전에 들어온 후 '자신들이 해야 할 역할'은 말씀을 듣는 것으로 생각했다. 오늘날 원래의 소입당은 예전의 실제적인 시작이 되지 못하고 '복음서와 함께 하는 입당'이 입당 행렬의 의미를 대신하게 되었다. 이것의 의미를 정확히 이해하기 위해, 우리는 교회 건물의 원래 '지세도'topography에 대해 언급할 필요가 있다.

현대 예배에서 제단은 성례를 집례하는 주교와 성직자들에게 자연스럽고 당연한 '장소'가 되었다. 그러나 고대에는 그렇지 않았다. 제단에 접근하고 그곳에서 섬기는 것은 철저히 거룩한 선물을 봉헌하고 축성하는 세례를 받은 신자들의 예전으로 국한되었다. 이것이 엄밀한 의미에서의 성찬이다. 집례하는 주교는 오직 선물을 봉헌할 때에만 제단에 올라갈 수 있었다. 그 밖의 시간에는 주기적으로 드리는 예배에서처럼 집례 주교와 성직자들의 자리는 회중들 사이에 있는 성단소bema에 있었다. 이것은 오늘날 주교가 앉는 자리의 위치에서도 나타난다. 러시아 정교회에서 성단소는 교회의 중앙에 위치하고 그리스 정교회에서는 설교대의 오른쪽에 위치한다. 그리고 실제로 지금도 성찬이 없는 예배에서 가장 중요한 순서, 예를 들어 '하나님께 드리는 찬양'polyeleion 같은 순서는 제단이 아니라 교회의 중앙에서 이루어진다. 그렇기 때문에 제단 탁자는 전적으로 주의 만찬을 위한 탁자로, 피 없는 제사가 드려지는 희생제사의 탁자로만 사용되었다. 예배에는 크게 두 개의 중심이 있다. 하나는 모임 자체이고, 다른 하나는 제단이다. 따라서 '교회로서의 성회'에서 성경 봉독과 강론은 제단이 아니라 성전에서 치러지고, 집례 주교와 성직자들은 회중들 사이에 있는 성단소에 자리했다. 성전에 입당한 후에(첫 번째 의미의 소입당) 집례 주교와 성직자들은 말씀의 성례를 진행하기 위해 자신들의 자리로 오른다(두 번째 의미의 말씀의 성례). 그런 다음 그들은 성소로 오르고, 선물의 봉헌과 축성을 위해 다시 제단으로 오른다(지금의 대입당). 이 세

번의 '입당'(행렬)을 통해 하나님 나라로 올라가는 것으로서의 교회 모임의 근본적 상징성이 재현된다.

　이런 원래 순서의 붕괴와 변질을 초래한 첫 번째 원인은 성전으로 들어가는 첫 번째 입당의 소멸이고, 두 번째 원인은 성찬을 제외하고 실제로 모든 예배 중에 집례자인 주교와 성직자들이 머물렀던 성단소의 점진적인 소멸이다. 이런 소멸은 복음서가 제단 위에 보관되기 시작하면서 더욱 심화되었다. 종교적 핍박의 한 형태로 거룩한 책들이 몰수당했던 기독교 박해 시기에는 복음서를 성전에 보관할 수 없었다. 그래서 매번 예전이 거행될 때마다 복음서는 밖에서 교회 안으로 옮겨졌다. 하지만 박해가 그치고 장엄한 바실리카식 교회당이 생기면서 복음서를 보관하는 장소가 자연스럽게 성전 안으로 바뀌었고, 성전 안에서도 '지성소'인 제단에 보관되었다. 이렇게 제단은 비록 다른 방식이지만 예전의 두 부분 모두의 중심이 되었다. 그러므로 예비 신자의 예전이라고 불리는 예배에서는, 성찬이 행해지지 않는 예배와 마찬가지로 복음서가 제단으로부터 꺼내져 오늘날까지 교회의 중앙이나 설교대, 혹은 주교좌에서 읽힌다. 반면에 성찬은 항상 제단에서 이루어진다.

　이런 '전문적인' 세부 사항에 우리가 집중하는 이유는, 소입당이 점차 세 가지의 근본적인 차원을 결합했음을 이해하기 위해서다. 모임 안으로의 입장이 성찬의 시작이고, 그 다음으로 올라감, 곧 하늘의 성소로 교회가 입장하는 데서 첫 번째 입당이 성취되고

(트리사기온의 기도와 찬양, 제단으로의 접근), 결국 '말씀의 성례'에서 성례의 시작이 완성된다.

'복음서와 함께 하는 입당'으로 돌아와, 말씀의 예전과 그것이 성찬과 갖는 연관성을 이해하기 위해서는 '복음서와 함께 하는 입당'이 성경을 봉독하는 행위만큼이나 중요했다는 사실을 먼저 알아야 한다. 여기서 우리는 성찬과의 유사점을 발견한다. 성찬에서 봉헌이 선물의 축성에 앞선다. 이 부분에서 우리는, 복음서가 낭독되는 것으로서만이 아니라 책 그 자체로서 정교회 예전 전통의 일부이었음을 상기할 필요가 있다. 이 책은 성상이나 제단만큼 동일한 경외감으로 다루었다. 우리는 그것에 입을 맞추고 향을 피우도록 요청받고, 하나님의 백성들은 그것을 통해 축복을 받는다. 마지막으로 성직서품식 cheirotonia, 고해성사, 성유식 holy unction과 같은 몇몇 예식에서 복음서는 그 안에 있는 특정 본문이 아니라, 책이라는 형태로 참가한다. 교회에게 복음서는 그리스도가 우리에게 나타나시고 우리 가운데 거하시는 언어적 성상 verbal icon이기 때문이며, 무엇보다 복음서는 그리스도의 부활의 성상이기 때문이다. 그러므로 복음서와 함께 하는 입당은 단순한 '재현', 곧 과거에 일어난 일에 대한 신성한 드라마화 정도가 아니다. 그리스도께서 말씀을 선포하러 나오시는 것의 재현 정도가 결코 아니다(이 경우 교회 모임에서 그리스도의 형상으로서 복음서를 운반하는 것은 부제가 아니라 주교여야 한다). 복음서와 함께 하는 입당은 약속대로 부활하신 주님의 형상을 나타낸다.

"두세 사람이 내 이름으로 모인 곳에는 나도 그들 중에 있느니라"마 18:20. 마치 제단 탁자에서 감사의 선물을 봉헌하는 것이 그것을 축성하는 것보다 앞서는 것처럼 말씀의 출현이 말씀을 읽고 선포하는 것에 앞선다. 복음서와 함께 하는 입장은 그리스도와 함께하는 즐거운 모임이고, 우리에게 언제나 능력과 생명을 주는 이 모임은 이를 성화시키는 책 중의 책을 갖고 나옴을 통해 성취한다.

3

"여러분 모두에게 평화가!" 집례자는 회집한 모임에서 평화를 선언하고, 사람들은 그에 답한다. "당신의 영혼에도." 우리는 이미 평화란 그리스도 자신의 이름임을 지적한 바 있다. 이 인사의 서방식 표현은 '도미누스 보비스쿰' *Dominus vobiscum*, 곧 '주께서 당신과 함께'다. 이 인사는 집례자가 성찬예식의 새로운 순서를 시작하기 전에 교회에 건네는 것으로서 하나님의 말씀을 봉독하기 전에, 평화의 입맞춤 전에, 그리고 성찬을 나눠 주기 전에 한다. 이 인사는 매번 그리스도께서 '우리 가운데' 계신 것과 그분 자신이 우리 성찬의 머리가 되신다는 것을 기억나게 한다. 그리스도 자신이 '드리는 분이자 드려지는 분이며, 열납하는 분이자 열납되는 분'이시기 때문이다.

그리고 나서 프로키메논*prokeimenon*을 영창한다. 프로키메논이라는 말은 헬라어로 '제시한 것', '앞에 놓인 것', 곧 선행하는 것을 의미하는데, 지금은 봉독자와 회중 혹은 성가대에 의해 응답식으로 불리는 시편의 두세 절을 가리킨다. 고대에 프로키메논은 보통 시편으로 이루어졌고, 프로키메논을 부르는 것은 성경봉독 전에 '거행되었다.' 오늘날까지 프로키메논이 정교회 예배에서 의심할 바 없이 중요한 자리를 차지하고 있기에, 이것에 대해 짧게 언급하고 넘어가는 것이 좋겠다.

프로키메논을 이해하기 위해서는, 먼저 초기 교회에서 시편이 차지하고 있는 특별한 위치를 기억해야 한다. 초기 교회에서 시편은 구약의 예언 혹은 예전의 '정점' 중 하나였을 뿐 아니라, '계시 안의 특별한 계시'였다. 모든 성경이 그리스도에 대한 예언이라면, 시편은 그중에서도 그리스도를 '그 안에서'부터 계시한다는 사실에 특히 더 중요했다. "이것은 그분의 말씀이고, 그분의 기도다. 주 예수 그리스도께서 친히 그 안에서 말씀하신다"(아우구스티누스)[2]. 시편은 그리스도의 말씀이고, 그리스도의 기도이자 그의 몸, 곧 교회의 말씀이다. "이 책 안에서 오직 그리스도와 그의 교회가

---

2. *Enarratio* in Ps. XXX, 11, PL 36:237.

말하고, 기도하고, 운다"라고 아우구스티누스는 말한 바 있다. "머리 되시는 우리 구세주 아래에서 사랑과 평화의 띠로 연합된 이 지체들은 모두가 알고 있듯이 한 몸을 이룬다. 시편 대부분에서 그들의 소리는 한 사람의 목소리처럼 들린다. 그 한 사람은 모든 이들을 위해 간구한다. 모든 이가 연합하여 하나를 이루었기 때문이다."[3] 시편에 대한 이런 이해와 경험은 또한 예전 전통의 핵심에 자리하고 있다. 예를 들어 '하나님의 법', 그분의 뜻, 그리고 세상과 인류를 향한 그분의 계획에 대한 이 긴 사랑의 고백에서 교회가 주님의 목소리를 들어야 함을 깨닫지 못한다면, 교회는 성 토요일의 아침기도에서 "행위가 온전한 자들은…복이 있음이여"시 119:1의 중요한 위치를 결코 이해할 수 없을 것이다. 이는 마치 그분이 무덤에 누워 우리에게 생명을 주는 죽음의 의미를 계시하는 것과 같이 불가능한 일이다. 그런 의미에서 시편은 단지 신적으로 영감된 '주해', 곧 성경과 신성한 역사의 사건들에 대한 단순한 설명이 아니다. 시편 안에 신성한 성경 본문과 의식 두 가지 모두의 진정한 의미를 이해할 수 있게 하는 영적 실재가 재현되고, 육화되어 우리에게 전해졌기 때문이다.

프로키메논에 '선행하는 시편'은 우리를 말씀의 성례로 인도한다. 하나님의 말씀은 이성을 향해서만이 아니라 전 인격, 곧 그

---

3. *Enarratio* in Ps. LXIX, 1, PL 36:866.

의 깊은 곳—거룩한 교부들의 언어로 말하면—그의 마음에도 말씀하신다. 불완전하고, 논증적이고, 이성적인 '이 세상'의 지식과 대조되는 종교적 지식의 기관인 마음에 말이다. "마음을 열어 주는 것"은 말씀을 듣는 것과 이해하는 것에 선행한다. "이에 그들의 마음을 열어 성경을 깨닫게 하시고"눅 24:45. 기쁨에 겨워 반복하는 프로키메논의 외침은 회중 사이의 '교제'와 예배에서의 모임을 통한 수용을 뜻하며, 또한 예배에서 '마음을 열어 주는' 순간과 우리가 하나님의 말씀인 성경의 말씀을 들을 때 마음으로 연합하는 것을 재현한다는 뜻이다.

4

프로키메논 다음에는 서신서, 곧 신약 성경의 두 번째 부분 중—'사도성'을 지닌—본문을 선택해 읽는다. 고대의 성경 봉독에 구약도 포함되어 있었음을 고려해야 할 충분한 이유가 있다. '성구집'lectionary, 곧 각 예전에 맞게 읽어야 할 성경 본문을 구분해 놓은 지침서에 대한 자세한 연구는 예전 신학의 분야 중 '시간의 예전'[4]이라고 부르는 부분에 속해 있으므로 그것에 대한 설명은 잠

---

4. Schmemann, *Introduction to Liturgical Theology*, pp. 49-57.

시 보류하기로 한다. 여기서는 성구집이 길고 복잡한 과정을 거쳐 발전했다는 것과 그와 관련해 오늘날 가장 핵심적인 과제가 우리 시대의 예전 '상황'에 맞게 이를 갱신하는 데 있다는 것만을 언급하고자 한다. 이 문제의 심각성은 오늘날 예전에서 진행되는 성경 봉독에서 구약의 상당한 부분이 제외된 성구집을 사용하고 있음을 언급하는 것만으로도 그 심각성을 추측할 수 있다. 또한 신약 성경과 관련해서도 성구집이 매일 행해지는 예전을 전제로 구성되었기에, 실제로는 신자들은 상대적으로 매우 적은 부분의 신약 본문만을 접하게 된다. 그렇기 때문에 정교회의 압도적인 대다수가 충격적일 만큼 성경에 무지하고, 이로 인해 성경에 대한 무관심을 더욱 가중시키는 결과를 초래했다. 오늘날 성경은 최고의, 비교할 수 없는, 진정한 구원에 이르게 하는 믿음과 생명의 근원으로 간주되지 않는다. 오히려 오늘날 우리의 교회에서 '아카티스트'*akathist*(성인, 성경의 사건, 삼위 하나님 중 한 분을 찬양하기 위한 찬송-옮긴이)가 성경보다 훨씬 더 신자들의 사랑을 받고 있다. 우리의 모든 예배가 이 '성경적인' 지침에 맞춰 배열되는 한, 이것은 결국 예배에 대한 몰이해, 곧 예전적 경건과 진정한 의미의 기도의 법 사이에 단절을 더욱 초래하고 말 것이다.

  서신서 다음에는 다시 복음서를 봉독한다. 봉독 전에 알레루야 찬양과 분향이 있다. 현대 예배에서 알레루야 찬양은 2-3분을 넘지 않는다. 이는 부제가 사제에게서 복음서를 받아 설교단으로 가지고 갈 수 있는 시간 정도다. 그 결과 분향은 규정대로 알레루야를 부르는 동안 이뤄지지 않고, 오히려 서신서를 봉독하는 동안 행해진다. 그리고 복음서 봉독 전에 진행되는 "우리의 마음의 눈을 열어 당신의 복음의 가르침을 깨닫게 하소서"라는 집례자의 기도는 너무나 조용히 읽혀 신자들은 그 기도를 거의 듣지 못한다. 이 모든 것들이 복합적으로 말씀의 성례의 원래 의미를 불분명하게 만든다. 그럼에도 이 예식은 말씀의 성례와 성찬의 성례 사이의 연결고리를 이해하는 데 무척 중요하기에, 우리는 이에 대해 짧게나마 언급할 필요가 있다.

가장 먼저 고려해야 할 것은 알레루야 찬양이다. 고대에는 이 알레루야 찬양이 모든 기독교 예배에서 매우 중요했다. 유대교 예배에서 물려받은 이 알레루야 찬양은 일종의 멜리스마식melismatic 성가곡에 해당한다. 교회 음악의 역사에서 멜리스마식은 성가 영창식psalmodic과는 반대로 멜로디가 가사보다 우선하는 형태의 음악을 가리킨다. 혹자는 더욱 '학적인' 찬송가—트로파리아troparia, 콘타키아kontakia, 스티케라stichera 같이 음악과 가사가 서로의 윤곽을 잡아주는 찬송가—가 나타나기 전에는 교회가 기독교 예배 이해의 근본적인 측면에 상응하는 단 두 가지 종류의 찬양만 알고 있었다고 말하기도 한다. 성가 영창식 찬양, 곧 시편, 성경과 기도문을 멜로디, 리듬, 그리고 음악적인 요소에 넣어 읽는 것은 기독교 예배의 구술적 특성과 말씀에 대한 예속, 곧 성경과 사도들의 증거와 믿음의 전통에 대한 내적 예속을 재현한 것이다. 하지만 멜리스마식 찬양은 초월자와의 실제적인 접촉으로서 하나님 나라의 초자연적인 실재로 들어가는 예배 경험의 재현이기도 하다. 멜리스마식 찬양의 근거와 그것의 발단에 대해서는 여러 이론들이 있지만, 초대 기독교 예배에서 이 찬양이 매우 중요했다는 것과 멜리스마식 찬양의 주요한 표현들이 정확히 알레루야 찬양이었다는 데는 의심의 여지가 없다. 이는 알레루야라는 용어가 단순한 단어가 아니라 음율적 외침이었기 때문이다. 그것의 논리적 내용이 '하나님을 찬양하라'라는 단어들로 풀이될 수는 있지만, 그것만으로는 이를 다 표현할 수 없고 실제로 이 단어는 제대로 번역되지도 않았다. 알레루야라는 단어는 주님의 나타나심 앞에서의 기쁨과 찬양의 수단인 동시에, 그분의 오심에 대한 '반응'이기 때문이다. 종교사가인 G. 반 델 레이우Van der Leeuw는 "하나님의 임재에 의해 감동될 때, 인간은 눈물을 흘린다"라고 말한다. 신을 만난 인간은 그 목소리를 '드높이게 되는 것이다.' "하지만 가장 깊은 감정적 소리의 가장 주요한 형태는 바로 찬송, 찬양이다."[5] 또한 알레루야는 가장 깊은 의미에서의 인사말이다. 반 델 레이우의 말을 다시 빌려 말하면, 진정한 의미의 인사말은 "언제나 어떤 사실의 확인", 곧 현시를 전제로 한 현시에 대한 반응이다. 알레루야 찬양은 복음서

---

5. *Religion in Essence and Manifestation* (London, 1938), p.430.

봉독에 선행하는데, 이는 우리가 앞에서 언급한 대로 '교회로서의 성회' 안에 주님의 현시와 그분이 신자들의 마음을 열어 주시는 것이 듣는 것에 선행하기 때문이다. 알레루야의 오래된 멜로디는 어떤 말이나 설명보다 더 실제적인 임재의 기쁨과 찬송과 경험을 표현해 준다.

서신서를 봉독할 때가 아닌 알레루야 찬양을 부를 때, 오늘날처럼 복음서와 모인 무리를 위한 분향이 시작된다. 다른 종교에서도 일반적으로 행하던 이 고대 종교의식은 이교도 제의와 관련되었기에, 그리고 박해가 있던 시대에 그리스도인들은 이런 식으로 황제의 형상 앞에서 분향하도록 강요받았기에 처음에는 수용하지 않았다. 하지만 분향 의식은 그 후에 '자연스럽게' 교회 예배 안으로 유입되었다. 숯과 향료를 태우는 것—향과 연기가 되어 하늘로 올라가는 모든 과정—을 사람들은 그들 가운데 임재하는 창조주와 그의 거룩하심에 대한 피조물의 흠모를 표현하는 것으로 이해하기 시작했기 때문이다.

집례자는 복음서 전에 기도문을 봉독하면서 하나님께 "당신의 신성한 지식의 순전한 빛"을 비춰주실 것을 간구한다. "우리의 마음의 눈을 여셔서 당신의 복음의 가르침을 깨닫게 하소서." 지금은 조용한 목소리로 읽히는 이 기도가 말씀의 성례에서 차지하던 위치는 에피클레시스*epiklesis*, 곧 성령의 강림을 구하는 기도가 감사 기도에서 차지하는 위치와 같이 매우 중요하다. 선물을 봉헌하는 것과 마찬가지로 말씀을 이해하고 받아들이는 것은 우리에게 달린 것이 아니다. 우리의 갈망뿐 아니라 '우리 마음의 눈'의 성례적 변화에 이르기까지 모든 것은 성령께서 우리에게 오시는 것에 달려 있다. 사제는 복음서를 봉독하려는 부제에게 다음과 같이 축복하며 선언한다. "하나님께서 당신으로 하여금 큰 능력으로 복음이 온전히 성취될 때까지…기쁜 소식을 선포하게 하시기를."

5

설교는 하나님의 말씀을 듣고 받아들이고 이해하게 하는 증거다. 그러므로 설교는 유기적으로 성경 봉독과 연결되어 있고, 초기 교회에서 이것은 교회의 필수적인 예전 행위인 '말씀의 예전'*synaxis*에서 빠져서는 안 될 부분이었다. 설교는 교회 안에 살아 계시면서 교회를 모든 진리 가운데로 인도하시는 성령의 영원한 자기 증거다요 16:13. 진리의 영이신 성령을 세상은 결코 받지 못한다. 그를 보지도 못하고 알지도 못하기 때문이다. 오직 그리스도인만이 그를 안다. 그리스도가 교회와 함께 거하시고 그 속에 계시기 때문이다요 14:17. 이 '본문'에서 보면, 교회는 하나님의 말씀을 듣고 인식하며, 또한 영원토록 하나님의 말씀을 인식하고 듣고 선포한다. 교회는 오직 이런 방법으로 '이 세상'을 향해 그리스도에 관한 복된 소식을 진정으로 선포한다. 오직 이 방법으로 교회는 그리스도를 증거한다. '교리'를 설명하는 것으로가 아니라, 언제나 하나님의 말씀을 듣고 그 말씀을 따라 살아냄으로써 말씀이 흥하게 되어 있기 때문이다. "하나님의 말씀이 점점 왕성하여…제자의 수가 더심히 많아지고"행 6:7. "이와 같이 주의 말씀이 힘이있어 흥왕하여 세력을 얻으니라"행 19:20.

오늘날의 교회 생활에서 말씀 선포의 약화 혹은 위기의 원인을 설교자의 무능력이나 지적 빈약함에서 찾는 사람들이 있다. 그렇지 않다. 문제의 본질은 이보다 더 깊은 곳에 있다. 문제의 본질은 교회 모임에서 말씀의 선포가 무엇이어야 하는지를 잊고 있다는 데 있다. 설교는 지금도 가끔이긴 하지만 지적이고, 흥미롭고, 교훈적이며, 심지어 위로를 주기도 한다. 하지만 이것들은 '좋은' 설교와 '나쁜' 설교를 구분하는 기준이 아니다. 이것들은 설교의 진정한 본질이 아니다. 설교의 본질은 교회 모임에서 봉독하는 복음서와의 생생한 유대에 있다. 진정한 설교는 해박하고 유능한 사람들에 의해 읽히는 단순한 설명이나 설교자의 신학 지식을 정확히 전달하는 복음서 본문에 '대한' 묵상이 아니기 때문이다. 설교의 본질은 복음서에 대한, 다시 말해 복음서의 한 주제에 대해 설명이 아니라 복음 자체의 선포다. 설교의 위기는 무엇보다 말씀 선포가 일종의 설교자 '개인의' 일이 되었다는 데 있다. 예를 들어 우리는 어떤 설교자에게는 설교의 은사가 '있다, 없다'라고 말한다.

그러나 설교의 은사, 곧 복음을 선포하는 은사는 설교자 개인의 것이 아니라 근본적으로 교회 안에, 그리고 교회에 주어진 성령의 카리스마(선물)다. 진정한 복음 선포는 믿음이 없이는 존재하지 않는다. '교회로서의 성회'가 참으로 성령 안에 있는 모임이라면, 동일한 성령께서 설교자의 입술을 열어 선포케 하시고, 듣는 자의 마음의 문을 열어 선포되는 말씀을 듣게 하실 것이다.

그렇기 때문에 진정한 설교의 조건은 설교자의 철저한 자기 부인이다. 오직 자신의 것이라고 여기는 모든 것, 자신의 은사와 재능까지 설교자는 포기해야 한다. 교회 설교의 신비는 흔히 생각하는 순수한 인간적인 '말하는 재능'과는 정반대다. "너희에게 나아가 하나님의 증거를 전할 때에 말과 지혜의 아름다운 것으로 아니하였나니, 내가 너희 중에서 예수 그리스도와 그가 십자가에 못 박히신 것 외에는 아무것도 알지 아니하기로 작정하였음이라…내 말과 내 전도함이 설득력 있는 지혜의 말로 하지 아니하고 다만 성령의 나타나심과 능력으로 하여 너희 믿음이 사람의 지혜에 있지 아니하고 다만 하나님의 능력에 있게 하려 하였노라"고전 2:1-5. 성령으로 말미암은 그리스도에 대한 증거만이 하나님 말씀의 내용이고 설교의 본질이다. "증언하는 이는 성령이시니 성령은 진리니라"요일 5:6. 설교단은 말씀의 성례가 이루어지는 곳이기에 아무리 숭고하고 긍정적인 메시지라 하더라도 인간의 진실, 곧 인간적인 지혜를 선포하는 자리가 되어서는 안 된다. "그러나 우리가 온전한 자들 중에서는 지혜를 말하노니 이는 이 세상의 지혜가 아니요 또 이 세상에서 없어질 통치자들의 지혜도 아니요, 오직 은밀한 가운데 있는 하나님의 지혜를 말하는 것으로서 곧 감추어졌던 것인데 하나님이 우리의 영광을 위하여 만세 전에 미리 정하신 것이라"고전 2:6-7.

여기서 우리는 모든 교회 신학과 모든 전통이 '교회로서의 성회', 곧 복된 소식을 선포하는 이 성례로부터 성장한 이유를 볼 수 있다. 여기서 우리는 전통 안에서 오직 교회에게 말씀과 그 해석에 대한 감독권이 주어진 이유에 대한 생생하지만 결코 추상적이지 않은 유서 깊은 정교회의 선언을 이해할 수 있게 된다. 전통이란 믿음의 또 다른 자료나 성경의 '보충'이 아니기 때문이다. 전통은 분명히 동일한 믿음의 근원, 곧 언제나 교회가 듣고 받아들이는 살아 있는 하나님의 말씀과 같다. 전통은 어떤 '문장 구조'나 '추론'에 대한 해석이 아니라, 생명의 근원이 되시는 하나님의 말씀에 대한 해석이다. 아타나시우스Athanasius the Great가 "거룩하고 하나님께 영감을 받은 성경은 진리를 설명하기에 충분하다"라고 말했을 때,[6] 그는 전통을 배척한 것이 아니다. 나아가 '성경적인' 신학 방법, 곧 성경의 형태나 용어상 성경 '본문'에 충실한 신학 방법에 대해 말한 것도 아니다. 교회의 믿음을 설명함에 있어서 아타

---

6. *Against the Pagans*, 1, PG 25:4A.

나시우스 자신도 감히 비성경적인 용어인 (성자는 성부와) '동일본질'*hommousios*을 사용했기 때문이다. 그는 단순히 형식적이고 용어적으로가 아닌 살아 있는 성경과 전통, 곧 성령 안에서 성경을 읽고 듣는 전통 사이의 연결고리를 확증하려고 했다. 교회만이 성경의 의미를 알고 보존한다. 교회 모임에서 수행되는 말씀의 예전에서 성령께서 끊임없이 성경의 '육체'에 생명을 주고, 그것을 '영과 생명'으로 변화시킨다. 모든 참된 신학은 말씀의 성례, 곧 하나님의 성령께서 모든 진리로 가르치시는 교회—단순히 교회의 각 지체가 아닌 교회 전체—의 모임에 뿌리를 박고 있는 이유가 바로 이 때문이다. 따라서 어떤 '사적인' 성경 봉독이라도 교회 안에서 이루어져야 한다. 교회의 정신을 넘어 또는 교회의 신적이고 인간적인 삶 밖에서 성경은 제대로 들려질 수도, 해석될 수도 없기 때문이다. 그렇기에 봉독과 선포라는 두 행위를 통해 교회 모임에서 성취되는 말씀의 성례는 개인과 모든 믿는 자들을 진리의 충만한 데까지 성장하게 하는 근원이다.

마지막으로, 말씀의 성례에는 성직자들과 평신도들이 진리를 보존하는 데 함께 동역하는 것이 드러난다. '동방정교회 총주교들의 서신'*Epistle of the Eastern Patriarchs*에서 밝힌 바와 같이, 진리를 보존하는 것은 '교회의 모든 사람들에게 위임된' 것이기 때문이다.[7] 교회 모임에서 섬길 때에 집례자에게 주어지는 은혜인 가르침의 은사가 설교에서 나타난다. 그리고 그 설교는 '개인적인 은사'가 아니라 교회에 의해 주어지고 교회로서의 성회에서 실현되는 은사이기에, 성직자의 가르치는 봉사는 교회의 모임 밖에서가 아니라, 오직 성령이 교회 위에 계시는 그 안에서만 은혜로 충만해진다. 집례자의 사역은 설교하는 것과 가르치는 것이고, 하나님의 백성들의 사역은 이 가르침을 받아들이는 것이다. 그러나 이 두 가지 사역 모두 성령의 사역이며, 성령에 의해, 그리고 오직 성령 안에서 성취된다. 성령의 선물 없이 특정한 한 사람이 진리를 받을 수도 선포할 수도 없다. 이 선물은 모임 전체에 주어진 것이다. 교회 '일부분'이 아니라 교회 전체가 '세상의 영을 받지 않고, 오직 하나님으로부터 온 영을 받는다.' 하나님은 교회인 우리로 하여금 우리가 은혜로 받은 것을 세상에 알게 하셨기 때문이다. 또한 하나님의 일도 하나님의 영 외에는 아무도 알지 못하기에, 이를 전하는 이들은 사람의 지혜의 말이 아니라 오직 성령께서 가르치신 지혜로 그 일을 감당한다. 영적인 일은 오직 영적인 것으로 분별할 수 있기 때문이다. 그 가르침을 받는 사람 또한 성령으로 말미암아 가르침을 받는다. "육에 속한 사람은 하나님의 성령의 일들을 받지 아니하나니 이는 그것들이 그에게는 어리석게 보임이요 또 그는 그것들

---

7. *Encyclical Letter of the One, Holy, Catholic and Apostolic Church to the Orthodox Christians of All Lands* (비오 9세가 1848년 1월 6일 동방의 그리스도인들에게 보낸 교황의 회직에 대한 콘스탄티노플, 알렉산드리아, 안티옥과 예루살렘의 교부들과 콘스탄티노플, 안티옥 그리고 예루살렘의 교회회의의 답변).

을 알 수도 없나니 그러한 일은 영적으로 분별되기 때문"이다고전 2:11-14. 교회에서 주교와 사제들은 가르침의 은사를 받았다. 그러나 그들이 그런 은사를 받은 것은 그들이 교회 안의 신자들에게 증인이기 때문이고, 그 가르침이 그들의 것이 아니라, 믿음과 사랑의 연합체인 교회의 것이기 때문이다. '교회로서의 성회'에서 드러나고 구체화되는 교회 전체만이 그리스도의 마음을 가진다. 교회의 성회 안에서 모든 은사와 모든 사역이 통일성 있게, 또 각각의 특성에 따라 오직 온몸을 채우시는 한 성령의 나타나심에 의해 드러난다. 그렇기에 결국 교회의 각 지체는 교회 안에서 그의 '지위'와 상관없이 교회의 모든 충만을 이 세상에 증거하는 증인이 된다. 단지 교회에 대한 자기 개인의 이해에 머물러서는 안 된다.

전에는 회중이 집례자의 설교에 승리의 아멘으로 화답함으로써 말씀을 받아들이고 집례자와 함께 성령 안에서 그들의 연합을 확증했다. 하나님의 백성들의 아멘 안에는 교회 의식이 그 가르침에 '응답'하는 근거와 원칙이 있다. 정교회 신학자들이 자주 언급하는 바와 같이 이는 교회를 배우는 교회와 가르치는 교회로 나누는 로마 가톨릭의 구분과도 다르고, 개신교의 개인주의와도 반대된다. 그럼에도 이 '응답'이 무엇으로 이루어져 있으며 어떤 식으로 이루어지는지 설명하기 어려운 것은 분명 우리 자의식 때문이다. 오늘날 우리는 이 행위가 교회 모임에, 그리고 그 안에서 성취되는 말씀의 성례에 뿌리내리고 있음을 거의 잊고 말았다.

5장

신실한 자들의 성례

우리로 신실한 자들이 되게 하소서.

1

앞에서 보았듯이 교회로서의 성회, 입당, 그리고 말씀의 성례로 이루어진 예전의 첫 번째 부분은 '열렬한 간구의 연도' Litany of Fervent Supplication 혹은 '보충 연도' Augmented Litany 등으로 부르는 세례 예비자들을 위한 특별한 간구와 기도로 마무리한다. 세례를 받기 위해 준비 중인 세례 예비자들은 이 기도와 함께 교회로서의 성회에서 퇴장한다.

대연도와 마찬가지로 '보충' 연도 또한 성찬 예전과 거리가 먼

데, 이는 다른 모든 교회의 예배에서도 마찬가지다. 다만 대연도가 예배 초반에 있는 것에 반해, 보충 연도는 일반적으로 예배 마지막에 온다. 그러나 오늘날은 시작하는 연도와 마치는 연도 사이에 거의 구분이 없어졌다. 보충 연도는 대연도와 같은 순서, 곧 동일한 내용의 간구로 이루어진다. 그래서 그리스식 예배의 경우, 보충 연도는 반복되는 것으로 간주되어 생략되고 곧바로 다음 단계인 성찬 예식으로 넘어간다. 하지만 보충 연도의 본래 의도는 '자주 반복되는' 사소한 부분만 바꾼 대연도의 반복이 아니라, 예배 안에서 대연도의 역할과 전혀 반대되는 역할을 감당한다. 그렇다면 보충 연도의 역할이란 무엇인가?

이 질문에 답하기 위해 우리는 먼저 기독교와 교회의 삶 전체가 처음에는 상호대립되어 보이는 다음의 두 선언에 결합되어 있음을 기억해야 한다. 한편으로 교회는 그리스도의 것이기에 그리스도처럼 온 세상을 향하고 모든 피조물과 모든 인류를 향한다. 그리스도는 '모두를 대신해 그리고 모두를 위해' 자신을 희생하셨고, 그 일을 위해 제자들을 보내셨다. 그러므로 교회는 "온 천하에 다니며 복음을 전파해야 한다" 막 16:15. 그분은 세상의 구원자이시다. 그러나 다른 한편으로 교회는 그리스도께서 그의 구원하는 사랑을 통해 각 사람을 위한다는 것도 확증한다. 유일한 존재인 각 사람은 그리스도의 사랑의 대상일 뿐 아니라, 각 사람을 향한 하나님의 특별한 계획을 통해 그리스도와 연결되어 있다. 그리스도인의 삶의 기저에 놓인 다음의 역설들이 여기에서 유래한다. 그리스도인은 스스로를 부인하라는, 곧 '친구를 위하여 자기 목숨을 내어주라'는 부름을 받음과 동시에, 그리스도인은 있다가 사라질 '육체를 멸하고 대신 영원한 영혼을 돌보라'는 요구를 받는다. 교회는 '가장 작은 자 한 사람'을 찾기 위해 목자가 아흔아홉 마리의 양을 두고 떠나기도 하는 동시에, 이와 동일하게 교회는 자신의 순결과 충만을 위해 죄인들로부터 구별되려고 한다.

우리는 기독교 사상에서 이와 같은 모순을 적잖게 발견한다. 교회 안에는 우주적이고 보편적인 교회의 부르심을 강렬하게 경험하는 사람이 있는가 하면, 이 모든 것에 눈과 귀를 닫은 채 오직 '개인구원'만을 보는 사람도 있다. 경건, 곧 교회의 기도와 중보에 있어서도 마찬가지다. 한편으로 기도와 중보는 그리스도의 몸 된 교회를 이루기 위해 사람들을 사랑과 믿음의 연합으로 부르고, 다른 한편으로 기도와 중보는 자신의 필요와 슬픔, 기쁨에 대해 열려있다. 신자는 '교회의 공통된 임무'로서 '예전'을 거절하지 않으면서도 자신을 위한 기도, 자신을 위한 기념 예배를 드릴 것을 요청한다. 이 두 가지 경험에 어떤 왜곡이 들어 있든지 본질적으로 그 둘은 같은 뿌리에서 나왔다. 기독교는 온 세상과 온 인류를 향해 있으면서 동시에, 각각의 유일하고 반복될 수 없는 인간 개인을 위한다는 위대한 역설이다. 인간됨의 실현이 다른 '모든 것과 함께 어울리며 동시에, 각각의 의미를 유지하는 것처럼, 이 세상의 실현은 하나님이 모든 생명을 위해 각각 동일하게 허락하신 바로 그 생명이 되는 데 있다.

사실 매일의 삶에서 이 두 가지 '차원', 곧 결코 분리될 수 없는 기독교의 필수적인 두 요소 사이에서 균형을 유지하기란 결코 쉽지 않다. 하지만 각 개인의 경험에, 곧 각 개인의 부르심과 교회의 '경륜'economy에 참여하는 신비 속에 어느 정도의 다양성이 존재하는 것이 필연적이고 또 합법적이라면, 기도의 규칙으로 표현되는 교회의 신앙의 규칙에서 교회의 이 이중적 부르심의 충만은 우리 앞에 분명 드러날 것이다.

이를 깨닫고 확인하기 위해 첫 번째 연도인 '대연도'와 마지막을 마무리하는 '보충' 연도를 이제 비교해 보자. 대연도는 교회의 기도를 기도로서의 교회, 곧 '공동의 임무'를 우주적이고 보편적인 최대 한계로 우리에게 수여하고 계시한다. 무엇보다 교회로 모이는 성회에서 인간은 오직 자신에게 속한 모든 것, 곧 개인적이고 사적인 모든 것을 포기하고 그것들에 대한 '염려'를 '내려놓도록' 부름받는다. 말하자면 자기 자신과 자신의 소유를 교회의 기도에 '용해하도록' 요청받는 것이다. 대연도는 기독교의 '가치의 위계질서'를 드러낸다. 그리고 오직 각 참여자는 그것을 자신의 것으로 받아들이는 만큼 교회와 교회 생활을 오염하고 왜곡하는 이기주의를 극복하고 자신의 '지체됨'을 실현한다. 그렇다고 개인적이고 구체적인 것이 교회의 기도에서 완전히 제외되는 것은 아니다. 바로 여기에 마무리 기도, 곧 보충 연도의 본질이 있다. 그 안에서 교회는 '사적인', 다시 말해 신도들 개인의 필요에 초점을 맞춘 기도를 드릴 수 있게 된다. 대연도에서 사적인 모든 것이 완전히 '죽는다'면, 여기 보충 연도에서는 교회의 기도의 모든 능력과 사랑이 각 사람에게, 그리고 그의 필요에 집중된다. 하지만 이것은 먼저 우리가 스스로를 그리스도의 사랑 안에서 전체와 동일시할 수 있기에 가능한 것이다. 우리가 우리의 자아중심주의로부터 자유케 되었기에, 이제 우리는 교회 안에 거하시는 그리스도의 사랑을 통해 "고통받고, 선을 행하는 데 지친 하나님의 자비와 도우심을 필요로 하는 그리스도인 각자의 영혼"을 위할 수 있게 되었다(만과집의 간구 중에서).

그러나 오늘날의 형태에서 보충 연도는 예배에 공통적으로 고정되어 있으면서도, 이런 역할을 제대로 수행하지 못한다. 예를 들어, 예전에서 우리는 청원 기도 중 하나로 "사제들을 위해, 수도사들을 위해, 그리고 그리스도 안에 있는 모든 형제들을 위해" 기도한다. 사실 예루살렘 예전에서 비롯되고 제정된 이 청원 기도는 '성묘교회 형제단'the Brotherhood of the Holy Sepulchre 회원들을 위한 '지역적' 간구다. 예루살렘에는 필요하지만 다른 지역의 대다수의 신자들에게는 이해하기 힘든 기도인 것이다. 하지만 이렇게 '고정된' 보충 연도도 어느 정도는 열려있어서 지금도 아픈 자, 순례자, 가족 행사를 축하하는 사람들을 위한 특별한 청원들이 삽입되기도 한다. 이런 관행에 대해 우리는 좀 더 자세히 다룰 필요가 있다. 사적인 기념이나 기도 예배가 예전, 곧 '공동의 임무'에서 분리되어 개인의 '필요를 위한 예배'treby가 될 때, 교회 의식에서는 공동의 것과 개인적인 것의 협력이 약해진다. 그렇게 될 때 우리는 더 이상 예전을 세상의 구원을 위한 우주적 성례로 인식하지 못하고, "사람들의 고통, 포로된 자의 한숨, 가난한 자의 배고픔, 이방인들의 필요, 노쇠한 자들의 아픔, 노인들의 연약함, 영아들의 울음, 처녀들의 간구, 과부들의 기도, 고아들의 열망…"(밀란의 성 암브로스의 기도)을 하나님께 올려 드려야 함을 인식하지 못하게 된다.

예전과 개인적인 '필요를 위한 예배' 사이의 이런 분리에 대해 키프리언 컨은 다음과 같이 말한다. "예전 후에 행하는 개인의 필요를 위한 예배는 예배 정신에 위배된다…예전 후에 드리는 기도 예배도 예전과 모순된다."[1] 예전 안에서 공동의 것과 사적인 것 사이의 균형이 회복되지 않는 한, 본질적으로는 아무리 옳은 간구라 하더라도 결코 유익하지 않다. 다시 말해 개인적이고 사적인 모든 것이 전체적인 것, 곧 결코 나눠지지 않을 그리스도의 사랑과 우리가 성찬에서 이루는 사랑의 성례에 의해 포용되고 그것을 향하지 않는 한, 아무리 개인적으로 옳은 간구라 하더라도 예배의 근본 정신에 부합하지 않다.

---

1. *Evkharistia*, pp.341-342.

2

우리는 '열렬한 간구' 다음에 세례 예비자들을 위한 연도를 낭독하고, 그것과 관련된 기도문을 읽은 후 세례 예비자들을 '해산'한다. 고대에 세례 예비자들은 세례를 준비하는 그리스도인들을 가리켰다. 전에는 세례가 지금처럼 아무 때나, 심지어는 개인적인 '필요를 위한 예배'로 행하지 않았고, 부활절 바로 전날에 행했다. 세례를 위한 이런 준비는 이미 살펴본 것처럼 일이 년 정도 오랜 기간 동안 지속되었고, 새 신자들에게 믿음의 진리에 대한 교육 및 교회의 예전적인 삶에 대한 소개가 함께 이루어졌다. 그러나 점점 세례가 주로 유아들에게 행해지면서 세례 예비자 제도 역시 점차 사라졌다. 그래서 세례 예비자들을 위한 오늘날의 다음과 같은 기도가 조금은 시대착오적으로 들리고, 심지어는 형식적인 것처럼 들리기도 한다. "부제가 '주님께 기도합시다, 세례 예비자들이여'라고 선포할 때, 누구를 향해 기도하라고 하는지 명확하지 않다"라고 키프리안 컨은 지적한다. "부제가 '세례 예비자들은 나가주십시오'라고 할 때, 누구를 향해 예전 모임을 떠나라고 요청하는지 알 수 없다. 세례 예비자들을 제외하고, 일반적으로 교회의 지체가 아닌 사람들, 혹은 교회가 가르치거나, 깨우치려거나 세례를 주려고 하지 않는 사람들을 위한 기도와 연도를 드린다."[2] 이런 이유로 그리스 정교회는 오래전부터 이 연도를 하지 않고 '열렬한 간구'에서 곧바로 천사 찬송, 곧 봉헌의 첫 시작으로 이동한다. 러시아 혁명이 일어나기 전 모스코바교회협의회 준비 기간 동안 러시아 정교회 성직자들 중 일부는 연도의 이 부분을 제외하려고 하기도 했다. 이것이 교회의 실제 상황에 부합하지 않다고 보았기 때문이다. 물론 키프리안 컨에 따르면, 이 모든 논의들은 나름 중요하고 진실한 면이 있다. 그는 "우리는 세례 예비자들에 대한 말씀과 간구를 우리 자신에게 겸손히 적용해야 한다. 우리를 그들과 동일시해야 한다는 교회의 보수주의자들의 주장은 이를 조금 더 확장한 것이다"라고 말한다.[3] 유명론nominalism이 교회의 삶에 자리하게 해서는 안 된다. 그러나 어떤 점에서 이런 간구들이 얼마나 이름뿐인지, '실제 상황에 부합하는 예배'란 정확히 무슨 의미인지에 대해서는 분명한 답을 들어야 한다.

예전 전통의 본질적 역할 가운데 하나는 세상, 교회, 사람에 대한 교리와 기독교적 개념의 충만함을 지키는 것이다. 이 충만함은 어느 한 개인, 한 시대, 혹은 한 세대가 단독으로 감당하거나 보존할 수 있는 것이 아니다. 우리 각자와 또 각각의 '문화'나 사회는 기독교 안에 있는 우리의 '필요'나 문제들에 대한 답을 의식적으로든 무의식적으로든 무엇인가의 영향을 받아 선택하게 되어 있다. 따라서 교회의 전통, 질서, 교리상의 정의들, 그리고 기도의 규칙

---

2. 같은 책, pp.188-189.
3. *Dialogues* 1:23, PL 77:233.

은 이런 '선택' 혹은 적용 가운데 어떤 것을 기독교 계시의 충만함과 동일시할 수 있는지 철저히 분별해야 한다. 그러나 '시대의 필요' 또는 '현대인의 요청'이 기독교 전통과 어떤 관계가 있는가 하는 관점에서 교회 전통을 새롭게 평가하려는 움직임이 현재 서방 기독교 안에서 일어나고 있다. 기독교에서 무엇이 영원하고 무엇이 지나가는 것인지를 판단하는 기준과 관련해 새로운 것이라면 아무런 문제의식 없이 '시의적'이고 '시대에 부응하는' 것으로 선언하고 있다. 이러한 흐름에 호응하기 위해 어떤 이들은 교회에서 '시의적이지 않은' 것은 어떤 것이라도 버릴 만반의 준비를 한다. 이것은 교회를 주기적으로 흔들어 놓는 현대화의 끝없는 유혹이다. 그러므로 교회는 스스로 교회 관습과 전통에 관해 왈가왈부할 때 언제나 신중해야 하고, 그것이 '오늘날'과 어떤 연관이 있는가라는 관점에서가 아니라, '시대에 뒤떨어진' 것처럼 보이더라도 그것이 영원하고 본질적인 무엇인가를 표현하고 있는가라는 관점에서 질문해야 한다.

  세례 예비자들을 위한 기도에 이를 적용하기 위해서는 무엇보다 그것이 무엇을 표현하는지, 그리고 기독교 예배 순서에서 그것이 무엇과 관련되어 있는지 물어야 한다. 그 동안 교회가 세례 예비자들을 위한 기도에 상당한 중요성을 부여해 성찬 모임의 처음 부분 전체를 '세례 예비자들의 예전'이라고 부른 것은 결코 우연이 아니다. 이는 예전의 기본적 의미에 있어 매우 중요한 무엇인가를 건드리지 않고서는 단순히 폐지할 수 없는 이 처음 부분 전체와 그 본질을 향한 강렬한 지향이 그 안에 있음을 의미하기 때문이다. 이를 질문의 형식을 빌려 다음과 같이 말할 수도 있다. 심지어 일부 개신교 공동체에서 실제로 그렇게 하듯이 성찬을 받는 사람이 없어도 예전을 거행하기도 하는데, 성찬에 참여할 사람이 있을 때만 예배를 드리는 것은 어떤가? 개신교인들은 그렇게 함으로써 '유명론'의 위험을 피한다고 생각한다. 우리는 세례 예비자들을 위한 기도에서 도대체 무엇을 보아야 하는가? 그것은 제정 러시아 황제와 함께 사라져 버린 왕의 만수무강을 빌던 예찬과 별반 다를 바 없는 단지 메말라 버린 가지일 뿐인가? 아니면 기독교 예배 순서의 핵심적인 한 부분인가?

나는 후자가 진리에 더 가깝다고 확신한다. 세례 예비자들을 위한 기도는 무엇보다 교회의 근본적인 부르심, 곧 선교로서의 교회의 예전적 재현이기 때문이다. 교회는 복음을 전하는 사명을 받고 세상에 왔다. "또 이르시되 너희는 온 천하에 다니며 만민에게 복음을 전파하라"막 16:15. 이와 같은 교회의 본질을 저버리지 않는 한 선교하는 모임으로서의 정체성은 결코 포기되지 않는다. 물론 역사적으로 세례 예비자를 위한 기도는, 교회가 세례 예비자들을 위한 제도를 갖추고 있었을 때만이 아니라, 실제로 그리스도께로 돌이키려는 목적을 갖고 세상을 위해야 한다고 생각했을 때, 곧 교회가 세상을 전도의 대상으로 여겼을 때 등장한 것이다. 이제 상황이 변해 세상은 어느 정도 기독교화되었다. 하지만 오늘날 우리는 다시금 기독교로부터 돌아섰거나 그리스도를 전혀 들어보지 못한 세상에 여전히 살고 있다. 그렇다면 다시 교회 의식의 중심에 선교가 자리해야 하지 않겠는가. 교회 공동체인 교회가 '종교적인' 삶에 스스로 가두고 오직 교회 지체들의 '영적 필요에 귀 기울이도록' 부름을 받았다고 생각해, 복음 전파가 '이 세상'에서 자신들이 해야 할 기본적인 사역이자 임무임을 부인하는 지경에 이른다면, 이는 교회가 자신들의 근본적 부르심을 거부하는 죄를 저지르는 것이 아닌가.

오늘날 우리는 선교와 선교의 열매, 곧 '세례 예비자들을 위한 성례'와 '신실한 자를 위한 성례'를 결합하는 예배 구조를 보존하는 것이 무엇보다 중요해진 시대를 살고 있다. "주님 그들에게 자비를 베풀어 주소서…진리의 말씀을 그들에게 가르치시고…그들에게 의의 복음을 계시하시고…당신의 거룩하고, 보편적이고, 사도적인 교회로 연합되게 하소서." 세례 예비자들을 위한 연도의 간구들을 들으며 우리는 누구를 위해 기도하는가? 물론 가장 먼저는 아이들, 새신자들, '구도자들'을 포함해 교회로 들어오려는 모든 사람들을 위해서다. 그리고 나아가 우리가 '의의 태양'으로 이끌어 올 수 있는 자들을 위해서다. 세례 예비자들을 위한 기도는 우리의 게으름을 위함도, 우리의 무관심을 위함도 아니고, 교회를 '우리의' 소유물, 곧 하나님이 아닌 우리 자신을 위해 존재하는 것으로 여기는 우리의 잘못된 관습을 위함도 아니다. 나아가 모든 사람들이 구원을 얻고 진리의 지식에 이르기를 원하는 자를 위함도 아니다. 세례 예비자들을 위한 기도는 오직 그것의 직접적인 의미를 보존하는 동시에, 우리에게 다음과 같은 질문들로 지속적으로 우리의 사명을 기억하고 스스로 분별하게 한다. 그리스도의 사명을 위해 세상에서 우리는 무엇을 하고 있는가? 교회는 지금 무엇을 하고 있는가? 우리는 '온 세상으로 가서 모든 세상에 복음을 전하라'는 교회의 머리 되신 분의 명령을 실천하고 있는가?

3

예전의 처음 부분은 세례를 준비하고 있는, 아직 세례를 받지 않은 모든 이들을 해산하는 것으로 마무리한다. 고대에는 참회를 하고 있는 자들, 곧 일시적으로 성례에 참여하지 못하도록 치리 받는 자들도 세례 예비자들을 따라 즉시 자리를 떠나야 했다. "세례 예비자, 믿음이 연약한 자, 참회 중에 있는 자, 정결하지 못한 자는 거룩한 성례에 가까이 하지 못하게 하라." 그레고리 대제Gregory the Great는 자신의 책에서 부제의 이 외침을 가리키며 다음과 같이 권고한다. "성찬을 받지 않는 이마다 모임에서 떠나게 하라."4 오직 신실한 자, 세례를 받은 교회의 지체만이 교회 모임에 남겨지고,

그들은 전체 기도를 통해 성례적 봉헌을 위해 스스로 준비하도록 부름을 받는다.

"우리 신자들은." 오직 신자들만. 이 말과 함께 우리는 예배의 전환점에 도달한다. 그러나 이것의 가장 깊은 의미는 오늘날의 교회 의식에서 거의 사라져 버렸다. 오늘날 성전의 문들은 예전 내내 열려 있고, 언제든지 누구든지 자유롭게 들어오고 나갈 수 있다. 이는 오늘날 '예배를 섬기는' 것이 본질적으로 사제에게만 해당하며, 예배를 전적으로 사제들에 의해 제단에서 평신도를 위해 대신 드린다고 이해하기 때문이다. 평신도는 기도와 주의를 집중하는 태도, 그리고 때로는 성찬을 받는 것을 통해 '개인적으로' 예배에 참여할 뿐이다. 평신도뿐 아니라 성직자들도 성찬이 본질적으로 교회에 제한된 모임이고, 이 모임에서 모든 이가 성직을 수여받고, 교회의 예전 행위에서 각자의 역할에 따라 예배한다는 사실을 잊어버렸다. 다시 말하면, 예배를 섬기는 이는 성직만이 아니다. 모든 이들이 함께 모든 충만함을 이루며 교회를 섬기는 자다.

오늘날 평신도의 교회 생활 참여에 대해, 평신도의 '왕 같은 제사장 직분'에 대해, 그리고 그들의 '교회 의식'에 대해 논의들이 활발하다. 그러나 교회 안에서 평신도들의 합당한 자리를 회복하려는 이런 노력들이 위에서처럼 '성직자와 평신도'의 상호관계, 무

---

4. *Dialogues* 1:23, PL 77:233.

엇보다 '교회와 세상'의 상호관계라는 맥락에서 다뤄지지 않는 한 어떤 결과도 얻을 수 없다. '교회와 세상'의 상호관계에서만이 진정으로 교회의 본질이 명확해지고, 그것으로 말미암아 교회의 다양한 지체들의 자리와 그들 서로의 관계도 명확해질 수 있기 때문이다. 오늘날 교회 의식의 결핍은 성직자와 평신도 사이의 상호관계라는 측면에서 교회 생활 전반에 걸쳐 나타나 있다. 우리는 너무나 오랫동안 교회와 성직자를 동일시해 왔고, '평신도'를 세상과 동일시해 왔다. 러시아어와 헬라어로 평신도를 '세상'이라는 단어에서 파생된 '미리아네'와 '코스미코이'라고 하는데, 이는 성직자와 평신도 사이의 관계와 교회 안에서의 그들의 위치에 대한 이해가 어떻게 왜곡되었는지를 잘 보여주는 대표적 예다.

우리는 역설 사이에 낀 자신을 발견한다. '성직자'의 목적이 평신도를 '섬기는' 것, 곧 예배를 주관하고, 교회 일들을 관리하고, 가르치고, 회중들의 영적·도덕적 상태를 돌보는 것이라고 생각하는 이들과 평신도들이 교회의 일에 참여하지 못하고 교회가 성직자에 의해서만 지도되고 통솔되는 것은 완전히 잘못된 것이라고 생각하는 이들 사이에 껴 있다. 오늘날 누군가 평신도들의 교회 생활 참여에 대해 말할 때, 이는 보통 교회 행정에 참여하고 설교를 듣거나 당회에 참여하는 것 정도를 염두에 둔 것이다. 이런 것들을 제외하고 교회 생활의 모든 것들은 본질적으로 교회 성직자들의 특수한 사역이라는 것이다. 여기서 모든 잘못된 이해가 생겨났다. 평신도는 '수동적'이어야 하고 교회에서의 모든 활동은 오직 성직자에 의해 지도를 받거나 평신도가 할 수 있는 일이라고는 성직자의 여러 사역 가운데 일부분, 그것도 성직자가 나눠주는 것뿐이라는 생각은 잘못되었다. 그리고 이 잘못된 이해에서 교회를 '능동적인' 편과 '수동적인' 편으로 나눠 평신도에게 성직자에 맹종할 것을 요구하는 '교권중심주의'와 성직중심주의에 대항해 오직 성례와 여러 작은 예식들의 예배에 한정되고 그 외의 부분에서는 평신도가 적극 참여할 수 있다는 교회 '민주주의'라는 특수한 형태의 또 다른 왜곡이 등장했다. 전자가 '능동적'이기를 원하는 이들이 불가피하게 성직자의 반열에 합류하는 문제를 일으키는 반면, 후자는 모든 교회 일에서 평신도들을 위해 '대표'를 세우는 잘못된 반작용을 가져왔다.

그러나 이 모든 것은 잘못된 이해가 도달할 수밖에 없는 딜레마이자 막다른 골목일 뿐이다. 성직자와 평신도 사이의 관계는 사실 교회의 목적과 불가분 관계로 이것을 떠나서는 아무런 의미도 발견할 수 없다. 교회 '일'을 하는 데 있어 성직자와 평신도의 역할을 정리하기 전에 우리는 교회의 근본적 임무가 무엇이며, 그것을 어떻게 감당하도록 명령받았는지를 먼저 상기해야 한다. 물론 그 본질은 주 예수 그리스도로 말미암아 한곳에 모이고, 구속받고, 거룩하게 된 새로운 하나님의 백성으로서의 교회가 세상 속에서, 그리고 세상 앞에서 그리스도에 의해 그리스도를 증거하는 증인으로 구별되었다는 것이다.

그리스도는 세상의 구원자시다. 세상의 구원이 그의 성육신, 십자가 위에서의 희생, 죽음, 부활, 그리고 영광 안에서 성취되었다. 그리스도 안에서 하나님은 사람이 되시고, 그리스도 안에서 사람은 하나님과 같이 되고, 죄와 죽음은 정복되고, 생명은 드러나 결국 승리한다. 따라서 무엇보다 교회는 "아버지와 함께 계시다가 우리에게 나타내신 바 된 이"요일 1:2의 생명, 곧 그리스도를 영접하고, 그리스도 안에서 하나님과 하나 된, 서로 연합을 이룬 사람들 안에 살고 계신 그리스도 자신이다. 그리스도 안에 있는 하나님과 교회의 연합은 또한 그리스도 안에서 모두와의 연합이고, 시간적으로만이 아니라 '속성'에 있어서도 영원한 새 생명이 창조와 구속의 목표이기에, 교회는 본질적으로 끊임없이 성령을 얻고 교회 안에 살아 계신 그리스도의 충만까지 자라는 것을 교회의 유일한 '일'로 갖는다. 그리스도 안에서 모든 것이 '이루어졌기에' 누구도 무엇인가를 더할 필요가 없다. 그러므로 '본질적으로' 교회는 언제나 '마지막 날에' 거한다. 사도 바울에 따르면 교회의 삶은 '그리스도와 함께 하나님 안에 감춘 바 되었다.' 그리고 교회는 모든 예전에서 오실 주님을 만나고 능력으로 임할 하나님 나라의 충만을 누린다. 교회 안에서 갈망하고 목마른 모든 이들에게 다볼의 불멸하는 빛에 대한 묵상과 성령 안에서의 완전한 기쁨과 평화의 소유가 여기, 이 땅에서 주어진다. 이 새로운 삶에는 강자와 약자의 구별이 없고, 노예와 자유인의 구별이 없고, 남자와 여자의 구별이 없다. "누구든지 그리스도 안에 있으면 새로운 피조물"이다고후 5:17. 하나님이 성령을 한없이 부어주시고 모두가 하나님께 성별될 뿐 아니라 충만함과 완전함, 그리고 '풍성한 삶'으로 동등하게 부름받는다.

이것이 바로 각자와 모두가 교회의 성직자의 계층적 구조, 곧 사제들과 평신도 사이의 구분을 넘어 교회의 다양한 사역들의 목적—그리스도의 몸의 충만—에 함께 자라야 하는 이유다. 교회는 하나님이 사제들을 통해 하나님의 백성들을 다스리는 종교 사회가 아니다. 교회는 그리스도의 몸 그 자체다. 그리스도 자신의 신-인적 삶 외에 다른 어떤 근원이나 내용을 갖고 있지 않는 것, 이것이 바로 교회의 삶이다. 이는 교회 안에서 어느 누구도 다른 누군가에게, 이를테면 평신도가 성직자에게 복종하지 않으며 모두가 함께 신-인적 생명과의 연합 안에서 서로에게 복종한다는 의미다. 교회에서 성직위계제는 진정 '절대적인' 권위를 갖는다. 하지만 이 권위는 그리스도에게 받은 것이기에 또한 절대적이지 않다. 평신도의 순종이 그리스도의 순종인 것처럼 성직자의 권위 또한 그리스도의 권위이기 때문이다. 그리스도는 교회 밖과 교회 위에 계시지 않고 교회 안에 계신다. 교회가 그 안에, 그의 몸으로 존재하기 때문이다. 성직자들의 권위에 대해 안디옥의 이그나티우스는 "우리는 주교를 주님으로 이해해야 한다"라고 말하고,[5] 순종에 대해서

"그리스도께서 아버지께 하셨던 것처럼 주교에 순종하라"고 말한다.[6] 성직체계의 권위를 '제한'하고, 그의 사역을 '성례적'이고 예전적인 영역으로 끌어내리려는 시도는 교회의 신비에 대한 오해가 깊게 깔려 있다. 마치 성례와 같은 예배와 관련된 사역만을 '성례적'이라고 간주하는 것처럼 말이다. 이를테면 교회와 관련해서 성령이 아닌 다른 원천이 있는 것처럼 생각하는 것, '권위'와 '순종'이 '성례적인' 행위 안에서 인간적일 뿐 그리스도와 같아지려는 것을 끊임없이 거부하는 것처럼 생각하는 것, 권위와 순종과 교회의 다른 모든 사역들이 그리스도의 사랑 외에 다른 내용을 갖고 있다고 생각해 그 충만한 데까지 교회됨을 이루려 하면서 모든 사람을 위한 모든 이의 섬김 외에 다른 목표가 있는 것처럼 생각하는 것들도 모두 그런 오해들이다. 이그나티우스는 이에 대해 "어느 누구도 자신의 지위로 인해 교만해지지 않게 하라. 오직 믿음과 사랑이 전부이기 때문이다. 이것보다 더 좋은 것은 없다"고 말한다.[7] 만약 자신들의 사역에서 교회 지체들이 그리스도께서 품으셨던 은혜와 사랑을 저버리고 율법으로, 율법에서 다시 무법으로 역행한다면 그리스도의 영은 '이 세상의 법'이 아니라 교회를 결코 내버려두지 않고 끊임없이 "불을 일으켜 주시는 하나님의 은사"딤후 1:6로 원래

---

5. Ephesians 6:1, tr. Richardson, *Early Christian Fathers*, p.89를 보라.
6. *Smyrneans* 6:1, tr. Richardson, p.115.
7. *Smyrneans* 6:1, tr. Richardson, p.114.

의 제자리로 돌아올 수 있게 하려 하실 것이다.

그리스도 안에서 온전히 이루어진 구원은 그리스도의 최후 승리의 때, 곧 "하나님이 만유의 주로서 만유 안에 계시는"고전 15:28 시간이 오고 있는 동안에도 이 세상에서 이루어진다. 여전히 세상은 악에 젖어 있고 '이 세상 임금'이 지배권을 행사하고 있다. 따라서 단번에 모두를 위해 드렸던 제사는 지금도 계속해서 드리고, 세상의 죄를 위해 주님은 지금도 여전히 십자가에 못박혀 계신다. 그리스도는 아버지 앞에 세상을 위한 제사장이자 중보자로 지금도 남아 계신다. 그러므로 그의 몸된 교회와 그의 살과 피에 동참한 우리는 지금 그분의 제사장직에 동참하고 그분의 중보를 통해 다시 중보한다. 교회는 이제 새로운 제사를 드리지 않는다. 구원의 모든 충만이 "예수 그리스도의 몸을 단번에 드리심으로"히 10:10 이미 세상에 주어졌기 때문이다. "그가 거룩하게 된 자들을 한 번의 제사로 영원히 온전하게" 하셨고히 10:14, 그의 몸된 교회가 바로 제사장이고, 제물이고, 희생물이기 때문이다. 우리가 그리스도의 사랑을 통해 교회 안에서 살고 이 사랑이 교회의 삶의 근원이요 내용이요 목표라면, 이는 "주께서 그러하심과 같이 우리도 이 세상에서 그러하기"요일 4:17 위한 것이다. 세상을 구원하기 위해 그리고 세상에게 자신의 생명을 주기 위해 오신 그리스도의 희생이 아니면 세상은 무엇을 통해 구원받을 수 있으며, 그의 희생에 동참하지 않고서 우리가 어떻게 그리스도의 사역을 온전히 성취할 수 있단 말인가? 이것이 바로 그리스도의 제사장직을 통해 교회가 그리스도의 몸으로서 성별되었다는 교회의 '만인제사장' 원리다. 그리고 이것이 교회가 세상에 남겨진 이유, 곧 세상에 거하고 세상을 위한 교회의 최고의 섬김, 바로 '주님의 죽으심을 선포하고, 그의 부활을 증거하고, 그의 다시 오심을 기다리는' 이유다. 이 사역에 세례를 받은 모든 자들은 그리스도와 함께 동참하고 그의 몸의 모든 지체와 함께 이 사역을 수행하는 성직자로 부르심을 받았다. 따라서 모두와 함께 교회를 이루는 우리는 세상의 죄를 위해 그리스도의 제사를 드릴 수 있고, 또 그 제사를 드림으로써 구원의 증인이 된다.

교회가 받은 '왕 같은' 또는 '만인'제사장직의 본질은, 교회 모두가 사제가 되는 것에 있지 않다. 제사장직의 본질은 교회 안에 사제와 '평신도'가 모두 존재하기에, 교회 전체가 그리스도의 몸으로서 세상에 대해 성직자와 주님의 제사장과 중보자 역할을 수행한다는 것이다. 한편으로 교회 안에서 성직자와 '평신도' 사이의 구별은 교회가 신성한 유기체적 조직으로 성장하는데 필요한 요소다. 만약 사제들이 성례의 집행자라고 한다면 성례를 통해 교회 전체는 그리스도의 사역을 위해 정결하게 성별되며, 교회는 그리스도의 신-인적 실재의 신비가 되기 때문이다. 평신도의 '제사장직'은 그들이 교회 안에서 두 번째 지위의 사제가 된다는 뜻이 아니다. 평신도의 사역은 구별되고 결코 사제들의 사역과 혼동돼서는 안 된다. 평신도의 제사장직은 그들이 신실한 자, 곧 교회의 지체로서 세상을 위한 그리스도의 사역에 부르심을 받았으며, 무엇보다 세상을 대신해 그리스도의 희생에 동참한다는 데 그 의미가 있다.

이것이 "우리 신실한 자들은"이라고 하는 외침의 바른 의미다. 이를 통해 교회는 세상과 자신을 구별한다. 그리스도의 몸으로서 교회는 이미 '이 세상에 속하지' 않기 때문이다. 그러나 이 분리는 오직 세상의 유익을 위한 것이다. 그리스도의 희생의 제사를 드리는 것은 '모든 이를 대신해 그리고 모든 이를 위한' 것이기 때문이다. 교회 안에 구원의 충만이 없다면 교회가 세상에 증거할 수 있는 것은 아무것도 없다. 교회가 증거하지 않고 그리스도의 희생제물을 드리지 않음으로 그 소명과 섬김을 행하지 않는다면, 그리스도는 세상의 구원자가 아니라 세상 밖의 구원자가 될 뿐이다. 결국 이 외침과 함께 우리가 상기해야 할 것은, 예전의 의미는 사제가 평신도를 위해 봉사하는 것이나 평신도가 '자신을 위해' 예배에 참여하는 것이 아니라, 회중 전체가 모든 사역에서 서로 복종하는 가운데 그리스도의 사제직을 실현하기 위해 한 몸을 이룬다는 것이다.

그러므로 이런 말을 들을 때 우리는 자신에게 다음과 같이 질문해야 한다. 우리는 스스로 신실한 자라고 고백하는가? 성찬을 받을 때 우리는 자신에게 주어진 사역을 수행하기로 다짐하는가? 이 질문에 우리는 거짓된 겸손이나 핑계들로 우리의 죄를 감추려해서는 안 된다. 이 사역에 동참할 자격을 갖춘 사람은 아무도 없다. 아무리 의롭다 하더라도 세상을 위해 그리스도의 희생제사를 드릴 수는 있는 사람은 없다. 그러나 그리스도는 우리를 부르시고, 정결케 하시고, 이 사역에 참여케 하셨다. 그리고 그분은 우리 안에서 그것을 직접 성취하신다. 우리는 우리 자신을 위해, 곧 우리의 욕망을 위해서가 아니라 세상에서 그리스도의 일을 섬기기 위해 교회로 모인다. "우리를 사랑하사 그의 피로 우리 죄에서 우리를 해방하시고 그의 아버지 하나님을 위하여 우리를 나라와 제사장으로 삼으신"계 1:5-6 그리스도께 우리의 생명을 드리는 것 외에 우리를 구원할 다른 방법이 없기 때문이다. 우리는 바로 이 사명을 성취하기 위해 성찬으로 모였고, 그리고 이제 첫 번째 예전의 행위인 봉헌으로 나아간다.

4

제단에 제단보antimension를 펴는 엄숙한 행위로 말씀의 예전의 끝과 신자들의 예전의 시작을 알린다. 헬라어 '안티멘시온'의 문자적 의미는 '탁자 대신에'인데, 대개 무덤에 놓인 주님을 그린 그림의 한 면이나 명주로 짜인 직사각형의 천을 가리킨다. 천 가운데에 소량의 성유물relic이 담긴 특별한 주머니가 달려 있고 밑단에는 이

제단보를 성별한 주교의 서명이 있다.

정교회에서 제단보의 역사와 발전, 사용법은 매우 복잡하고 심지어 모순되기도 하다. 예를 들어 러시아 정교회는 제단보에 달려 있는 성유물에 특별한 의미를 두는 반면에, 그리스 정교회는 성유물이 없는 제단보를 사용하기도 한다. 이런 차이만 보더라도 예배에서 제단보의 역할에 대한 이해가 상충됨을 짐작할 수 있다. 이와 같은 역사는 전문가에게는 매우 흥미로운 것이겠지만 우리는 이를 별첨으로 간략히 다루도록 한다.[8] 여기서는 정교회 전체에서 제단보의 공통적이고 표준 되는 특징이 주교와 관련해 있다는 점만을 강조하기로 한다. 성유처럼 제단보는 오직 주교에 의해서 축성되고, 그 위에 주교의 서명이 있어야 그 '유효성'이 인정된다. 제단보에 대한 다양한 의미들이 더해지긴 했지만 제단보는 본래 주교가 사제에게 성찬을 주관할 수 있는 권리를 '위임'한다는 의미였다. 앞에서 언급했듯이 초기 교회에서 성찬의 집례자는 통상적으로 주교였다. 무엇보다 성찬이 교회로서의 성례, 곧 하나님의 백성들의 연합의 성례로서 이루어지고 경험되는 한, 집례자는 자신의 사역을 통해 이 연합의 창조, 재현, 그리고 보존을 이루는 사람으로 간주했다.

---

8. 갑작스런 죽음으로 슈메만은 이 주제의 부기를 쓰지 못했다.

성찬을 주교의 최고 지위권 아래 '모든 이가 한 자리에 모이는 모임'으로 가정할 때만이 아니라, 교회가 적은 무리의 신자들로부터 사실상 제국의 전체 인구를 포함하게 될 때까지 성찬에 대한 주교 중심의 이해와 경험은 교회의 관례로 오랫동안 보존되었다. 예를 들어 로마 가톨릭은 7세기 그리스도인들의 수가 급격히 증가함에 따라 불가피하게 모임을 몇 개로 늘릴 수밖에 없었는데, 그럼에도 축성된 떡과 포도주를 부제를 통해 다른 모임에 분배하는 방식으로 오직 하나의 성찬을 거행했다. 이는 세상의 파편성과 분열을 극복하는 교회 연합의 성례로서의 성찬의 의미를 강조하기 위함이었다. 심지어 지금도 정교회 안에서는 한 사제가 동일한 제단에서 하나 이상의 성찬을 섬기는 것을 금하는데, 이는 이와 같은 성찬 이해에 대한 증거로서 교회의 성례와 특히 연합 자체를 강조하는 기독교의 전통으로 돌아가려는 강력한 의지의 소산이다. 우리는 이런 맥락에서 제단보의 의미를 구체적으로 이해해야 한다.

역사적으로 제단보는 교회의 연합을 위해서 그리고 주교의 제일 주요한 사역인 교회 전체가 참여하는 성찬의 의미를 실제 삶으로 연결해야 할 필요, 곧 성찬 모임에 참여하는 대다수 사람들의 실제적인 필요를 채우기 위해 생겼다. 안티옥의 이그나티우스는 "성찬은 주교가 직접 집례하거나 주교에게 권한을 위임받은 사람이 집례한 경우에만 유효한 것으로 간주한다"라고 적고 있다.[9] 이는 이미 기독교 초기에도 주교가 직접 성찬을 섬길 수 없을 때 사제 중의 한 사람에게 임무가 위임되었음을 보여주는 대목이다. 이후로 교회 생활이 발전하고 복잡해짐에 따라 초기에는 예외적이던 것이 점차 일반적인 현상이 되었다. 주교는 점차 한 교회 공동체의 지도자에서 광범위한 교회의 지구parchy 관리자로, 살아 있는 공동체인 '교회'는 '교구'parish로 바뀌었다. 교회는 전처럼 주교와 교회 공동체의 직접적인 관계를 유지하기 위해 주교의 수를 늘려 각 교회마다 한 명의 인도자를 두는 방안과, 지역 교회와 보편 교회의 주교직의 중요성을 유지하고 주교 회의나 '사제단' 회원들에게 새로운 역할을 부여해 사제들을 소교구의 지도자로 세우는 방안을 놓고 고민했다. 전자는 지방 주교chorepiskopoi라 불리면서 역사적으로 매우 짧은 기간 존재했는데 결국 성공하지 못한 실험이었다. 역사적으로 두 번째 방안이 승리했다. '교구 사제', 곧 광범위한 교회 공동체의 개인 인도자요 예배와 성례를 집례하고 자신의 양무리를 직접 돌보는 주임 사제의 사역이 교회에 점차 자리하게 되었다.

    오늘날 교회는 대체로 목회자를 주교가 아니라 사제와 연관해 이해한다. 오늘날 주교는 '수석 목자'archpastor로 바뀌었고, 교회 연합과 교회 생활의 중심의 살아 있는 전달자보다는 사제들의 우두머리와 상관으로서의 교회 '관리자'라는 인상이 훨씬 강하다. 오늘날 우리가 사제를 주교가 아닌 '신부'father 또는 '선생'master이

---

9. *Smyrneans* 6:1, tr. Richardson, p.115.

라고 부르는 것은 바로 이런 특징을 반영한 것이다. 교회에서 변화가 있었음을 고려하더라도 현대 교구의 의미가 본래 공동체, 곧 '교회'의 의미와 일치하지 않는다는 사실에는 의심의 여지가 없다. 초기 '교회'는 주교와 성직자와 신자들의 연합 안에서 교회 생활과 교회의 은사의 충만함을 누렸다. 행정적으로뿐 아니라 신비롭고 영적인 의미에서 그것은 더 큰 연합의 한 부분이었고, 오직 다른 '교구들'과의 연합 안에서 각각의 교구는 교회의 온전한 충만함으로 살 수 있었다. 무엇보다 주교단의 부름과 신비로운 본질은 어떤 공동체, 단일 '교구'도 독립적으로 자신을 가둔 채 보편 교회로 살아 숨쉬기를 그칠 수 없음을 확실히 하는 데 있었다.

위에서 나타난 변화들, 곧 실재하는 공동체로부터 주교를 분리하고 교구 사제가 그 자리를 대신하게 한 원인 중 하나는, 주교를 순전히 지역 지도자 정도로 인식하지 않을까 하는 것과 주교의 역할을 지나치게 지역적인 '관심'과 '필요'에만 한정해 이해하지 않을까 하는 우려였다. 어쨌든 이런 변화가 일어났던 이유는 당시 교회와 제국이 화해하고 기독교가 국교로 바뀌는 시기였기 때문이다. 박해를 받던 시절, 세속적인 삶으로부터 분리된 공동체로서 지역 교회는 그저 그 도시 안에 위치한 교회였을 뿐, 그 도시의 교회는 아니었다. 그러나 이제 세속 도시 또는 지역 사회가 생기면서 그 도시는 소위 '종교적 투영'으로 변모하기 시작했고, 이것은 점차 그리스도인의 심리와 정체성의 깊은 변화의 전조가 되었다. 초기 기독교 문서 중 하나인 '디오그네투스에게 보내는 편지' *the Letter to Diognetus*에서의 표현대로, 그리스도인은 전에는 자신의 정체성을 낯선 땅에 살지만 자신의 진정한 본향과 온전한 시민권을 이 세상이 아니라, 그 나라에서 찾는 소위 제3의 종족으로 간주했다. 그러나 그들의 믿음은 이제 모든 사회에서 당연하고 강제적이고 자명한 종교가 되었다. 이런 상황에서 교회가 각각의 교구들이 언제든 온전한 교회로 변화될 수 있도록 초자연적이고, 우주적인 교회의 부름을 상기시키기 위해 자신의 본래 구조를 수정해 주교를 '지역 교구들' 위에 두었다.

그러나 이것은 성찬의 관례뿐 아니라 심지어 성찬 형식 자체의 근본적인 변화도 초래했다. 처음에는 성찬 모임에서 주교와 함께 '공동 집례자'였고 예외적인 경우에만 주교를 대신해 사회자 역할을 했던 사제가 이제 교구에서 성찬 모임의 주관자가 되었다. 앞에서 우리는 이런 본질적인 변화가 오늘날의 성찬의 직무에서, 특히 예전의 처음 부분에서 확연히 나타난 것을 이미 살펴보았다. 그럼에도 성찬과 교회와 주교 사이의 유기적인 유대는, 실제로 주교가 성찬의 본질적인 집례자와 사회자 역할에서 물러나 그 역할이 지역교구 성직자의 기본적인 몫이 되었을 때에도 여전했다. 이 유대에 대한 증인과 보호자가 바로 제단보인 것이다. 어떠한 심오한 관점에서든(행정적으로나 교회법의 범주로 국한하지 않더라도) 성찬은, 오늘날 언제나 어디서나 주교의 위임에 의해 행해지고, 법적 용어로 말하면, 주교에 의해 위임된 권위에 의해 시행된다. 그러나 이것은 주교라는 한 개인이 이런 권위를 갖기 때문이 아니다.

초대 니케아 공의회 이전의 교회에서 주교는 '공의회' 혹은 '사제단'prebyterium과 함께 그의 권위를 행사했다. 교회사 교과서에서 자주 쓰이는 '군주제적 주교직'monarchical episcopate이라는 표현은 초기 교회의 정신과 구조를 근본적으로 그리고 제대로 나타내지 못한다. 여기서 핵심은 '권위'가 아니라, 교회의 성례로서의 성찬이 지닌 본질에 있다. 교회의 연합과 교회의 초자연적이고 우주적인 본질이 실현되고 성취되는 행위로서의 성찬의 본질 말이다. '양적'으로 뿐아니라 '질적'으로, 그리고 존재론적으로 교회는 지역 교구 그 이상이다. 지역 교구는 오직 교회 공동체 전체의 충만에 참여하고 하나의 교구를 초월해 내적이고 천성적인 '자기중심주의'와 모든 '지역적인' 것의 특징인 협소함을 극복하는 만큼 교회가 된다. 그런 의미에서 한 지역 교회를 '교회'와 동일시하는 개신교의 회중교회주의congregationalism와, 교회를 단지 모든 교구들의 합계로서 '전체'로만 취급하는 로마 가톨릭의 중앙집권주의 Roman centralism 모두 정교회에는 생소한 개념이다.

정교회에서는 교회 전체가 존재하기 때문에 각각의 지역 교회가 부분이 충만해질 수 있고, 또 교회의 충만이 구체화된다고 믿는다. 다시 말해 전체로서 교회가 존재하기에 지역 교회는 전체에 의해 온전해질 수 있다. 지역 교구는 단지 '교회'의 일부분일 뿐이며, 오직 주교 안에서, 그리고 주교를 통해서만 교회의 충만과 연결되어 이 충만을 받고 스스로 그 충만을 현시할 수 있다. 이것이 바로 교구가 주교에 의존하고, 주교를 통해 '전체' 교회에 의존한다는 의미다. 한편 성찬은 교회가 지역 교구에 주는 선물로, 이를 통해 각각의 교구는 '그리스도 전체'에 참여하고, 모든 유익한 선물의 충만을 받으며, '교회'와 동일시할 수 있게 된다. 성찬이 주교와 그의 '위임'에 의존하는 것이 여기에서 비롯되었다. 이와 함께 '교구'와 모든 지역 교구의 생활의 초점이 성찬이 된 것도 더욱 분명해졌다. 주교와의 어떤 연결 없이 성찬은 '교회'의 사역이 될 수도, 지역 교구의 천성적인 협소함을 극복할 수도 없다. 성찬 없이 지역 교구는 '교회'의 일부분이 될 수도, 교회가 받은 선물의 충만을 살아낼 수도 없다.

이 모든 것이 제단보에 표현되어 있다. 다시 말하지만 제단보의 의미가 어떻게 발전했든 그리고 여러 의미의 층위를 가지든, 그것의 근본적인 중요성은 감사의 봉헌을 준비하기 위해 사제가 제단보를 제단 위에 펼칠 때, 그리고 제단보 위에 있는 주교의 서명에 입을 맞출 때, 그 제단이 그 지역 성전과 공동체의 제단으로서 뿐아니라 하나님의 교회의 제단으로, 곧 온전한 그리스도의 봉헌, 임재, 그리고 도래의 장소로 '성취된다'는 것에 있다. 그리스도 안에서 우리는 모두 그리스도의 몸이다.

그리스도 안에서 모든 '부분', 곧 모든 구분은 '전체'에 의해 포괄되고, 새로운 삶의 선물과 은혜를 받고, 무엇보다 생명의 충만을 이룬다. 그리고 이 충만은 주교와 성찬, 그리고 '교회'의 깨지지 않는 유대에 의해 보존되고 성취된다.

6장

봉헌의 성례

그리스도께서…우리를 위하여 자신을 버리사
향기로운 제물과 희생제물로 하나님께 드리셨느니라.

에베소서 5:2

1

떡과 포도주. 이 땅에서의 음식과 음료인 인간의 연약한 선물을 가져다가 제단 위에 올려놓음으로써, 우리는 종종 무의식적으로 인류 역사의 첫날부터 모든 종교의 핵심을 이루는 가장 고대의 원초적 의식을 수행한다. 우리는 하나님께 희생제물을 바친다. "아벨은 양치는 자였고 가인은 농사하는 자였더라. 세월이 지난 후에 가인은 땅의 소산으로 제물을 삼아 여호와께 드렸고, 아벨은 자기도 양의 첫 새끼와 그 기름으로 드렸더니" 창 4:2-4.

희생과 희생제물에 대해서는 이미 많은 책들이 나왔고 지금도 다양한 설명들이 쏟아지고 있다. 신학자·역사가·사회학자·심리학자들 모두가 자신들의 관점으로 희생제사의 본질을 밝히고자 노력해 왔다. 어떤 이는 두려움에서, 어떤 이는 기쁨에서, 어떤 이는 '저급한' 이유에서, 또 어떤 이는 '좀더 고상한' 이유에서 그것의 본질을 찾았다. 그런 설명들이 어떠하든 분명한 것은, 하나님을 만나면 인간은 어떤 식으로든 그가 가진 가장 소중한 것, 또는 자신의 생명의 원천이 되는 것을 선물로, 곧 제물로 바치려 한다는 것이다. 이렇게 가인과 아벨 시대 이후에도 끝없이 희생제물의 피가 땅을 덮고 번제물의 연기가 끊임없이 하늘로 올라간 이유가 바로 이 때문이다. 오늘날 우리의 '세련된' 감성은 이런 피의 희생, 이런 '원시적인' 종교의식들에 일종의 두려움을 느낀다. 그러나 우리가 느끼는 그 두려움이란 가장 기본적이고 원초적인 그 무엇, 곧 그것 없이는 본질적으로 존재할 수 없는 종교적인 어떤 것에 대한 반응이다. 가장 깊은 의미에서 종교는 하나님을 향한 목마름이다. "내 영혼이 하나님 곧 살아 계시는 하나님을 갈망하나니"시 42:2. 종종 '원시적인' 사람들이 이 목마름에 대해 더 잘 알고 있는 듯하다. 현대인들이 '세련된' 종교심, 관념적인 '도덕주의', 그리고 무미건조한 지적 추구를 통해 경험하는 것보다 시편 기자처럼 그들은 이 목마름을 더욱 깊이 감지한다.

하나님을 원한다는 것은 무엇보다 전 존재로 그분이 누구인지를 아는 것이다. 그분 말고는 오직 어둠과 공허와 무의미가 존재할 뿐임을 안다는 뜻이다. 오직 그분 안에 모든 존재의 이유와 의미, 목적과 기쁨이 있기 때문이다. 그리고 이것은 결국 그분으로부터의 완전하고도 끝없는 소외, 이런 괴리 안에 존재하는 가공할 만한 죄책과 외로움을 느끼고 인식한다는 뜻이다. 나아가 이것은 결국 한 가지 죄, 곧 하나님을 원하지 않고 그분으로부터 떠난 것, 그리고 그로 인해 한 가지 슬픔, 곧 '신자가 되지 못하는 것'[1] 거룩한 자와 연합, 곧 성화되지 못함을 아는 것이다.

하나님에 대한 이 목마름이 있는 곳, 그리고 죄에 대한 깊은 자각과 진정한 삶에 대한 사모함이 있는 곳에는 필연적으로 희생이 뒤따르게 마련이다. 그리고 이 희생제사에서 인간은 하나님께 자기 자신과 자신의 소유를 바친다. 하나님을 안 사람은 하나님을 사랑할 수밖에 없고, 그분을 사랑하기에 그분을 얻고 그분과 연합하려 애쓴다. 하지만 죄는 그 길목에 서서 인간을 방해한다. 그때 인간은 희생제사를 통해 용서와 속죄를 구한다. 인간은 제물을 죄의 대속물로 드린다. 인간은 그 제물을 모든 고통과 삶의 괴로움으로 채운다. 고통, 피, 그리고 죽음을 통해 자신의 죄를 속하고 하나님과 재결합하려는 것이다. 이렇듯 우리의 종교적 의식이 아무리 오래되고 원시적으로 보이더라도, 자신의 희생에 대한 인간의 이

---

1. Leon Bloy, La femme pauvre 참고.

해가 아무리 미숙하고 '실용주의적'이고 '이교적'으로 보이더라도, 또 누구의 이름으로 그리고 누구에게 제물을 드리는지에 대한 이해가 부족하더라도 그 기저에는 필연적으로 인간의 원초적이고 불멸하는 하나님을 향한 갈망이 깔려 있다. 그의 희생제물, 그 수많은 봉헌과 간구, 그리고 번제 가운데서 인간은 비록 어두움에 거하고 심지어 미개하고 원시적일지라도 하나님 찾기를 결코 멈추지 못한다. "하나님께서 자신을 위하여 우리를 창조하셨기에 우리의 심장은 그분 안에서 쉼을 얻을 때까지 결코 쉬지 못한다."[2]

2

그럼에도 이 모든 제사들은 죄를 없애고 인간이 상실한 하나님과의 연합에서 오는 충만을 회복하지 못한다. 구약의 희생제사뿐 아니라 히브리서의 말씀처럼 모두가 마찬가지다. "율법은…해마다 늘 드리는 같은 제사로는 나아오는 자들을 언제나 온전하게 할 수 없느니라. 그렇지 아니하면 섬기는 자들이 단번에 정결하게 되어 다시 죄를 깨닫는 일이 없으리니 어찌 제사 드리는 일을 그치지 아니하였으리요" 히 10:1-2. 비록 제사가 하나님을 향한 목마름과 그

---

2. Augustine, Confessions 1:1

분과 연합하고자 하는 갈망이라 하더라도, 그것 자체가 이미 죄의 법 아래 있기 때문에 아무런 힘을 발휘하지 못한다. 죄는 감춰지거나 아무리 고가라 하더라도 보상할 수 있는 성질이 아니다. 그러나 무엇보다 죄는 생명 자체 되시는 하나님으로부터의 단절이다. 이것이 바로 특정한 행동만이 아니라 모든 인생 자체가 죄악으로 물들어 죽을 수밖에 없고 '죽음의 그림자' 아래 있게 된 이유다. 이렇게 이 타락한 인생은 철저히 죄의 법에 복속되어 스스로 고치거나 되살리거나 정결하게 되지 못했고 또, 그렇게 할 수도 없었다. 그럼에도 여전히 남아 있는 분리와 갈망, 죄책을 인간은 죄와 죽음에 노예 된 상태로부터 인간을 구하지 못하는 자신의 '종교'와 제사로 대체하려고 한다. 나락으로 떨어진 사람이 되돌아올 수 없고 죽은 사람이 무덤에서 나올 수 없는데도 말이다. 오직 하나님만이 우리를 구하실 수 있다. 우리의 삶은 그저 도움이 아닌 구원이 필요하기 때문이다. 그분만이 다른 모든 제사와 기대, 갈망 속에서 무기력한 소원으로 남아 있는 궁극적이고 완전하고 모든 것을 자신의 독생자를 세상의 구원을 위해 내어주는 제사 되어 자신을 세상의 생명을 위한 제물로 드리는 제사를 통해 이루신다.

 이 제사만이 모든 것을 충족하고 성취한다. 무엇보다 그 안에서 제물 자체가 정결케 되고 회복되고 그 모든 본질과 충만을 드러내고, 자기희생으로 구성된 온전한 사랑과 생명으로서의 원래 의미를 나타낸다. 그리스도 안에서 하나님이 세상을 사랑하사 독생자를 주시고, 그리스도 안에서 인간은 하나님을 사랑하여 자신을 온전히 내어드리는 이 제사, 드려지지 않은 것이 아무것도 없는 이 이중의 봉헌 속에서 사랑은 모든 것을 다스린다. "십자가에 못박는 아버지의 사랑, 십자가에 못박히는 아들의 사랑, 그리고 십자가의 능력을 통해 승리하는 성령님 사랑."[3] 나아가 이것은 오직 사랑을 통해, 그리고 오직 사랑 안에서 이루어졌기 때문에 이 희생 안에서 죄의 용서가 주어진다. 그리고 마침내 그 안에서 하나님을 향한 인간의 목마름이 채워지고 해소된다. 하늘의 생명이 우리의 음식과 생명이 된다. 의식적으로든 무의식적으로든 인간이 어둠 가운데 파편적으로, 그리고 왜곡되게 제사에 포함한 모든 것—인간이 그 제사들로부터 기대했던 것과 '인간의 마음으로도 알 수 없었던' 모든 것—이 이 제사 중의 제사에서 단번에, 그것도 모든 이를 위해 단번에 성취되고 완전하게 주어진다.

　여기서 가장 궁극적이고 놀라운 신비는 그리스도께서 이 제사를 그리스도 안에서 중생하고 그와 연합한 새로운 인류인 교회에 주셨다는 것이다. 이 새로운 생명 안에서 그의 생명이 우리 안에, 그리고 우리의 생명이 그분 안에 있으며, 나아가 그리스도의 희생이 우리의 희생이 되고, 그의 제물이 우리의 제물이 된다. "내 안에 거하라. 나도 너희 안에 거하리라" 요 15:4. 그리스도의 생명이

---

3. Filaret (Drozdov), Metropolitan of Moscow, *Homily on Holy Friday, in Sermons and Discourses*, 1 (St. Petersburg, 1873).

우리를 위한 유일한 참 생명과 인류를 향한 하나님의 영원한 계획의 성취로서 우리에게 주어지지 않았다면, 그분의 완전한 희생으로 그분에 의해 성취된 이것은 과연 무엇을 의미하는 것이겠는가. 그리스도의 생명이 제물이고 희생이라면, 그분 안에서 우리의 생명과 모든 교회의 생명도 역시 제물이고 희생, 곧 우리 자신과 서로가, 그리고 온 세상을 드리는 사랑과 연합, 찬양과 감사, 용서와 치유, 그리고 교제와 연합의 제사가 아니고 무엇이겠는가.

따라서 우리에게 주어지고 다시 바치도록 명령받은 이 제물, 곧 우리 안에 있는 그리스도의 생명과 그분 안에 있는 우리의 생명을 이루는 이 제물은 결코 날마다 새로 드려야 할 제물이 아니다. 그리스도께서 단번에 드리신 유일하고 모든 것을 포함하는, 그리고 되풀이될 수 없는 이 제물히 9:28은 더 이상 새로운 제물을 요구하지 않기 때문이다. "하늘에 있는 것이나 땅에 있는 것이 다 그리스도 안에서"엡 1:10 하나로 연합되어 자신으로 채워지고, 생명 중의 생명이기에, 그리고 그리스도께서 이 모든 것을 하나님 아버지께 바치셨기 때문이다. 그분의 희생 안에서 모든 죄의 용서와 구원, 성화의 충만과 모든 '종교'의 성취가 완성되었다. 다시 말하지만 이제 다른 어떤 새로운 제사는 필요하지도, 가능하지도 않다. 반복될 수 없는 단회적인 그리스도의 희생을 통해 우리의 삶이 제물과 희생으로 실현되었고, 우리의 몸과 우리의 모든 삶을 "하나님이 기뻐하시는 거룩한 산 제물"롬 12:1로 언제든 바꿀 수 있도록 회복되고 새롭게 되고 성취되었기 때문이다. "너희도 산 돌 같이 신령한 집으로 세워지고 예수 그리스도로 말미암아 하나님이 기쁘게 받으실 신령한 제사를 드릴 거룩한 제사장이 될지니라"벧전 2:5. 나아가 그리스도 안에서 우리는 이제 "아버지께 나아감을 얻었기" 때문에 더 이상 새로운 제사가 필요하지 않다엡 2:18. 그러나 이 나아감은, 우리의 삶이 제물과 희생, 곧 우리를 '그의 기이한 빛'으로 부르신 하나님께 우리 자신과 서로와 모든 피조물을 드리는 기쁨을 통해 "주 안에서 성전이 되어"엡 2:21 가는 것에 철저히 기초한다. 교회는 이 제물을 통해 살고 그 안에서 교회됨을 이루는 이 제사를 다시 드릴 때마다, 이 제사가 기쁨으로 예수 그리스도를 통해 드려진다는 것을 안다. 우리가 드렸고 또 영원히 드릴 이 제사가 자신을 내어주고 우리 안에 거하는 그분에 의해 단번에, 그리고 영원히 드려진 제사임을, 곧 우리의 생명을 하나님께 드릴 때, 우리가 그리스도를 내어 드리고 있음을 교회는 안다. 이는 우리의 생명이고, 세상의 생명이며, 생명 중의 생명이신 그리스도 말고는 하나님께 가져갈 것이 우리에게 아무것도 없음을 우리가 알고 있기 때문이다. 이 제물을 드리는 데 있어 그리스도가 '봉헌하는 분이자 봉헌되는 분이시며 열납하는 분이자 열납받는 분'임을 우리가 알고 있기 때문이다.

3

성찬의 봉헌은 우리가 '대입당'이라고 부르는 장엄한 의식과 함께 시작한다. 이것은 부차적인 명칭이다. 대입당이 예식서에는 원래 없기 때문이다. 대입당이란 용어가 등장하고 고정적으로 사용된 것은 봉헌이 제물을 봉헌 탁자에 가지고 오는 것이라는 원래의 의미가 애매해지면서부터다. 그리고 선물을 가지고 성소에 입당하는 것이 주님의 예루살렘 입성의 이미지 혹은 아리마데 요셉과 니고데모가 치른 그리스도의 장례 이미지 등의 예증적 상징으로 지나치게 해석되기 시작하면서다.

대입당에 관한 이런 상징적 복잡성의 주요 원인은, 봉헌이 성찬 선물을 준비하는 것과 관련해 이것 역시 점차 고립되었기 때문이다. 직관적이고 문자적인 의미에서 봉헌이 예전으로부터 분리되어 하나의 독립된 의식이 되어 버렸다. 이렇게 분리된 의식은 예비 성찬 준비 혹은 헬라어로 어떤 것을 특정한 장소로 나르거나 이동한다는 의미의 '프로스코미데'*proskomide*라고 칭했다. 오늘날 이 예식은 예전 전에 성소 옆의 성직자에 의해서만 이루어진다. 평신도의 참여는 "○○○의 건강을 위해" 그리고 "○○○의 영면을 위해"라고 거명되는 명단과 함께 그들의 개인적인 성찬용 떡*prosphora*을 '밖에서', 그것도 제3자를 통해 드리는 것으로 축소되었다. 심지어 이것은 오늘날 거의 이루어지지 않게 되었다.

신학적으로 볼 때 '프로스코미데'에서 가장 주목할 만한 것은 제단이다. 그것은 일종의 상징적 희생으로 이루어진다. 성찬용 떡의 준비는 제물로 바쳐지는 양으로 비유되고, 포도주와 물을 잔에 붓는 것은 십자가에 달리신 그리스도의 옆구리에서 피와 물이 흘러나오는 것을 상기한다. 그러나 동시에 충분히 복잡한 이 상징적 의식은 그것이 준비 과정이기 때문에 결코 예전 자체를 대신하지는 못한다.

따라서 다음과 같은 불가피한 질문이 생긴다. 이 상징들의 의미는 무엇인가? 소위 이 '준비 단계'의 제물과 앞서 언급한 성찬의 본질을 이루는 제물은 어떤 관계인가? 이 질문들은 예전을 이해하는 데 있어 매우 중요하지만 스콜라주의 신학에서는 너무나 쉽게 간과했다. 예배학자들을 보더라도 그들의 대답은 대부분 아무것도 설명하지 못하는 '상징성'에 대한 언급으로 한정되었다. 비록 그것이 우리 예배의 고유한 특성인데도 말이다. 그러나 핵심은 다음과 같다. 본질적으로 성육신과 능력으로 나타난 하나님 나라의 도래에 뿌리를 박고 있다는 의미에서 예전은 '상징'과 '실재'의 모순을 철저히 거부하고 배격한다. 그럼에도 다른 한편에서는 수세기 동안 매일 수천 명의 사제들이 성찬용 떡 위에 십자가 모양의 문양을 만들면서 경외감과 믿음으로 "제물이 되신 하나님의 어린 양이 세상의 죄를 제거하십니다"라는 신성한 말씀을 읊조리고 있다.

이것은 무엇인가? 이는 '실제로는' 아무것도 일어나지 않고 아무것도 성취하지 못하는 '실재'가 없는 그저 '상징'일 뿐인가?

그렇다면 우리는 감히 이렇게 질문하지 않을 수 없다. 그것이 필요한 이유는 무엇 때문인가? 성소의 외딴곳에서 평신도 앞으로 옮겨진 채 행하는 이유가 '교훈'이라는 교육적인 목적 때문이라는 답변으로는 충분하지 않다. 따라서 이 질문을 풀기 위해서는 좀더 깊은 분석을 수반해야 하는데, 성찬과 그 안에서 이루어진 희생제물의 봉헌에 대한 바른 이해가 이 질문에 달려 있기 때문이다.

4

이 질문은 역사적 문제로 축소하지 않으면서 동시에, 오늘날 프로스코미데의 발전에 결정적으로 영향을 미친 역사적 요인들을 이해하도록 우리를 이끈다. 이 발전의 출발점은 의심의 여지없이 초기 기독교에 있어서 너무나 당연한 것으로, 교회의 모든 지체들이 성찬의 봉헌에 참여하는 것이었다. 초기 교회의 의식과 경험과 관습에서 성찬 제물은, 모든 사람들을 대신해 그리고 모두를 위해 드렸을 뿐 아니라, 모든 사람이 드렸다. 그렇기 때문에 각자가 자신의 제물을 직접 드리는 것이 성찬에 참여하는 가장 기본적인 조건이었다. 교회 모임에 오는 모든 사람은 "각각 그 마음에 정한 대로"고후 9:7 하나님께 봉헌물을 갖고 와야 했다. 이 제물은 교회의 필요를 위해 따로 떼어 놓기도 했는데, 이는 성직자와 과부와 고

아를 부양하기 위함이었다. 가난한 자들을 돕는 것 같은 '선한 일'들을 통해 교회는 그리스도의 사랑으로 모든 이들을 위한 모든 일들, 곧 모두를 위한 섬김으로서의 자기 자신을 실현해야 했기 때문이다. 성찬의 제물은 정확히 이 사랑의 희생에 그 기원을 두고 있다. 그리고 이것은 초기 교회에는 매우 분명했다. 한 증거에 따르면, 교회의 재정에 의존해서 살았던 고아들은 아무것도 가져올 것이 없어 물을 떠옴으로써 이 사랑의 제물에 동참하기도 했다.

초대교회에서 구제와 이 사랑의 제물을 위해 임명되었던 사역자들이 집사들deacons(정교회에서는 부제-옮긴이)이었다. 공동체의 '물질적인 풍요'뿐 아니라 교회 생활의 본질인 사랑에 대한 관심, 곧 모든 이를 위한 희생적이고 적극적인 섬김으로서의 교회에 대한 관심을 가질—본질적으로는 교회 조직 전체가 관심을 가져야 했지만, 오늘날은 교회 위원회들의 특별한 활동으로 축소되어 버린—책임이 그들에게 있었다. 초기 교회의 성찬 모임에서 각자의 위치와 사역은 교회 공동체 안에서의 각자의 위치와 사역 leiturgia을 표현한다. 그래서 집사(혹은 부제)들은 오는 이들에게 예물을 받고, 그것들을 분류하고, 그것들 중 봉헌, 곧 이 사랑의 제물의 표현으로서 성찬의 신비의 '재료'를 준비하는 책임을 맡았다. 지금은 사제들이 준비하지만, 집사들의 프로스코미데 준비는 14세기까지 교회에서 행했다. 마찬가지로 거룩한 선물을 성찬 감사의 의무, 곧 성찬예식이 시작할 때 사회자에게 가져다주는 일도 집사들이 맡았다. 당시에 일어났던 변화에 대해서는 나중에 더 언급하겠지만 우리는 이를 통해 다음과 같은 내용을 알 수 있다. 우리 시대에 집사(부제)의 존재가 더 이상 모든 교회 공동체와 교회 생활의 충만을 위한 필요조건으로 간주하지 않고, '집사(부제)의 직분'이(특히 위계체제에서) 일종의 '장식'이나 부속물 또는 사제로 높아지기 위한 준비 '단계' 정도로 변질되었다면, 이는 교회 자체가 그리스도의 사랑으로서의 경험, 곧 그 사랑의 표현과 실현으로서의 예전의 경험이 우리 안에서 희미해졌기 때문이다.

어쨌든 선물을 봉헌하는 데 모든 이들이 참여하는 소위 '가족' 관례라고 하는 이 본래의 관례는 점차 복잡하게 변형되었다. 기독교 인구의 갑작스런 증가, 특히 제국이 기독교를 국교로 삼은 이후 제국의 거의 모든 인구가 신자가 되자, 교회의 성찬 모임에 교회의 '구제 활동'과 공동체의 필요를 위해 봉헌물을 가져오는 관례는 사실상 불가능해졌다. 교회가 국가로부터 인정을 받았을 뿐 아니라 '구제를 위한' 활동들이 모두 교회에 집중되었고, 나아가 교회는 '조직'*apparatus*에 의해 좌우되는 복잡한 기관으로 변할 수밖에 없었다. 이것은 본질적으로 초기 교회에 있어 가르침과 선포, 구제와 행정이라는 교회 생활 전체의 초점이었던 성찬 모임이 더 이상 제 기능을 발휘하지 못하는 결과를 초래했다. '선한 일'은 점차 교회의 특별한 활동으로 분리되어 외형적으로 성찬의 선물에 '의존'하는 것은 중지되었다. 하지만 우리는 여기서 프로스코미데를 이해하는 데 있어 가장 중요한 요소에 접근하게 된다. 그것은 바로 성찬과 '사랑의 제물' 사이의 내적 유대가 매우 분명하기 때문에, 선물을 준비하는 것이 이제 실제적인 필요를 표현하지는 못한다 하더라도 어쨌든 하나의 의식 rite으로 남아 이런 내적 의존성과 관계를 여전히 표현하고 나타낸다.

여기서 우리는 예전과 관련한 '발전' 법칙의 생생한 예를 볼 수 있다. 그 법칙에 따르면 외적인 형식의 변화는 종종 내적인 내용을 보존해야 할 필요에 의해, 곧 교회 존재의 외적인 환경에서 모든 변화 아래 교회의 경험과 믿음의 계승과 정체성을 온전히 보존하기 위한 필요에 의해 결정된다. 프로스코미데의 발전이 아무리 복잡하고, 특히 여러 측면에서 '비잔틴식'이고 현재의 형태가 겨우 14세기에서 비롯한 것이었다 하더라도 중요한 것은, 실재의 표현으로서의 성찬과 사랑이라는 교회의 본질적이고 유기체적 연결이 지금도 여전히 남아 있다는 것이다. 프로스코미데가 발전한 역사적 의미를 살펴보았으니, 이제 신학적인 의미를 살펴보도록 하자.

5

누구에 의해, 그리고 어떻게 임재의 '재료'인 성찬의 떡과 잔이 드려지는지와 상관없이 봉헌의 신학적 의미는, 우리가 드리는 그리스도의 사랑의 제물이 우리를 그리스도 안에서 하나님 아버지께 드린 그리스도를 예견하고 예지한다는 데 있다. 떡이 그리스도의 몸으로, 포도주가 그리스도의 피로 변화될 것임을 예전에서 '나타내는' 예견은, 본질적으로 성찬 봉헌의 실제적인 가능성을 이루는 기초요 조건이다.

실제로 우리는 그리스도의 희생이 이미 드려졌을 뿐 아니라, 그 안에서 세상과 인류에 대한 하나님의 예정된 계획과 그들의 구체적인 삶의 예정이 실현되고 성취되었기에 예전을 드리고, 드릴 수 있다.

그렇다! 프로스코미데는 교회 안에 있는 다른 것과 마찬가지로 상징, 곧 이미 그리스도 안에서 존재하지만 '이 세상'에서는 오직 믿음을 통해 알 수 있는 새로운 창조의 실재로 가득 찬 상징이다. 그렇기 때문에 믿음에는 오직 실재를 투명하게 비추는 상징이 있을 뿐이다. 성찬의 임재를 준비하면서 우리가 떡을 우리 손으로 떼어서 성반*diskos* 위에 올려놓을 때 하나님께 드릴 제물이 된 이 세상과 더불어 이 떡은, 하나님의 아들이 인간이 되시는 그 성육신으로 말미암아 인간이 제물로 바칠 수 있도록 거룩하게 된다. 파괴되었고 정복된 것은, 다름 아닌 죄의 본질을 구성하고, 또한 떡을 단순히 죄와 죽음을 나눌 수밖에 없는 음식으로 만드는 제물의 '자기충족성'이다. 이 자기충족성은 그리스도 안에서 우리의 살과 피, 우리 자신, 그리고 우리의 생명으로 변하는 이 땅의 음식은 원래의 창조된 목적, 곧 신적인 생명에 참여하고, 그것을 통해 죽을 수밖에 없는 자가 불멸의 옷을 입으며, 나아가 죽음이 승리에 의해 삼켜진 바 된 음식이 된다.

엄밀히 말해 모든 원칙과 내용을 구성하고 모든 것을 포괄하며 단번에 드려진 그리스도의 희생이 우리의 희생제사보다 먼저이기 때문에, 예물의 준비(프로스코미데)도 예전 이전에 먼저 이루어진다. 이런 준비의 본질은 떡과 포도주로 상징되는 우리 자신과 우리의 모든 삶을 그리스도의 희생으로 간주하고 그것들을 선물과 제물로 변화시키는 데 있다. 이것이 프로스코미데, 곧 떡과 포도주를 그리스도의 희생과 동일시하는 것의 실재다. 그리스도의 희생 안에 우리의 모든 제사와 우리 자신을 하나님께 드림이 이 모든 것에 포함되었다. 따라서 프로스코미데의 역할에는 제물의 특성이 나타난다. 양을 제물로 바치듯이 떡을 준비하고, 그리스도의 옆구리에서 흘러나온 피처럼 포도주를 준비한다. 따라서 모든 예물을 성반 위 어린 양 주변에 모은다. 그의 희생 안에 모든 것이 포함된다는 뜻이다. 오직 이 준비를 마쳤을 때, 곧 모든 것이 그리스도의 희생으로 귀결되고 그 안에 포함될 때, 그리고 '하나님 안에서 그리스도와 함께 감춰진' 우리의 생명이 오직 믿음의 눈으로만 볼 수 있도록 성반 위에 놓일 때, 비로소 우리는 예전을 시작할 수 있다. 이제 우리는 자신과 자신 안에서 존재하는 모든 것을 하나님께 드리는 그분의 영원한 봉헌이자 우리의 생명이 있는, 하나님 나라의 제단으로 올라갈 수 있게 된다. 인자가 되신 하나님의 아들이 희생을 드린 그곳으로!

6

물론 우리의 예배와 관련해 다른 것들처럼 프로스코미데에도 정화가 필요하다. 그러나 정확히 말해 그것은 형태order상의 필요가 아니라 프로스코미데에 대한 인식의 필요, 다시 말해 신자들의 의식 속에서 그것이 단순히 '상징'적으로 이해되고 있기 때문이다. 그것도 상징이라는 단어의 교회 밖, 곧 세속적인 의미에서 말이다. 이를 정화하는 데 혹은 회복하는 데 있어 우리에게 필요한 것은 기념 commemoration의 진정한 의미에 대한 지각이다. 기념은 성찬용 떡에서 조각을 갖고 나오는 동안 프로스코미데에서 행하는데, 앞에서 말했듯이 오늘날 성직자들과 신자들의 의식에서는 이것이 단지 "○○○의 건강을 위해", "○○○의 영면을 위해" 하는 기도들의 한 측면으로 여겨질 뿐이다. 이는 교회 예배에 대한 해석을 철저히 개인적이고 실용적인 측면으로 제한했다. 하지만 이 기념의 근본적인 의미는 제물의 특성에 있다. 우리 모두 그리고 우리 개인 한 사람을 그리스도의 희생에 의탁하는 것, 곧 하나님의 어린 양을 중심으로 해서 새로운 피조물들을 모으고 그것을 형성하는 데 말이다. 바로 여기에 기념의 능력과 기쁨이 있다. 산 자와 죽은 자 사이의 구분, 그리고 지상의 교회와 천상의 교회 사이의 구분도 이 안에서 극복된다. 이는 산 자와 죽음으로 자고 있는 자 모두가 '이미 죽었고 생명이 하나님 안에서 그리스도와 함께 감추었기 때문에', 곧 교회 전체가 하나님의 어머니와 앞선 모든 성도들과 함께 성반에 모일 수 있게 되었기 때문이다. 그리스도께서 하나님과 아버지께 자신의 영화롭고 성화된 인성을 드리는 이 봉헌 속에 모두가 연합되어 있기 때문인 것이다. 그러므로 떡의 작은 조각을 떼어내고 이름을 부를 때에 우리는 단순히 우리 자신의 '건강'이나 우리 이웃들, '무덤 저 편에 있는' 죽은 자의 운명을 염려해서는 안 된다. 우리는 이를 통해 그들이 하나님 나라의 '쇠하지 않는 생명'에 참여하는 자들이 되도록 그들을 '기뻐하시는 산 제사로' 하나님께 올려 드리고 돌려드리고 있는 것이기 때문이다. 우리는 이를 통해 무덤으로부터 빛을 비추는 죄 용서 안에, 곧 하나님이 그들을 창조하실 때에 주기 원하셨던 그 치유받고, 회복되고, 성화된 생명 안에 그들을 잠기게 한다.

이런 것이 프로스코미데에 담긴 기념의 뜻이다. 예물을 드릴 때 우리는 "우리 자신과 서로를, 그리고 우리의 모든 생명을" 하나님께 올려 드리고 돌려드린다. 이 봉헌은 실제적이다. 그리스도께서 이미 이 생명을 받으셔서 자기 것으로 삼으셨고 그분이 이미 그것을 하나님께 드리셨기 때문이다. 프로스코미데에서 이 생명은 세상만이 아니라 희생과 제물로 계속해서 나타난다. 그리스도의 몸 된 교회는 그 안에서 "모든 것을 충만하게 채우시는 그리스도의 충만함"엡 1:23을 이루는 성례의 '재료'이기 때문이다.

　이것이 바로 프로스코미데가 기쁨의 고백과 선언으로 끝을 맺는 이유다. 떡과 포도주를 덮으며—'이 세상'에서의 그리스도의 통치와 그리스도 안에 있는 하나님 나라의 현시는 여전히 신비로 남아 오직 믿음에 의해서 알려지고 계시된다—사제는 시편의 말씀을 낭독한다. "여호와께서 다스리시니…권위를 입으셨도다…주의 보좌는 견고히 섰으며…높이 계신 여호와의 능력은 크니이다." 그러고 나서 사제는 "그러니 기뻐하라"고 말하며 이 모든 것을 바라셨고 이 모든 것을 성취하신 하나님, 우리로 하여금 이 땅의 떡에서 '하늘로부터 오는 떡, 곧 온 세상의 음식인 우리 주인이자 하나님이신 예수 그리스도'를 기쁨으로 바랄 수 있도록 해 주셨고, 지금도 그렇게 하고 계신 하나님을 송축한다. 이렇게 프로스코미데의 의미를 파악한 우리는 대입당, 곧 봉헌의 성례로 다시 돌아갈 수 있게 되었다.

7

순교자 저스틴Justin of Martyr의 《첫 번째 변증First Apologetics》, 곧 우

리가 접근할 수 있는 예전에 관한 설명 중 최초의 것들 가운데 하나에서 우리는 다음과 같은 글을 발견한다. "떡과 한 잔의 물과 희석된 포도주를 형제들의 지도자에게 가져온다."[4] 로마의 히폴리투스Hippolytus of Rome의 '사도들의 전통'Apostolic Tradition에서도 우리는 이 선물들이 집사들에 의해 운반된 것을 볼 수 있다.[5] 이처럼 이 가장 단순한 형태의 봉헌과 오늘날의 대입당 사이에는 광범위하고 복잡한 성찬 규정에 관한 발전이 있었다. 이에 대해 짧게라도 언급하는 것이 적절할 듯하다. 이 발전의 일반적 추이와 계승에 대해서는 이미 예전학자들에 의해 충분히 설명되었다. 그러나 놀랍게도 그 신학적 의미와 그 안에 있는 교회의 믿음과 경험에 대해서 설명된 것은 거의 없다.

오늘날 예전 규정의 대입당 행렬에는 다음과 같은 의식이 포함되어 있다. 사제가 "이 사역을 감당하기에 합당한 사람은 없습니다"라는 기도문을 읽고, 제단과 선물과 모인 사람들 앞에서 분향하고, 봉헌의 찬양을 드리고, 선물을 엄숙하게 옮기고 나서 "우리 주 하나님께서 여러분 모두를 그분의 나라에서 기억하시기를"이라는 기념 예식 사를 선포한다. 선물을 제단에 놓고, 연기로 덮인 그 위에 다시 한번 향을 치고, 사제는 '제단에 선물을 놓은 후에 드리는 봉헌의 기도'문을 읽는다. 이 각각의 의식들에 교회 봉헌의

---

4. 65:3, tr. Richardson, p.286.
5. Ed. Dom B. Botte, 4, *Sources Chrétiennes*, 11 bis(Paris, 1968), p. 90

한 측면이 잘 표현되기 때문에, 우리는 비록 짧게라도 그것들을 하나씩 살펴볼 필요가 있다.

8

초기 문헌들 가운데 "합당한 사람은 없습니다"라는 기도는 '거룩한 선물의 입당시 사제 자신을 위해 행하는 기도'라고 불렀다. 이 기도를 우리는 이미 잘 알려진 8세기의 바베리니 사본Codex Barberini에서도 찾아볼 수 있다. 사실 이 기도의 형식적 특수성은 예전의 모든 다른 기도들과는 반대로 교회의 모임을 이루는 우리를 대신해서가 아니라, 사제 개인을 위해 드리는 기도라는 사실에 있다. "죄인이자 당신의 무익한 종인 저를 굽어살피시고, 악한 양심으로부터 나의 영혼과 마음을 정결케 하여 주소서. 성령의 능력으로 사제직의 은혜를 받은 제가 이 거룩한 당신의 탁자 앞에 서서 당신의 거룩하고 정결한 몸과 귀중한 피의 신성한 의식을 행할 수 있게 하소서."

여기서 우리는 다음의 특성에 주목해야 한다. 이것을 제대로 이해하지 않으면 이 기도에서 사제와 모인 사람들이 서로 대립하는 것처럼 보일 수도 있기 때문이다. 사역을 오직 성직자의 것으로 이해했던 오래전 서방으로부터 정교회 신학에 침투해 들어온

이 사상이 안타깝게도 오늘날 우리 경건 생활 안에도 강하게 스며들어 있다. 일반적으로 '섬김', '집례', '봉헌'이 사제에게만 해당하는 단어들로 인식되고, 이런 사역과 관련해 평신도는 그저 수동적으로 예배에 참여하거나 사역에 동참한다고 이해되고 있다. 이런 식의 이해는 결코 우연이 아니다. 이는 예전에 대한 왜곡된 이해일 뿐 아니라 교회 자체와 교회 의식에 대한 총체적인 왜곡의 결과이기 때문이다. 사실 이런 상황이 일어난 원인은 세대가 지나면 지날수록 교회에 대한 어떤 특정한 이해가 더욱 증대되었기 때문이다. 특정한 이해란 바로 교회는, 특히 성직자는 평신도를 '섬기기' 위해 또는 신자들의 '영적인 필요'를 채우기 위해 존재한다는 생각이다. 이런 교회 이해는 우리에게 기독교 역사 전체를 관통해 존재한 교회 의식의 만성적 질병의 두 가지 원인을 보여준다. '성직권주의'와 보통 '반교권주의' 형태로 나타나는 '비성직권주의'가 바로 그것이다.

교회의 '성직주의화'는 교회의 '일'을 성직자에게만 맡기는 사역의 축소를 가져 왔고, 그 결과 평신도 의식도 점차 쇠퇴해 희생적 교회 개념과 '교회'의 성례, 곧 성찬의 소멸을 초래했다. 사제가 평신도를 대표해 그들을 섬긴다는 생각은, 사제가 평신도들의 종교적 '수요', 곧 그들의 '종교적 필요'를 만족시키기 위해 존재한다고 믿게 했다. 우리는 이미 이런 예를 앞서 프로스코미데에서 보았다. 프로스코미데에서 기억하는 일이 행해지는 동안 성찬용 떡의 작은 조각을 떼는 것을 더 이상 우리 자신의 변화, 또는 우리 자신과 서로를 '하나님이 기뻐하시는 거룩한 산 제물'로 변화시키는 행위로 여기지 않고, 오히려 누군가의 '개인적인 필요'를 구하는 방법 정도로 이해했던 것 말이다. 바로 이런 식으로 성직주의는 교회 구성원 전체의 삶과 심리 상태로 확장되었다. 대다수 평신도는 안타깝게도 이런 영향을 받아 성직자들과 교회의 성직 체계를 스스럼없이 받아들였고, 그로 인해 교회가 자신들의 필요를 위해 존재하는 것처럼 이해해 하나님께 드리는 예물에 의해 자신들이 그리스도의 희생적 사역의 참여자로 변화되고, 또 영원히 변화될 교회가 되었음을 깨닫지 못하게 되었다.

이에 대해서는 이미 5장에서 다뤘다. 이제 원래 문제로 다시 돌아와 생각해 보면 그 원인은, 첫째 이 봉헌이 사제에 의해서만 행해졌기 때문이고, 둘째 감사의 봉헌을 할 때 드리는 '사제 자신을 위해' 하는 기도를 사제가 잘못 이해했기 때문이다. 이런 의미에서 사제가 드리는 기도의 의미를 정확히 이해하는 것이 매우 중요하다. 이 사제 기도의 의미는 사제와 거기에 모인 사람들, 곧 '평신도' 사이를 대립하고 서로 분리하는 데 있지 않다. 이 기도의 의미는 교회의 사제직을 그리스도의 사제직과 동일시하는 데 있다. 신약의 유일한 사제이신 그리스도는 그 자신을 드림으로써 교회를 거룩하게 하셨고, 교회가 그의 사제직과 그의 희생에 동참케 하셨다. "당신은 봉헌하는 분이자 봉헌되는 분이시며, 열납하는 분이

자 열납되는 분이십니다. 오, 그리스도 우리 하나님."

무엇보다 앞으로 살펴볼 것처럼 사제의 기도가 하나님 아버지께 드리는 감사의 기도 전체와 구별되어 개인적으로 그리스도를 향해 있음에 주목하자. 그 이유는 무엇인가? 성찬예식을 드리는 그때에, 우리의 떡과 포도주, 곧 우리의 봉헌이 제단 앞에 드려질 때 이 봉헌이 그리스도에 의해 성취됨을 교회가 확증하기 때문이고("당신은 봉헌하는 분이자"), 이 제물의 봉헌이 그리스도에 의해 단번에 드려진 것이고 또한 영원토록 드려짐을 확증하기 때문이다("당신은 봉헌되는 분이시며"). 그리고 이 성찬의 임재 가운데 이 정체성을 확증하고 그것을 나타내고 성취하도록 부르심을 받고 안수를 받은 이가 바로 사제다. 여기에 이 놀라운 기도의 핵심이자 의미가 있다. 사제가 이 섬김을 감당할 유일한 근거는, 그의 사제직이 '자신의 것'이 아니라 그리스도의 사제직과 결코 나뉘지지 않기 때문인데, 이는 교회 안에 영원토록 살아 있고 그리스도의 몸된 교회 안에서 영원히 실현된다. 그리스도 안에서 그를 믿는 모든 이들의 연합된 방식, 그리스도의 몸으로서의 모임과 그 몸의 창조라는 방식, 그리스도 안에서 그리고 그분의 전부 안에서 모든 것을 드리는 방식이 아니라면, 이 그리스도의 사제직은 무엇이란 말인가. 따라서 그 사제직이 그리스도의 사제직이 되기 위해 그가 '옷 입은' 사제직의 은혜를 고백하고, 그리스 도의 몸의 거룩한 성찬을 송축하기 위해 스스로 준비함으로써, 곧 우리의 봉헌을 그리스도의 희생과 동일한 정체성을 가지고 있음을 나타내기 위해 자신을 준비함으로써 사제가 회중과 결코 분리되지 않고, 오히려 몸과 머리가 하나인 것처럼 회중과 자신이 연합되었음을 드러낸다.

이것이 바로 사제가 자신을 위해 드리는 개인적인 기도의 합당하고 분명한 이유다. 그렇기 때문에 '수행되는 방식에 의해서' *ex opere operato*와 '수행하는 자에 의해서' *ex opere operantis*라는 말로 성례를 축소한 라틴 교회의 전통은 정교회 전통과는 거리가 멀다. 전자는 성례의 '유효성'이 사제직, 곧 성례를 행할 수 있는 '권리'인 '객관적인' 은사에 달려 있기에 그와 구별되는 사제 개인의 어떠함과는 아무런 관련이 없다고 간주하는 반면, 정교회는 성례의 유효성이 성례를 집례하는 사람의 주관적인 자격과 긴밀하게 연결되어 있다고 믿기 때문이다. 그러나 정교회에게 이런 라틴 교회의 주장은 신학적 이성주의가 불가피하게 도달하게 될 막다른 골목일 뿐이다. 정교회의 교회 이해에는 그것이 무엇이든 하나님이 이 땅에 허락하신 은사, 곧 인간적 '원인'에 대한 어떠한 의존과 결과적으로 그것을 받는 개인에게 그 수용 여부가 결정되는 은사의 인격적 특징, 두 가지 모두가 분명히 드러나 있다. "하나님이 성령을 한없이 부어주시는데…." 그러나 인간은 그것을 오직 개인적인 노력을 통해 자기 것으로 만든다. 오직 자기 것으로 흡수한 '만큼' 은혜로서의 은사가 그 안에서 실제화된다. 그리고 교회 안에서의 은사와 사역의 구분은 은사와 그것을 받는 사람과의 일치, 선택, 지명, 부르심의 신비와의 일치를 가리킨다. "모두가 사도겠느냐"고전 12:29. 이 말씀은 각자 자신의 소명을 성취하도록, "더 큰 은사를 사모하도록" 그리고 "더 나은 길"을 사모하도록 우리를 이끈다고전 12:31. 만약 교회가 성례의 '유효성'이 그것을 행하도록 임명받은 사람의 특성에 의존해 있지 않음을 분명히 하지 않는다면, 성례는 결코 '가능하지' 않을 것이다. 그렇기 때문에 교회의 삶의 충만이 교회 구성원들이 받는 은사와 그 은사들의 흡수의 정도에 의존하는 것 또한 교회에 동일하게 명백하다. 전통적 교리를 고집하는 것과 신학적 이성주의의 근본적이고도 여전한 결함은 그것이 오직 '유효성'과 '객관성'과 관련된 질문으로만 '만족'될 뿐, 결국 성례와 교회에 관한 모든 가르침이 다시 그러한 질문으로 축소된다는 데 있다. 그러나 참된 믿음과 아울러 각각의 소명, 은사의 본질은 충만, 곧 각자에 의해, 그리고 전체 교회에 의해 하나님이 한량없이 부어 주시는 은혜의 충만을 갈망한다.

사제 사역의 독특성은 그가 그리스도의 몸된 교회 안에서 그 몸의 머리이신 그리스도의 형상으로 부름을 받고 임명을 받았다는 데 있다. 이는 그를 통해 그리스도의 인격적인 사역이 계속 실현됨을 의미한다. 그의 권위는 단지 그리스도의 권위가 아니다. 그의 권위는 사랑의 권위, 곧 아버지와 인류를 향한 사제의 개인적인 사랑과 분리될 수 없는 권위이기 때문이다. 그것은 또한 단순히 그의 개인적 사제직도 아니다. 그리스도의 사제직이 하나님과 인류를 위한 사제의 개인적 희생을 요구하고 있기 때문이다. 그것은 또한 단순히 그의 가르침이 아니다. 그의 가르침은 그 사람의 인격과 뗄 수 없는 관계에 있기 때문이다. 이 사역은 바로 하나님과 인류를 향한 사랑과 자기희생, 가장 깊은 의미에서의 목회자의 직무 pastorship를 본질로 한다. 목자는 '양을 위해 자기 목숨을' 내어놓는다. 그런즉 사제직으로의 부르심은 부르심을 받은 그 개인과 결부되고, 결코 분리되지 않는다. 나아가 '사제직'과 '인격' 사이의 어떤 차이가 있다는 주장, 곧 사제직은 그것 자체만으로 충분하고 그것을 감당하는 인격과는 아무런 관계가 없다는 주장은 순전히 거짓이다. 이는 교회 안에서 계속되는 그리스도의 사제직의 본질을 왜곡하기 때문이다. "사제가 어떠하면 그 교구도 그렇다"는 투박한 표현은 '수행되는 방식에 의해서'와 '수행하는 사람에 의해서'에 대한 모든 세련된 논리들보다 더 큰 진실을 담고 있다. 교회는 좋든 나쁘든, 어떤 사제에 의해 행했든 사랑 안에서 행한 성례의 '유효성'을 거부하지 못한다. 그러나 교회의 생명은 완전히, 그리고 실제로 놀랍도록 '하나님의 비밀을 맡은 청지기직'의 적절함 혹은 부적절함에 달려 있음도 사실이다.

그리고 이것이 바로 성찬의 예식에서 사제가 그리스도가 되는 순서가 시작될 때, 교회에서 그리고 오직 인격적으로 그리스도께 속한 모든 만물 가운데서 그리스도께서 누구에게도 양도하거나 '위임'하지 않은 그 지위를 차지하는 이유다. 사제의 손, 목소리, 그리고 모든 존재를 통해 그리스도께서 친히 활동하실 때 어떻게 사제가 그의 이 개인적 기도를 통해 그리스도께 향하지 않을 수 있으며, 어떻게 그의 부족함을 고백하지 않을 수 있으며, 어떻게 도움을 구하고 '성령의 능력으로 옷 입혀 주시기를' 간구하지 않을 수 있으며, 어떻게 사제 안에서 그의 임재와 영원한 제사장직을 나타내고 실현하기 위해 그를 선택하신 그리스도께 그 자신을 돌려 드리지 않을 수 있겠는가! 어떻게 사제가 개인적인 떨림을 느끼지 않을 수 있으며, 위로부터 오는 개인적인 도움을 구할 필요를 느끼지 않을 수 있으며, 개인적인 책임감을 느끼지 않을 수 있겠는가! 성례의 '객관적 실재'를 위해서 뿐 아니라 신자의 마음과 삶 속에서의 '유효성'을 위해서 말이다. "이 사역을 감당하기에 합당한 사람은 없습니다"라는 선언이 온전히 그리고 전적으로 하나님의 은혜의 선물이라면, 그것을 받고 거기에 순응할 수 있는 가능성은 오직 이런 가치 없음을 겸손히 의식할 때 나타난다.

9

예배중 분향하는 의미에 대해서는 이미 언급했다. 여기에 추가할 것은 다음과 같다. 예물을 봉헌하는 동안, 떡과 포도주가 그리스도의 몸과 피로 변하기 전에 분향하는 것과 이렇게 예전이 시작할 때부터 예물을 거룩하고 신성한 것으로 여김은 우리가 프로스코미데를 다룬 부분에서 언급했듯 그리스도의 희생으로 여기는 '예견'을 나타낸다. 그리스도의 인성이 거룩하고 신적이듯 예물도 거룩하고 신적임을 말이다. 그것은 또한 '새 창조'의 시작이자 선물이며 새 생명이다. 그리고 이 새 생명 안에서 '이 세상'에 그것을 드러내고 실현하도록 교회는 부름을 받았다. 창조 세계는 선물이자 제물로 변모되고, 오직 그렇게 하늘로 옮겨져 그리스도의 몸과 피 안에서 신성한 생명과 교제의 선물이 된다. 이것이 우리가 분향을 통해 경외할 때, 썩어질 '물질'과 죽을 인간의 '살과 피'가 아니라 '기뻐하시는 살아 있는' 예물과 제물로 봉헌하는 이유다. 그것들은 신성한 성육신을 통해 그러한 예물과 제물이 되기로 예정되어 있고, 교회는 그것을 그 안에서 미리 본다. 성반 위에 놓인 것은 '단순한' 떡이 아니기 때문이다. 그 위에 하나님의 모든 창조 세계가 놓여 있고, 동시에 그리스도 안에서 새로운 피조물과 하나님의 영광이 성취되어 나타난다. 이 모임에 모인 사람들 또한 '단순한' 사람들이 아니라, 창조주의 '형언할 수 없는 영광'의 형상을 따라 재창조된 새로운 인류다. 영원토록 하나님 나라에 올라가고, 어린 양의 유월절 식탁에 참여하고, 가장 높은 부르심의 영광으로 부르심을 받은 이 새로운 인류를 위해 분향함으로써 우리는 경외를 표현한다. 바로 이것, 곧 '하나님이 기뻐하시는 산 제물'을 준비하고, 성별하고, 정결하게 하는 것이 분향의 의미다.

10

이 동일한 예견, 곧 봉헌의 우주적 본질에 대한 이 동일한 기쁨의 확증을 우리는 예물이 제단으로 이동할 때 부르는 '봉헌 찬송' 첫 부분에서 발견한다. 오늘날 대부분의 정교회는 거의 모두 '천사 찬송'을 부른다. 1년에 오직 두 번, 성 목요일에는 "당신의 신비로운 만찬은…"이라는 기도로, 성 토요일에는 오래된 찬송인 "모든 죽을 육체는 잠잠하라…"로 대체할 뿐이다. 비록 고대에 교회가 다른 '봉헌찬송'도 알고 있었지만 가사보다는 모든 곡에 동일하게 적용되는 음조 혹은 가락에 큰 의미를 둔 이 찬송을 즐겨 불렀다. 가락을 정의할 때 가장 적합한 말이 '왕의', '왕적인'royal이란 단어다. 따라서 분명 그것은 '왕의 송영'이다. "우리로 모두의 왕을 영접하게 하소서." "왕의 왕, 주의 주께서 죽임을 당하기 위해 오셨으니…." 여기서 예물을 드리는 것은 승리한 왕의 입성과 하나님 나라의 영광과 권능의 나타남을 뜻한다. 이 '왕의' 음조는 단지 대입당과 '봉헌 찬송'에만 국한되지 않는데, 우리는 이것을 이미 프로스코미데의 마지막 부분에서 보았다. 떡과 포도주를 덮으면서 사제는 제왕 시편을 읽는다. "여호와께서 다스리시니 스스로 권위로 옷을 입으셨도다"시 93:1. 우리는 이런 기도를 앞에서 방금 살펴본 사제 자신을 위한 기도에서 더 들을 수 있다. "이 사역을 감당하기에 합당한 사람은 없습니다, 오 영광의 왕이여." 마지막으로 왕의 문을 통해 '대입당'을 하는 것 같은 비잔틴식 봉헌의 '상연'staging에서도 이런 기도를 볼 수 있다. 물론 이것으로부터 대입당이 주님의 예루살렘 입성의 '상징'이라는 비교적 초기 기독교 저술에서 등장하는 설명이 시작되었다.

    예전 역사가들은 이런 왕의 '가락'과 왕의 '상징성'의 소개와 발전에 대해 기독교 예배가 비잔틴 궁정 의례에 영향을 받은 것이라고 말한다. 궁정 의례에서 행렬, 곧 '퇴장'과 '입장'은 특히 중요한 위치를 차지한다. 우리는 비잔틴식 예배의 특징 중 많은 부분을 설명해 주는 이런 영향을 부인하지 않지만 동시에, 이런 왕의 '가락'의 신학적 의미가 그리스도의 희생에 대해 본래 교회가 가지고 있는 우주적 이해에 뿌리박고 있음 또한 강조해야 한다. 자기 자신을 제물로 드림으로써 그리스도는 자신의 통치권을 세우셨고, 이 세상의 임금이 '찬탈'했던 '하늘과 땅'의 통치를 회복하셨다. 교회는 그 그리스도를 죽음과 음부의 정복자요 이미 나타나신 왕, 곧 이미 '능력으로 임한' 하나님 나라의 왕으로 고백한다. 또한 교회는 그분을 주님the Lord으로 이해한다. 이 주님을 영광의 아버지께서 죽은 자 가운데서 일으키셨고, "하늘에서 자기의 오른편에 앉히사 모든 통치와 권세와 능력과 주권과…모든 이름 위에 뛰어나게 하시고 또 만물을 그의 발아래에 복종하게 하시고 그를 만물 위에 교회의 머리로 삼으셨"기 때문이다엡 1:20-22. 철저히 개인화되고 축소된, 그래서 '영적인 위로'라는 이름으로 쉽게 세상을 마귀에게 내어주는 우리의 현대적 경건과는 반대로, 초기 교회는 그리스도의 주되심과 통치에 대한 기쁨, 우주적 환희, 그리스도 안에서 주어진 하나님 나라의 경험을 통해 살아 있는 힘을 공급받았다. 이렇듯 외부적인 영향력이나 차용이 무엇이든 봉헌 찬송과 대입당 전반에 등장하는 '왕의 음조'는 바로 이런 믿음과 경험에서 왔다. 여기에서 교회가 장차 도래할 세대의 영광 안으로 돌파해 들어가고 '왕의 왕, 주의 주' 앞에서 그룹들과 스랍들의 영원한 송영 안으로 들어가는 일이 시작된다.

11

이제 대입당을 본격적으로 다룰 수 있게 되었다. 그러나 먼저 오늘날 거행되는 예배 모습에 두 가지 예배 형식이 있음을 알아야 한다. 먼저 주교가 예전을 집례할 때, 주교는 예물을 직접 옮기지 않고 주교와 함께 집례하는 성직자가 이를 수행한다. 다음으로 그러는 동안 주교는 왕의 문에 서서 모인 신자들을 바라보고 있다가 그 예물을 받아 제단에 갖다 놓는다. 사제가 집례하는 예전에서는 사제와 부제가 예물들을 옮기지만 그것을 제단 위에 놓을 수 있는 이는 오직 사제뿐이다.

우리는 이 차이를 주목할 필요가 있다. 성찬예식에서 교회 지체들의 위치와 역할 사이의 관계, 그리고 교회 안에서 각 지체의 사역과 부르심에 대한 개념이 오늘날 교회 의식에서는 거의 사라졌지만, 초기 교회에서 이 차이는 매우 분명했기 때문이다. 오늘날의 정교회는 지나치게 '고대의 전례들'을 보존하고 지키는 데 열심을 내면서도, 정작 그것들에 신학적·실존적 의미를 부여하는 데는 무관심하다. 그러나 그와는 달리 초기 교회는 이런 전례들에서 교회의 계시와 교회 본질의 성취를 보았고, 아울러 이 의식을 통해 모든 사역과 부르심의 본질의 성취를 보았다. 이 예전 안에서 교회는 교회의 삶 속에서 실현하라고 명령받은 교회의 형상을 드러낸다. 이를 다른 말로 하면, 모든 사역과 교회 공동체의 모든 삶은 예전 안에서 그들의 정점과 '성취'를 발견한다. 바로 여기에서 교회의 한 지체가 공동체의 삶 가운데서 행하는 것과 그가 성찬 예전에서 행하는 것 사이의 '상징적'일 뿐 아니라 실제적인 상호관계가 시작된다.

앞에서 언급했듯 초기 교회에서 예물을 준비하는 단계인 프로스코미데와 집례자에게 예물을 갖다 주는 일을 담당한 이들은 부제들이었다. 교회 공동체 안에서 그들에게 부여된 사명, 곧 그들의 레이투르기아(사람들을 위한 공공의 사역)가 바로 모두를 위한 모두의 관심과 사랑으로서 교회의 생명인 사랑의 사역이었다. 바로 이런 이유로 교회 모임 안으로 들어온 이들로부터 예물을 받는 역할을 부제들이 했다. 교회는 그 예물을 통해 사랑의 사역을 실현했다. 그들은 이 예물들을 나눠 주었고 성찬식에서 드릴 부분*pars pro toto*을 떼어 두었다. 오늘날 '사제'의 수행, 곧 사제가 대입당에 직접 참여하는 것은 집사 혹은 좀더 정확히 말해 부제의 사역 자체가 더 이상 필요하거나 자명해지지 않게 되었을 때 발생했다. 또한 공동의 삶과 적극적인 사랑으로 연결된 공동체로서의 교회 경험이 점차 약화되고, 그 공동체가 '세속' 사회—도시와 마을—안으로 스며들어 해체되어 '교구' 혹은 '특정 교회'의 신자들, 곧 그들의 종교적 만족을 위해 성전에 '집합한 사람들'로 변했을 때와 교회의 삶을 통한 세상과의 구별된 삶이 포기되었을 때 일어났다. 이런 새로운 교회 경험 안에서 부제는 본질적으로 불필요한 존재로, 최소한 필수적인 요소로 인식되지 않았다. 이렇게 예전에서 부제의 역할이 점차 사라지면서 그의 사역 대부분이 사제에게로 이전되었다. 지금까지의 언급에서 보면 오늘날의 두 가지 '예배 형식' 중 고대 관습과 더 가까운 것은 주교가 집례하는 대입당이다. 이것이 성찬과 관련한 봉헌의 본질을 더욱 충분히 표현하고, 이런 봉헌 안에서 전체 교회의 참여, 곧 각 지체들의 위치를 분명히 드러내기 때문이다.

프로스코미데가 신자들이 직접 가지고 온 성찬용 떡*prosphora*인 자신의 희생을 봉헌, 곧 교회의 봉헌에 자신을 함께 드리는 것과 시작됨을 우리는 이제 알게 되었다. 그러나 안타깝게도 이 의식 역시 오늘날 거의 사라질 위기에 처해 있다. 우리는 모든 가능한 방법을 통해 이 의식을 되살려야 한다. 특히 성찬의 봉헌을 드리는 데 있어 교회의 모든 지체들이 참여하는 본래의 의미를 드러내는 데 힘써야 한다. 실제로 우리 시대에 교회 지체들의 실제적 희생, 곧 그 들의 실제적인 교회 생활의 참여가 주로 헌금에 국한되어 있는 한, 우리는 이 '헌금'을 프로스포라의 봉헌과 함께 행하고, 그것을 다시 모두에게 의무화하는 것을 신중히 고려해야 한다. 실제로 이것을 현실화하는 것은 그렇게 어려운 일이 아니다. 예전에 오는 각 개인이 '헌금함'에 넣는 예물을 프로스포라를 위해 쓰도록 하고, 이와 같은 방식으로 그 프로스포라를 그 개인의 봉헌, 곧 희생의 표현으로 만들면 된다. 어쨌든 분명한 것은 바로 여기에서 우리의 봉헌이 시작된다는 것이다. 이 떡과 잔의 이동, 곧 우리에게서 봉헌 탁자로, 봉헌 탁자에서 제단으로, 그리고 제단에서 하늘의 성소로의 이동에서 우리의 봉헌은, 우리가 그리스도의 희생 안으로 들어가 주님의 나라에서 그분의 식탁으로 올라감을 분명히 드러낸다.

이 이동의 두 번째 과정은 떡과 잔을 봉헌 탁자에서 제단으로 옮기는 것이다. 방금 앞에서 보았듯이 이 과정은 부제들의 특정한 공적 섬김, 곧 레이트루기아를 성취한다. 지금도 프로스코미데를 행하는 봉헌 탁자가 성소 안에 자리하고 있으며, 이것이 초기 교회에서처럼 성찬대 *prothesis*라 부르는(제단만 봉헌'탁자'라 불렸다) 특정한 장소가 아닌 곳에서 발견되는 것을 우리는 볼 수 있다. 어쨌든 예물이 가장 먼저 회중의 모임 안으로 옮겨지고 오직 그 회중의 모임으로부터 성소로 옮겨져 제단 위에 놓인다. 예물을 들고 교회 전체, 곧 모임 전체를 한 바퀴 도는 그리스식 관습은 러시아식 관습보다 대입당의 의미를 잘 표현한다. 떡과 포도주를 가져와 단지 제한된 통로solea를 한 바퀴 돌고 곧바로 왕의 문으로 향하는 러시아식이 의미하는 바는, 모두의 봉헌에 포함된 각자의 봉헌이 이제 교회의 자기 봉헌으로 실현된다는 것이다. 그리고 이는, 교회는 그의 몸이고 그리스도는 교회의 머리이기에 곧바로 그리스도의 봉헌을 의미한다. 마지막으로, 입당의 세 번째이자 마무리 순간은 집례자가 예물을 받아 제단에 올려놓는 것으로 이루어진다. 우리가 드린 예물은 이제 그리스도께서 드리고, 다시 하늘의 성소로 드린 것으로 간주한다. 우리의 희생은 교회의 희생이고, 그것은 또한 그리스도의 희생이다. 이렇게 위풍당당한 왕의 입장과 예물의 이동에서 봉헌의 진정한 원래 의의와 하늘과 땅의 결합, 그리고 하나님 나라로 들어올려지는 우리의 삶이 명백히 드러난다.

12

"주 하나님이 그의 나라에서 언제나 여러분들을 기억하시길 기원합니다. 이제부터 영원무궁토록." 이 기념commemoration의 선언은 대입당과 함께 행하는 봉헌과 동시에 이루어진다. 부제는 예물을 가져가는 동안 이를 소리내어 말한다. 집례자들은 이 말을 서로를 향해, 그리고 모인 신자들을 향해 말한다. 그러면 신자들은 사제에게 다음과 같은 말로 대답한다.

"오 주님, 기억하소서…." 기념, 곧 모든 것을 하나님의 기억으로 돌리며 하나님이 '기억해 주시길' 바라는 기도가 교회의 모든 예배, 교회 전체의 삶의 중추를 이룬다는 말은 결코 과장이 아니다. 그리스도께서 우리에게 '나를 기념하여…행하라'고 하신 성찬의 성례를 굳이 언급하지 않더라도, 물론 이 기념의 정확한 의미에 관해서는 더 언급해야 하겠지만, 교회는 끊임없이 매일, 거의 매시간 특정한 사건과 특정한 성인을 '기념한다.' 이렇게 교회의 모든 '성일'과 그것을 기념하는 모든 예배들의 본질은 이 '기억을 영원히 기념하는 것'에 있다.

그리고 이것이 실제로 그렇다면, 우리는 반드시 이 기념의 본질이 어디에 있는지 물어야 한다. 이는 매우 중요하다. 스콜라주의 신학이 이 문제에 관해 거의 침묵하고 있기 때문이다. 그 이유가 '기억'이라는 개념 자체가 '과학적 방법'이라는 기준만을 인정하는 신학에서는 객관적으로 여겨지지 않기 때문이든, '과학적'으로 볼 때 이것이 만족할 수 없는 주관론과 심리주의에 빠진 것처럼 여겨지기 때문이든, 교회의 믿음을 무엇보다 '본문'에 입각해 어떤 '객관적' 교리로 해석하고 재구성하는 데 기억과 일반적인 경험이 차지할 자리가 없기 때문이든 교회 생활과 기도, 그리고 경험에 있어서 매우 근본적인 이 '기념'이 오늘날 정교회 신학의 범주 밖에 있음은 분명하다. 그러나 역설적이게도 이런 신학적 망각은 실제로 예배의 '심리학적 고찰'로 귀결되는데, 그것은 마치 화려한 꽃처럼 외적인 '예증적 상징'으로 변형되고 발전해서 진정한 예배 이해와 참여를 극도로 방해한다. 한편으로 예전적 '기념', 곧 이런저런 사건의 '기억을 기리는 것'이 오늘날 불가피하게 '상징화'를 부추기는 사건의 '의미'에 대해 온전히 심리적이고 지적인 부분으로만 이해하고, 또 다른 한 편으로 기도에서의 기념이 단순히 다른 사람을 대신해서 행하는 기도와 동일시하는 것은 우리가 기억과 기념에 대한 진정한 의미를 상실했기 때문이다. 이것이 오늘날 교회 안에서 실제로 드러나고 있다. 이와 같은 우리의 망각은 무엇보다 상대적으로 '성경'보다 교회 경험과 기억을 중요시하지 않은 신학 때문이다. 이것이 바로 우리가 성찬의 봉헌에 있어서 기념의 위치를 이해하기 전에 이 의미를 먼저 되새겨야 하는 이유다.

13

기억, 오직 인간만이 갖는 이 신비로운 선물에 관해 다양한 관점에 따라 수천 권의 책들이 기록되었다. 여기에 그 모든 설명과 이론들을 열거하는 것은 불가능하고 동시에, 그럴 필요도 없다. 인간이 기억의 의미와 '작동 체계를 이해하려고 아무리 애를 써도 기억이라는 선물은, 결국 설명 불가능한 채 신비에 싸여, 심지어는 모호하게 남게 되기 때문이다.

그러나 한 가지는 확실하다. 기억이란 바로 '과거를 되살리고' 자신 안에 있는 과거에 관한 지식을 보존하는 인간의 지적 능력이다. 그러나 우리는 분명히 이 능력이 다양하게 해석될 수 있음을 알아야 한다. 사실, 기억의 본질이란 그런 것이 아니겠는가! 기억은 얼마 전 영원히 떠나보낸 한 사람에 대한 여러 기억들을 통해 자신의 삶을 새롭게 돌아볼 수 있게 되면서도, 한편으로는 과거는 그저 돌이킬 수 없는 과거일 뿐임을 깨달음으로써 오히려 현재에서 그 실재의 부재를 재발견하게 한다. 사람의 기억이란, 결국 특히 인간에게만 있는 죽음에 대한 인식, '죽음과 시간이 이 땅을 지배한다'는 사실에 대한 인식에 지나지 않기 때문이다. 이런 이유로 기억이라는 선물은 매우 모호한 것이다. 기억을 통해 인간은 과거를 되살리고 동시에, 안개 속으로 사라지는 삶의 부질없음을 깨닫는다. 이를 통해 인간은 시간의 덧없음과 돌이킬 수 없음을 알게 된다. 그리고 그 안에서 결국 기억조차 어렴풋해지고 사라져 결국 죽음의 지배를 받게 됨을 알게 된다.

인간의 은사 가운데 '자연적인' 기억, 곧 가장 인간적이지만 가장 애매한 이것으로 인해 심지어 죽기 전에조차 자신의 죽을 운명과 죽어가는 생명으로 인식하는 기억과 관련해 인간은, 기억 또는 기념을 그저 이해하는 것이 아니라 그것의 전적인 새로움을 느끼게 된다. 이를 우리는 그리스도 안에서 우리에게 주어진 새로운 생명의 본질이라 부르는 것이 더 적합하다.

여기서 우리는 하나님에 대한 구약 성경의 가르침을 상기할 필요가 있다. 구약 성경에 따르면, 기억이란 창조 세계에 대한 하나님의 주목과 그 하나님의 섭리적 사랑의 능력이다. 그 사랑의 능력을 통해 하나님은 세상을 '붙들고' 세상에 생명을 주신다. 따라서 생명은 하나님에 대한 기억 안에 머무는 것으로 명명되고, 죽음은 이 기억으로부터 떨어져 나가는 것으로 명명된다. 다른 말로 하면, 기억이란 하나님 안에 있는 모든 것과 같이 실제적이고, 하나님이 주시고 하나님이 '기억하시는' 생명이다. 그것은 '공허'를 영원히 극복한 것으로, 그 공허로부터 하나님은 우리를 불러내어 '그의 기이한 빛'에 들어가게 하셨다.

사랑을 생명, 지식, 교제, 그리고 연합으로 변모시키는 능력으로서의 기억이라는 선물은, 하나님이 인간에게 주신 것이다. 인간의 기억은 하나님을 향해 반응하는 사랑이고, 생명 자체인 하나님과의 만남이고 교제다. 모든 피조물 중에서 오직 인간에게만 하나님을 기억하는 것이 허락되었고, 이 기억을 통해 진정으로 사는 능력이 주어졌기 때문이다. 세상에 있는 모든 것이 하나님을 증거하고 그의 영광을 선포하고 하나님께 찬양을 돌려드린다면, 오직 인간만이 그분을 '기억'하고 하나님에 대한 이 생생한 지식을 통해 세상을 하나님의 것으로 이해하고 하나님께로부터 그것을 받아 다시 하나님께 올려 드린다. 하나님이 인간을 기억하시는 것에 인간은 하나님을 기억하는 것으로 답한다. 하나님이 인간을 기억하는 것이 생명의 선물이라면, 하나님에 대한 인간의 기억은 이 생명을 창조하는 선물을 수납하는 것, 곧 끊임없이 그 생명을 얻고 그 생명을 증가시킨다.

이제 우리는 죄와 관련된 본질이 다양한 과학적·신학적 개념에서가 아니라 '인간이 하나님을 잊었다'라는 평범하고 대중적인 표현에서 가장 잘 드러나는 이유를 알게 되었다. 방금 전의 성경적이고 존재론적인 그렇다고 '심리적'이지 않은 기억에 대한 이해에서 볼 때, '잊는다'는 말은 무엇보다 생명으로부터 끊어지는 것, 기억으로 사는 것을 그치는 것, 기억으로부터 떨어져 나간다는 뜻이다. 그것은 단지 하나님에 대해 '생각하기를 그만두는 것'이 아니다. 공격적인 무신론자들 중에는 종종 하나님을 향한 증오에 '사로잡혀' 있는 사람도 있기 때문이다. 그리고 자신들의 '종교성'을 굳게 확신함에도 불구하고, 종교에서 오직 하나님만을 제외하고 생각할 수 있는 모든 것을 구하는 사람들이 존재하기 때문이다. 이는 분명 하나님, 곧 생명을 버리는 것이고 하나님을 통해 그분 안에 사는 것을 그만두는 것이다. 이것이 바로 지금도 동일하게 계속 반복되고 있는 인간의 근본적인 죄, 곧 하나님을 망각하는 죄인 '원죄'다. 인간은 하나님을 잊었다. 인간이 자신의 사랑을 다른 무언가에, 그로 인해 그의 기억과 그의 삶까지도 다른 무언가에, 무엇보다 그 모든 것을 자기 자신에게 돌렸기 때문이다. 인간은 하나님으로부터 돌아섰고 하나님을 보지 못하게 되었다. 인간은 하나님을 잊었고, 하나님은 인간을 위해 존재하지 않게 되었다. 망각의 공포와 그것의 회복 불가능성의 원인은 기억과 마찬가지로 그것 또한 존재론적이라는 데 있다. 기억이 생명을 창조하는 것이라면 망각은 죽음이다. 더 정확히 말하면, 망각은 죽음의 시작이고 생명을 파괴하고 생명을 필연적으로 죽음으로 변질시키는 독이다. 내가 잊은 사람의 부재는 나에게 실제적이다. 그는 실제로 내 삶 속에 없고 내 삶의 일부가 아니다. 그는 나에 대해 죽었고, 나도 그에 대해 죽었다. 내가 잊어버린 것이 생명을 주시는 분, 생명 자체인 하나님이라면, 그래서 그분이 나의 기억이 되지 않고 나의 생명이 되지 않는다면, 내 생명 자체는 죽은 것이고, 삶의 지식이자 힘인 기억은 죽음의 지식일 뿐아니라, 죽을 수밖에 없는 운명의 경험이 되고 만다.

인간이 스스로 소멸할 수 없고 하나님이 우리를 생명으로 부르셨던 그 상태로 스스로 돌이킬 수 없듯이, 인간은 자기 자신의 생명에 대한 지식인 기억을 소멸하지 못한다. 그러나 하나님과 분리된 인간의 삶이 죽음으로 가득 차 죽어가듯이, 그의 기억 또한 죽음의 지식, 곧 이 세상에 있는 죽음의 왕국에 대한 지식이 될 뿐이다. 기억을 통해 인간은 시간과 죽음을 극복하기 원하고, '과거를 되살리기 원하며', '시간의 심연'으로 흔적도 없이 흡수되길 바라지 않지만, 과거를 되살리는 것 자체는 우리가 과거를 다시 되돌릴 수 없다는 이 세상을 채우고 있는 부패에 대한 비참한 인식을 갖게 할 뿐이다. 종교와 예술, 그리고 이 타락한 삶의 모든 문화에서 기억은 타락한 인간의 생명이기에 "생명은 상처 입은 새처럼 날아오르고 싶지만 그렇게 하지 못한다." 창공에서의 비행은 무한히 아름답겠지만 이 지상에서의 참된 아름다움은 오직 진실한 삶에 대한 슬픔, 오직 잃어버린 것에 대한 기억과 그것을 향한 갈망, 오직 '거룩한 애통'뿐이다. 이런 비행은 인간의 '기억' 속에서 목마름, 간청, 참회, 탄원으로 남지만, 결국 그것들도 망각에 의해 삼켜지고 만다. 마지막 친족, '기억하는' 최후의 사람이 죽은 후 '영원한 기억'을 부른 지 오래되지 않아 그 무덤 위에 잡초가 무성히 자라기 시작한다. 묘비는 부서지고 그 위에 새긴 글자들은 지워져 더 이상 읽을 수 없다. 읽을 수 있는 것이라고는 잊힌 생명의 날짜와 누구에게도 쓸모없는 두 개의 무섭고 무감각한 날짜들뿐이다.

14

바로 여기에 우리가 인간과 세상의 구원, 생명의 갱신이 생명을 창조하는 능력으로서의 기억, 곧 시간과 생명의 파멸, 그리고 결국 맞게 될 죽음의 통치를 극복하는 것으로서의 기억의 행위로 회복되어야 할 이유가 있다. 구원은 그리스도 안에서 성취되었다. 그리스도는 인간 안에, 그리고 인간을 위한 세상 안에, 그리고 세상을 위한 하나님의 기억의 현현이자 세상을 향한 신적인 사랑, 곧 생명을 창조하는 사랑의 성육신이시다. 그리스도는 인간 안에 있는 생명 자체에 대한 내용과 능력과 삶이며, 하나님을 기억하는 행위의 완전한 표현이자 성취다.

하나님의 기억의 성육신. 인간은 하나님을 잊었지만 하나님은 인간을 잊지 않았고 인간을 외면하지 않으셨다. 오히려 하나님은 '이 세상'의 타락하고 죽을 운명의 시간을 구원의 역사로 바꾸셨다. 그리스도는 이 땅에서의 시간을 구원을 기다리며 준비하는 시간으로, 그리고 인간 안에 있는 자신에 대한 기억을 점차 회복하는 시간으로 계시하셨다. 그리고 이 기억 속에 지식과 기대와 사랑만이 아니라 때가 찰 때, 곧 준비한 모든 것을 성취할 때 인간은 비로소 이미 오셔서 잊힌 자들을 기억하는 구원자 안에서 하나님을 발견하게 된다. 그리고 그 안에서 그의 잃어버린 생명을 발견한다. 인간에 대한 하나님의 기억을 통해 하나님을 다시 기억하는 것이 구약 성경의 핵심이다. 구약에서 그리스도를 분리하는 것, 곧 구약을 통하지 않고 그리스도를 아는 것은 불가능하다. 구약은 그리스도가 시간 속으로 들어오기 전에 그리스도에 관한 점차적인 인식, 곧 그에 대한 '기억'의 '창조'이기 때문이다. 시므온이 그리스도를 팔에 안고 그를 '만민 앞에 예비하신 구원'이라고 불렀을 때, 세례 요한이 유대 광야에서 그를 가리켜 '세상 죄를 지고 가는 하나님의 어린 양'이라고 지목했을 때, 가이사랴 빌립보로 가는 길에서 베드로가 그를 '그리스도요 살아 계신 하나님의 아들'로 고백했을 때, 그것은 곤혹스럽고 설명할 수 없는 '기적'이 아니라 그 구원자와 구원에 대한 기억, 곧 그 인식의 정점이자 성취였다. 그 속에서 인간에 대한 하나님의 기억이 하나님에 대한 인간의 기억으로 성취되었다. 그렇기 때문에 구원이 바로 여기 완전한 하나님이요 완전한 인간이신 그리스도 안에 있다. 기억은 다스릴 뿐 아니라, 생명 창조의 능력으로 회복된다. 기억하는 가운데 인간은 타락, 곧 운명적인 죽음을 경험하는 것이 아니라 '영원한 생명'을 통해 이 타락을 극복하는 경험을 하게 된다. 사랑이 각각의 인간과 모든 인류를 향하며 세상과 또 모든 피조물을 향하는 것처럼, 그리스도 자신은 인간에 대한 하나님의 기억의 성육신이며 선물이다. 그의 기억 속에서, 그리고 이 기억을 통해 그분이 모든 것을 '기억'하기 때문에, 그분은 모든 것을 자신의 생명으로 받아들이고 그 자신의 생명을 마치 그들의 생명인 것처럼 모두에게 주는 구원자가 되신다. 그러나 무엇보다 그리스도는 하나님의 기억의 성육신인 동시에, 인간이 하나님을 완벽하게 기억하는 것의 증거이자 완성이다. 이 기억, 사랑과 자기희생과 아버지와의 교제 속에 인간의 모든 삶, 곧 인간됨의 온전한 완성이 있기 때문이다.

우리 믿음과 그 안에서 주어진 새 생명의 본질은, 우리가 그리스도를 기억함으로써 우리 안에 인식된 그리스도를 기억하는 데 있다. 기독교 첫날부터 그리스도에 대한 믿음은 그를 기억하고 마음속에 간직함을 의미했다. 그것은 단지 그와 그 교리를 '관찰'해 '아는' 것이 아니라, 사랑하는 자들 가운데 살고 거하시는 그를 인격적으로 아는 것이다. 처음부터 그리스도인의 믿음은 그 기억과 이를 기억하는 행위였다. 생명을 창조하는 본질로 회복된 이 기억은 우리의 '속되고' '타락한' 기억과는 반대로 '과거의 부활'과 함께 부활하고 살아 현존하며 거하시는 한 사람에 대한 즐거운 인식이며 또한 즐거운 인식일 뿐 아니라 그와의 만남이고 그와 교제하는 생생한 경험이다. 본디오 빌라도나 인간 예수 시대의 생명과 죽음, 그리고 부활이라는 과거에 뿌리를 두면서도 믿음은, 기억되는 분이 지금도 살아계심을 영원히 확신한다. 그분은 우리 가운데 '계시고 또 계실 것이다.' 기념하는 것이 없다면 믿음은 이런 기억이 될 수 없다. 그러나 또한 기억되는 자에 대한 지식이 없다면 기념하는 것 또한 아무것도 아니다. 그러나 역시 기억함이 없다면 믿음은 이런 인식이 될 수조차 없다. 우리는 '그가 육신으로 사신 날', 곧 본디오 빌라도의 시대에 살고 있지 않았다. 또한 우리는 당시에 무슨 일이 일어났는지 정확히 기억할 수도 회상할 수도 없다. 그럼에도 만약 우리가 전달된 '본문'을 통해 무슨 일이 일어났는지 알 수 있으며, 실제로 그것을 기억하고 회상할 수 있으며, 나아가 우리의 믿음과 삶이 본질적으로 이 기억과 기념하는 것에 달려 있다면, 그것은 우리가 기억하는 그 사람이 살아 있기 때문이다. 또한 '우리 인간을 위해서 그리고 우리의 구원을 위해서' 그가 성취한 모든 것, 곧 그의 삶과 죽음, 그의 부활과 영화롭게 됨을 그는 우리에게 주었고 계속해서 주심으로써 그리스도는 우리와 교제하신다. 이것이 바로 우리가 기억하는 것이 더 이상 '과거'가 아닌 그리스도 자신인 까닭이다. 이 기억함이란 시간을 가로질러 '과거', '현재', '미래' 속으로 함몰되지 않고 그의 승리로 들어감을 뜻한다. 이것은 어떤 추상적이고 움직이지 않는 '영원'으로 들어감이 아니라 '영원한 생명', 곧 그 안에서 모든 것이 생명을 창조하는 하나님의 기억을 통해 살고, 모든 것이 우리의 것이 되는 생명으로 들어가는 것이다. "세상이나 생명이나 사망이나 지금 것이나 장래 것이나" 다 우리의 것이며, 우리가 "그리스도의 것이요 그리스도는 하나님의 것"이기 때문이다 고전 3:22-23.

이것이 '기념'의 본질이다. 그리고 그것은 교회의 예배 가운데서 실현된다. 예배는 교회가 새 창조의 새로운 시간 안으로 들어가는 것이다. 새 창조는 그리스도의 기억을 통해 모여지고, 그에 의해 생명으로 변화되고, '과거', '현재', '미래' 속으로 통합되면서 생명의 선물, 구원의 선물로 변한다. 그리스도의 몸이요 그의 생명과 그의 기억으로 사는 교회의 예배 속에서 우리는 다시금 반복적으로 기억해야 한다. 이는 우리를 위해, 우리 안에, 그리고 우리와 함께 무엇이 어떻게 완성되었는지를 깨닫는다는 뜻이다. 또한 이것은 그리스도 안에서 세상의 창조와 구원, 그리고 이미 그리스도 안에서 계시되었지만 영광 가운데 장차 임할 하나님 나라를 이해하고 깨닫는다는 뜻이다. 다시 말해, 우리는 과거와 미래를 우리 안에 살아 있는 것, 우리에게 주어진 것, 우리의 삶으로 변화된 것, 그리고 하나님 안에 있는 삶으로 기억한다.

15

앞의 내용에 비춰서만 '대입당'에 대한 일종의 언어적 표현인 성찬 예물을 제단으로 가져오는 행위에 담긴 기념의 의미를 정확히 이해할 수 있다. 이런 의미의 기념을 통해 우리는 그리스도께서 생명을 창조하신 기억 속에 기억된 이들을 포함한다. 이는 하나님이 인간을 기억하시고, 인간이 하나님을 기억하는 영원한 삶으로서의 상호적 기억이다. 우리는 그리스도께서 하나님의 기억 안에 거하기 때문에, 그리스도 안에서 하나님을 향하고, 이런 반응을 통해 기억되고 반응하는 분이 살아 계심을 확증한다.

'기념'은 '봉헌'과 연결된다. 그리고 이 둘은 완전히 하나를 이룬다. '기념'은 '봉헌'의 언어적 성취다. 그리스도께서 '모든 이를 대신해 그리고 모든 이를 위해' 자신을 드리셨고, 그 자신 안에서 우리 모두를 하나님께 봉헌하고 돌려 드렸으며, 그의 기억 속에서 모두를 연합하셨기 때문이다. 그리스도를 기억함은 그의 사랑으로 들어가는 것이다. 그의 기억은 우리를 형제와 이웃으로 만들며, 그의 사역 안에서 우리는 '형제'가 된다. 우리 안에, 그리고 우리 '중에' 있는 그리스도의 생명과 임재는 오직 우리가 서로 사랑함을 통해, 하나님께서 보내신 모든 이들, 곧 우리 삶에 포함시킨 모든 이들을 향한 사랑에서만 증명된다. 이것은 무엇보다 그리스도 안에서 서로를 기억하고 서로를 기념한다는 뜻이다. 따라서 그의 희생을 제단으로 가져가는 데서 우리는 서로에 대한 기억을 창조하고, 서로를 그리스도 안에 살고, 그 안에서 서로 연합된 존재로 인정한다.

이 기념에서 살아 있는 자와 잠든 자 사이의 구별이란 없다. 하나님은 "죽은 자의 하나님이 아니요 살아 있는 자의 하나님"이신 까닭이다 마 22:32. 여기에 이 기념의 모든 기쁨과 능력이 있다. 하나님의 생명을 창조하는 기억 속에 기억된 이들을 포함하는 이 안에서 산 자들과 죽은 자들 사이의 경계가 사라진다. 모두가 하나님 안에서 살아 있는 자들로 인식되고 명백하게 드러나기 때문이다. 이것이 검은 제의를 입고 '떠난 자들을 위한 특별 예전'을 드리는 것이 초기 교회에서 이해되지도 용납되지도 않았던 이유다. 하나님의 기억 안에 모두를 포함하는 매번의 예전에서 우리 모두의 연합, 곧 살아 있는 자와 잠든 자들 모두가 '영원한 생명' 안에 연합됨을 축하하고 있기 때문이다. 이런 의미에서 모든 예전은 '떠난 자의' 것이기도 하다. 모든 예전마다 우리에게 주어진 그리스도의 기억과 사랑은 죽음을 이겨내고, 분리와 망각을 넘어 승리한다. "거기에는 헤어짐이 없을 것이네, 오 친구들이여."

우리 자신, 우리 서로, 그리고 우리 모두의 삶을 기념하는 데서, 그리고 이 기념을 통해 하나님께 돌아가는 데서 우리의 봉헌은 완성된다. 우리 자신에 의해 그리스도를 봉헌하고, 그 그리스도 안에서 우리 자신을 봉헌하는 것이 우리의 기념을 가능하게 하고 그것을 완성한다.

7장
연합의 성례

너희는 거룩하게 입맞춤으로 서로 문안하라.

고린도전서 16:20

1

현대의 예전 순서에서 "서로 사랑합시다"라는 외침은 제대로 들을 수 없을 정도로 순식간에 지나간다. 실제 귀로 듣는 것은 차치하고 내면의 귀로 듣는 것 또한 거의 불가능하다. 오늘날 우리에게 이 외침은 그저 신앙고백 전에 행해지는 여러 선언들 가운데 하나일 뿐이다. 그러나 전에는 그렇지 않았다. 고대 교회의 예전에 나타난 증거를 보면, 이 선언 후에 평화의 입맞춤이 실제로 행해졌고, 교회로 모인 모든 사람들은 이것에 참여했다. 요한 크리소스톰은

"평안으로 서로 환영하는 시간이 되면, 우리는 서로 입을 맞춘다" 라고 기록하고 있다. "성직자들은 주교에게, 평신도 남자는 남자에게, 여자는 여자에게 서로 인사한다."[1] 이런 의식은 후기 비잔틴의 영향을 받지 않아 이전의 성찬예식 형태를 반영하고 있는 네스토리안, 콥틱, 그리고 아르메니안 예전 관습에 남아 있다. 이 의식이 단순히 성찬에만 관련된 것은 아니다. 평화의 입맞춤은 모든 기독교 예배에서 매우 중요하고 없어서는 안 될 부분이었다. 이 의식이 세례 후 주교가 세례를 받은 사람에게 "주님께서 당신과 함께 하시길"이라는 말과 함께 행해졌기 때문이다. 그리고 새로운 주교가 성별될 때에도 성직자와 평신도를 포함한 모임 전체가 '거룩한 입맞춤'으로 그를 맞았다. 그런 다음에야 새로운 주교는 첫 성찬 봉헌을 주관할 수 있었다.

예전에서 이 순서가 행해진 역사를 미뤄볼 때 입맞춤이라는 의식의 본질이 변화를 겪었음을 우리는 알 수 있다. 이는 하나의 행동, 그것도 보편적인 행동에서 한 마디의 선언적 외침으로 축소되었다. 이런 변화와 함께 최소한이긴 하지만 선언에 포함되었던 요구 또한 바뀌었다. "서로 사랑합시다"라는 오늘날의 선언적 외침이 어떤 상태로의 부름을 뜻하는 것으로 이해되는 반면, 고대 교회에서 이 외침은 회중에게 어떤 특정한 행동, 곧 "서로 문안하라"

---

1. *Homily on IICorinthians* 18:3, PG 61:527

는 실제적인 부름이었다. 그리고 이 행동은 어떠한 선언적 외침 없이도 행해졌다. 어떤 문서들은 입맞춤이 평화를 빌어주는 가운데 행해졌다고 묘사한다. 종종 예배 역사에서처럼 원래 행위에서 비롯된 이 선언적 외침은 그 후 점차 사라지거나 성소에서만 행해지도록 축소되었다. 그나마 지금은 성소에서 집례하는 사제와 부제 사이에서만 행하고 있다.

얼핏보면 이렇게 하나의 외침이 일반적인 행동으로 점차 대체된 것이나 '기술적인' 세부 사항들에 특별히 흥미로울 게 없어 보일 수도 있다. 사랑이 기독교의 가장 중요한 계명임을 우리는 너무나 잘 알고 있기에 이 외침에 특별히 관심을 두지 않는다. 그러나 교회의 모든 의식들 가운데서도 이를 회복하는 것은 매우 중요하다. 하지만 정말로 이것이 그렇게 중요하다면, 이 외침을 통해 생각나게 하는 것이 사랑하라는 실제적인 부름이든 아니면 사랑의 상징이든 (물론, 주석가들은 평화의 입맞춤에서 '상징' 그 이상을 보지만) 무엇이 문제란 말인가? 심지어 어떤 이는, 이런 행동이 교회에서 사라진 원인이 교회의 성장과 관계가 있다고 말하며, 그리스도인들이 많아지면서 교회가 커져 공동체 구성원들이 서로를 제대로 알지 못하게 된 것은 자연스러운 일이고, 그런 의미에서 이 의식이 형식적인 절차가 된 것 또한 너무나 자연스러운 일이라는 것이다.

그러나 이 모든 것은 단지 '피상적으로' 볼 때 그럴 뿐이다. 다시 말하면 이는 우리가 무엇보다 기독교적인 사랑이 무엇을 의미하는지, 그 언어와 행동의 정확한 예전적 의미가 무엇인지를 고민하지 않았을 때의 이야기다.

사실 우리는 이런 표현에 너무나 익숙해 있다. 우리는 사랑에 대한 설교와 서로 사랑하라는 이야기를 너무나 많이 들어 왔다. 그래서 이런 말들의 영원한 새로움에 좀처럼 자극받지 못한다. 그리스도께서 다음과 같이 말씀하셨던 이 새로움에 대해 말이다. "새 계명을 너희에게 주노니 서로 사랑하라"요 13:34. 사실 그리스도 이전에도 세상은 사랑에 대해 그리고 사랑의 가치와 높이에 대해 잘 알고 있었다. 우리는 구약에서 하나님 사랑신 6:5과 이웃 사랑레 19:18에 대한 두 가지 계명을 발견한다. 그리스도는 이 두 가지 계명이 모든 율법과 예언자들의 말을 포괄한다고 말씀하셨다마 22:40. 그렇다면 이 계명의 새로움은 어디에 있는가? 구주께서 이 말씀을 선포하셨던 그 순간뿐 아니라, 모든 시대와 모든 사람들이 이 요구를 새롭게 이해해야 하는 것은 무엇 때문인가?

이 질문에 답하기 위해서 우리는 먼저, 기독교적인 사랑의 토대를 이루는 표징들 가운데 하나를 기억할 필요가 있다. "원수를 사랑하라." 이 말씀은 분명 사랑하지 않는 누군가를 향한, 지금까지 누구도 들어보지 못한 사랑의 요구다. 이런 이유로 이 말씀은 우리를 당황하게 만들고, 놀라게 하며, 무엇보다 우리가 복음에 철저히 귀를 닫지 않는 한 우리를 끊임없이 심판한다. 분명 이 계명은 알려진 바 없는 전혀 새로운 것이기에, 우리는 보통 이를 교묘한 인간적인 해석들로 대체한다. 수세기 동안 그것도 깨끗한 양심을 갖고 살았던 한 사람의 그리스도인만이 아니라, 교회 전체가 실제로 기독교적인 사랑이 자신의 사람들을 향하는 것이라고 주장했다. 사랑이란 본질적으로 그리고 너무나 자명하게 내 가족과 내 이웃, 나의 조국―그리스도나 복음이 아니어도 사랑하는 모든 사람들과 사물들―에 대한 사랑이라고 단언해 왔다. 한 가지 예로 우리 정교회는 오래전에 진정한 이단이 된 종교적으로 정당화된 민족주의가 교회 의식을 손상하고, 교회를 분열하고, 교회의 보편적인 진리에 담긴 풍성한 담화를 종교적 위선으로 만들어 버린 것들을 더 이상 주목하지 않는다. 우리는 한쪽을 잊어버렸다. 당연히 이런 '본연적 사랑' 대해 복음서는 놀랍고 두려운 말씀을 담고 있다. "아버지나 어머니를 나보다 더 사랑하는 자는…아들이나 딸을 나보다 더 사랑하는 자도 내게 합당하지 아니하며" 마 10:37, "무릇 내게 오는 자가 자기 부모와 처자와 형제와…미워하지 아니하면 능히 내 제자가 되지 못하고" 눅 14:26. 기독교의 사랑은 이러한 본연적 사랑의 단순한 확장과 '절정' 혹은 종교적 장려가 아니다. 기독교의 사랑은 그런 사랑과는 근본적으로 구별될 뿐 아니라 오히려 대조된다. 기독교의 사랑은 실로 새로운 사랑, 우리의 타락한 본성과 타락한 세상 안에서는 결코 불가능한 사랑이다.

그러면 우리는 어떻게 이 계명을 실천할 수 있는가? 우리는 어떻게 사랑할 수 없는 이들을 사랑할 수 있는가? 사랑이란 단순한 의지, 자기개발, 연습, 심지어 영적 훈련의 열매가 아니라는 것이 사랑의 신비가 아니었던가! 의지적 연습과 자기개발을 통해 다른 사람과의 관계에서 선의, 인내, 공평함을 얻을 수는 있겠지만, 그것이 사랑은 아니지 않은가! 시리아의 이삭Isaac the Syrian은 심지어 "마귀들에게도 자비하라"고 말한 바 있는데, 그렇다면 이 불가능한 사랑의 계명은 우리에게 무엇을 의미하는가?

이 질문에는 단 하나의 대답만이 가능하다. 그렇다! 이 계명은 사실 불가능한 계명이다. 기독교가 오직 사랑하라는 계명으로 이뤄져 있다면, 그것은 소름끼치도록 무시무시한 종교일 것이다. 그러나 기독교는 사랑의 계명일 뿐 아니라 사랑의 계시와 선물이다. 사랑하라는 명령은 이 계명보다 먼저 우리에게 사랑이 계시되고 주어졌기 때문에 우리에게 위임되었다.

"하나님만이 사랑이시다." 오직 하나님이 복음서가 말하는 그 사랑으로 사랑하신다. 오직 신적 성육신 안에서, 곧 하나님과 인간이 온전히 통합된 예수 그리스도, 하나님의 아들이요 인자이신 그리스도 안에서만 하나님 자신의 사랑, 사랑이신 하나님 자신을 인류에게 나타내고 내어주신다. 바로 여기에 놀라운 기독교적 사랑의 새로움이 있다. 신약에서 인간은 사랑하라고 부름을 받는다. 그러나 그 사랑은 신-인적 사랑, 곧 그리스도의 사랑으로 사랑하라는 것을 말한다. 기독교의 새로움은 사랑하라는 계명 자체에 있는 것이 아니라, 그 계명을 성취하는 것이 가능하게 되었다는 놀라운 사실에 있다. 바로 그리스도와의 연합에서 우리가 그의 사랑을 받고, 그것으로 사랑할 수 있고, 그 안에서 자랄 수 있게 되었다는 사실에 말이다. "우리에게 주신 성령으로 말미암아 하나님의 사랑이 우리 마음에 부은 바"롬 5:5 되었기에, 우리는 그리스도를 통해 그의 사랑 안에 거하도록 명령을 받았다. "내 안에 거하라. 나도 너희 안에 거하리라. 가지가 포도나무에 붙어 있지 아니하면 스스로 열매를 맺을 수 없음 같이 너희도 내 안에 있지 아니하면 그러하리라…내가 그 안에 거하면 사람이 열매를 많이 맺나니 나를 떠나서는 너희가 아무것도 할 수 없음이라…나의 사랑 안에 거하라"요 15:4,5,9.

그리스도 안에 거한다는 것은 '교회' 안에 거한다는 뜻이고, 또 그 안에 산다는 것을 의미한다. 교회는 인류에게 알려지고 수여된 그리스도의 삶이고, 그렇기 때문에 교회는 그리스도의 사랑으로 살고 그의 사랑 안에 거한다. 그리스도의 사랑이 교회의 삶의 근원이자 내용이며 목표다. 그리고 이 사랑이 본질적으로 교회의 유일한 표징이다. 다른 모든 것들을 그 안에 포괄하기 때문이다. "너희가 서로 사랑하면 이로써 모든 사람이 너희가 내 제자인 줄 알리라"요 13:35. 또 한 사랑은 교회의 거룩함의 본질이다. 사랑이 "성령으로 말미암아 우리 마음에 부은바" 되었기 때문이다. 나아가 "사랑 안에서 스스로 세우는"엡 4:16 교회 연합의 본질 또한 사랑이다. 마지막으로 사랑은 사도성 apostolicity과 공교회성 catholicity

의 본질이다. 교회는 어디에나 그리고 언제나 동일한 하나의 사도적 연합이고, "사랑의 멍에로 연결되어 있기" 때문이다. "내가 사람의 방언과 천사의 말을 할지라도…내가 예언하는 능력이 있어 모든 비밀과 모든 지식을 알고 또 산을 옮길 만한 모든 믿음이 있을지라도 사랑이 없으면 내가 아무것도 아니요, 내가 내게 있는 모든 것으로 구제하고 또 내 몸을 불사르게 내어줄지라도 사랑이 없으면 내게 아무 유익이 없느니라"고전 13:1-3. 오직 사랑만이 교회의 모든 '표징'—연합, 거룩, 사도성과 공교회성—에 그 중요성과 현실성을 부여한다.

교회는 사랑의 연합이다. 혹은 코미아코프Khomiakov가 말하듯 교회는 "유기체적 사랑"이다.[2] 교회 지체들이 사랑으로 연합되어 있다는 의미에서만이 아니라, 서로를 향한 모두의 사랑을 통해, 곧 삶 자체로서의 사랑을 통해 교회가 그리스도와 세상을 향한 그의 사랑을 나타내고, 그를 증거하며, 그리스도의 사랑으로 세상을 사랑하고, 구원한다는 의미에서 그렇다. 타락한 세상에서 구원이 되는 교회의 임무는, 세상이 그리스도로 말미암아 새롭게 되었음을 드러낸다. 타락한 세상의 본질은 분열이며, 모두가 서로에게서 분리된 상태인 이 분열이 이 세상을 지배하고 있다. 이것은 어떤 사람이 다른 어떤 사람을 '본연적' 사랑하는 것으로는 결코 극복

---

2. A. Khomiakov, *Complete Works* 1(Moscow,1900), 21장, A. Gratieux, A. S. *Khomiakov et le movement slavophile*(Paris,1939), p.109에서 인용.

되지 못한다. 오직 이 분열은 그리스도의 승리로 인한 궁극적 '이별', 곧 죽음으로 극복될 뿐이다. 그러나 교회는 세상 가운데서 생명인 사랑과 사랑인 생명을 나타내고 제시하는 것을 본질로 한다. 사랑 안에서 교회됨을 이루면서 교회는 세상에서 이 사랑을 증거한다. 곧 세상에 사랑을 가져오고 사랑으로 분열과 죽음의 법 아래 복속된 창조 세계를 보살핌으로 그리한다. 그 속에서 각 사람은 신비롭게도 "예수 그리스도의 심장으로…사모하는"빌 1:8 힘을 얻고, 이 사랑의 증인이자 세상에서 이 사랑의 전달자가 되는 능력을 얻는다.

그렇기 때문에 교회로 모이는 것assembling as the Church이 최고의 사랑의 성례인 것이다. 우리는 우리의 연합 안에 주어지는 그리스도의 새로운 사랑을 찾아, 이 신적인 사랑이 몇 번이고 "우리 마음에 부어지기 위해", 거기에 또다시 "사랑을 더하기 위해"골 3:14, 그래서 그리스도의 몸을 이루고, 그리스도의 사랑 안에 거하고, 세상에서 그것을 나타낼 수 있기 위해 교회로 모인다. 이것이 바로 자기중심적이고 거룩한 모임에서 스스로 분리해내는 오늘날 우리의 '개인주의화'된 경건성이 그토록 안타까운 이유이며, 오래전부터 전해 오는 교회의 경험과 정확히 반대되는 이유다. 심지어 교회 안에 있으면서 우리는 계속해서 어떤 사람들은 '이웃'으로, 다른 사람은 '타인'으로, 우리 및 우리의 기도와 '아무런 상관이 없고', 심지어 우리의 '영적 헌신'을 방해하는 익명의 집단으로 느낀다.

겉으로는 '영적으로' 성숙하고 '독실한' 사람들이 공개적으로 자신들의 기도를 방해한다며 얼마나 자주 사람들의 모임을 폄하하고 한적한 예배실과 외딴 곳을 찾아 '군중들'로부터 자신을 소외시키고 있는가! 실제로 이런 '자아도취적인' 신앙은 교회로서의 모임을 불가능하게 만든다. 명백히 이는 교회로서 우리가 거기에 참여하는 목적이 아니기 때문이다. 이런 개인적 경건에 대해 어떤 사람들은 복음서의 다음과 같은 말씀을 들어 변명하려 든다. "너는 기도할 때에 네 골방에 들어가 문을 닫고…" 마 6:6. 그러나 이 말씀은 교회로 모이는 것에는 '모임'이라는 문자 그대로의 단어적 의미 말고는 아무런 의미도 들어 있지 않다는 뜻인가? 그렇지 않다. 모임을 통해 교회는 교회됨을 이루고, 그리스도와 교제하고, 그의 사랑으로 교제를 나눈다. 교회에 참여함으로써 비록 '지체는 많으나 한 몸'을 이룬다.

이렇게 평화의 입맞춤의 중요성이 충분히 드러났다. 앞에서 나는 교회가 존재하던 처음부터 평화의 입맞춤이 교회 모임에서 빠질 수 없는 부분이었다고 말했다. 이는 초기 그리스도인들에게 단순히 사랑의 상징이나 그 사랑을 기억나게 하는 장치가 아니라, 실제로 거룩한 사랑의 의식이었기 때문이다. 평화의 입맞춤은 그 행위와 그 행위를 통해 신적인 사랑이 신자들의 마음속으로 흘러 들어온다는 가시적인 표징이요 의식이었다. 서로에게 그리고 모두에게 그리스도의 사랑을 주는 것은, 눈에 보이지는 않지만 실제로 이루어지는 것이었다. 교회를 향한 현재의 철저히 개인주의적이고 자아중심적인 접근은, 이 의식을 어쩔 수 없이 공허한 '형식'으로밖에 이해하지 못하게 한다. 오늘날 우리는 교회 모임에서 맞은편에 있는 사람이 누구인지 알지 못한다. 우리는 그를 사랑할 수도 사랑하지 않을 수도 없다. 그는 우리에게 '타인'이고 그렇기에 아무것도 아니다. 우리는 이 형식주의를 지나치게 두려워하고, 우리의 개인주의와 자기중심주의에 너무나 '신실한' 나머지 가장 중요한 것을 잊어버렸다. 그렇다고 "거룩한 입맞춤으로 서로 문안하라"라는 부름은 '타인', 곧 우리에게 '무엇'도 '누구'도 아닌 어떤 이를 우리의 개인주의적이고 본연적이며 인간적인 사랑으로 사랑하라는 요청이 아니다. 그것은 그리스도의 사랑에 관한 것이다. 그 사랑의 영원한 불가사의는 원수일지도 모르는 그 타인을 결국 나와 내 삶에 관계를 맺어 형제로 변화시킨다는 사실에 있다. 이것이 바로 교회의 존재의 목적이다. 곧 사탄에 의해 죄로 물든 이 세상이 원래의 상태로 돌아갈 수 있게 되었음을 입증함으로써, 인간이 경험하는 이 무시무시한 소외를 극복하게 한다. 그러나 오늘날 우리는 이 사랑을 위해, 형제들의 모임에서 언제든 우리에게 부어지는 이 사랑을 얻기 위해 교회로 모인다는 사실을 잊어버렸다.

  이런 이유로 고대 신자들의 모임은 말이 아닌 분명한 행동으로 응답할 것을 요구했다. '모든 지각에 뛰어난' 그리스도의 평화를 우리의 노력으로 얻을 수 없듯이 우리는 우리의 노력으로 이 사랑, 곧 죄용서와 영원한 생명, 그리고 하나님과의 연합을 얻을 수 없다. 이 모든 것은 교회의 거룩한 신비 안에서 우리에게 주어지고 허락되었다. 교회 전체는 하나의 커다란 성례, 곧 우리의 모든 몸짓, 행동, 그리고 의식들 안에서 일하시는 그리스도의 신성한 의식이다. 그리고 이 성례는 보이는 모든 것을 '보이지 않는 것의 가시성'이 되게 하고, 그 각각의 상징을 그 안에서 성취한다. 그렇기 때문에 우리는 '거룩한 입맞춤'에서 우리의 사랑을 표현한다기보다는, 오히려 그리스도의 새로운 사랑을 통해 서로를 포용한다. 이것이 바로 교제의 기쁨, 자신의 맞은편에 있는 '타인'에게서 그리스도의 이 사랑을 받고, 그 또한 나에게서 이 사랑을 받는 기쁨이다. 이것이 우리가 그 속에서, 서로에게 그리스도의 사랑에 참여하는 자로 '드러나는' 그리스도 안의 형제라는 의미다.

우리는 단지 이 사랑을 갈망할 수 있고 그것을 받기 위해 스스로를 준비할 수 있을 뿐이다. 고대에는 서로 다투었던 사람들은 교회 모임에 참석하기 전에 서로 화해하고 용서해야 했다. 하나님이 그 마음을 다스리기 위해서는 인간의 모든 것을 성취하셔야 했기 때문이다. 우리 자신을 준비한다는 것은 스스로 다음과 같이 질문을 한다는 뜻이다. 우리는 그리스도의 이 사랑을 위해 예전에 참석하고 있는가? 우리는 단지 도움과 위로에 굶주리고 목말라 여기에 온 것은 아닌가? 우리의 모든 연약함과 한계들을 불태우고 그리스도의 새로운 사랑으로 우리를 일깨우길 갈망하며 우리는 예배에 참여하고 있는가? 아니면 우리는 이 사랑으로 우리의 원수를 향한 미움, 곧 우리의 나름 '이유가 있는 비난들'과 대립 및 분열을 사라지게 하지는 않을까 두려워하고 있는가? 우리는 우리와 이미 화해하고 사랑하고 있는 사람들과의 평화와 사랑에 대한 자기 확인과 자기합리화를 교회로부터 구하고 있는가? 그렇다면, 우리는 우리의 삶을 실제로 그리고 영원히 새롭게 할 그 선물을 아직 얻지 못한다. 그렇다면, 우리의 개인적 '소외'의 벽을 우리는 아직 허물지 못한다. 진정으로 교회에 참여하지 못한다.

고대에는 평화를 주는 것과 사랑의 입맞춤하는 것이 신자의 예전, 곧 성찬예식의 첫 번째 행동이었음을 기억하라. 그것은 성찬의 시작일 뿐 아니라, 어떤 의미에서 그것이 성찬 자체를 가능하게 만든 필수적인 요소였기 때문이다. 그것이 신약의 성례이고, 하나님의 사랑의 나라 성례였기 때문이다. 따라서 우리가 이 사랑으로 '옷 입었을' 때에만 우리는 그리스도를 기념할 수 있고, 그의 살과 피에 참여하는 자가 될 수 있고, 하나님 나라와 내세의 삶을 기다릴 수 있게 된다.

사도 바울은 "신령한 것(사랑)을 사모하라"고 말한다 고전 14:1. 그리스도께서 그의 사랑 안에 우리를 하나로 묶으신 성례에서가 아니라면 우리가 어디서 이것을 이룰 수 있겠는가?

2

'신앙의 상징'the symbol of faith(니케아 공의회에서 가결된 신경-옮긴이)을 암송하고 그 후에 노래를 부르는 것은 비교적 늦은 6세기 초에 만들어진 예식서에서나 등장한다. 그전까지 기독교 예배에서 '신앙의 상징'은 세례 때 시행하도록 규정되었다. '신경에 응답하는 것'redditio symboli, 곧 엄숙한 신앙고백을 통해 교회로 세례를 받으러 가는 세례 예비자들의 준비가 마무리되었다. '신앙의 상징'은 세례와 관련해 생겼고, 그 후에 교리 논쟁 시대에 이르러 정통 교리를 가리는 척도 또는 이단으로부터 교회를 지키는 '경계'oros로 주로 사용되었다. 성찬과 관련해서는 앞에서 언급했듯이 이는 신자들, 이미 믿음에 이른 자들, '물과 성령'으로 거듭난 자들, 하늘로부터의 기름부음을 받은 자들의 모임을 폐쇄적으로 만드는 요소였다. 초기 교회의 의식에서 성찬은 명백한 어떤 것, 곧 모임에 참여하는 모든 이들의 믿음의 연합을 전제로 했다. 그렇기 때문에 예식서에 비교적 빨리 보편화된 신앙의 상징을 포함한 것은 믿음의 연합, 교회, 성찬 안에서 교회됨을 이루는 것 사이의 본래부터 명백하고 유기적이고 제거할 수 없는 유대를 입증한 것에 지나지 않았다. 그리고 이 유대성은 초기 교회의 경험과 삶의 핵심을 이루었다.

그러나 우리는 이 유대를 좀더 깊이 생각해 볼 필요가 있다.

그것이 오늘날의 교회의 경험과 초기 교회의 경험 사이의 가장 큰 차이점이기 때문이다. 오늘날 이 유대는 자명한 것으로 받아들여지지 않는다. 오늘날 너무나 많은 사람들이 연합에 대해 말하고 논쟁하지만, 연합이 그 유대에 뿌리박고 있으며 그것으로부터 나왔다고는 생각하지 않는다.

나는 이제 공식적으로 모든 것이 원래의 위치대로 유지되어야 함을 명백히 고찰하려 한다. 이 유대가 교회의 규정과 규칙에 의해 보호되고 있는 정교회를 위한 바꿀 수 없는 규율로 존재한다는 사실을 명시하려고 한다. 이 규율대로라면 신앙고백을 하지 않는 자들은 정교회 예전에 참여할 수 없다. 정교회 교리에 따르면 '성례 안의 친교'는 믿음의 연합을 전제로 하고 있고, 결국 교회의 연합은 그 믿음의 연합 위에 세워지고, 믿음의 연합은 교회의 연합을 표현하기 때문이다. 이 규율의 힘에 따라 정교회는 신앙고백을 하지 않는 자들이 성찬에 참가하는 것을 금지했다. 하지만 이 규율은 오늘날 오히려 형식적인 것으로 여겨질 뿐이다. 우리가 이미 오래전에 공식적인 스콜라주의 신학에 의해 신자의 의식 속에서 이 규율이 생긴 실재, 그것이 진술하고 있는 실재, 그리고 그 밖에서는 본질적으로 이해할 수 없는 규율의 실재로부터 단절되었기 때문이다.

이 실재란 원초적이고 매우 근본적인 성찬의 경험, 곧 연합의 성례로서의 성찬 경험을 말한다. 이것은 안디옥의 이그나티우스

Ignatius of Antioch가 "사랑으로 이룬 믿음의 연합"이라고 정의한 교회의 성례를 의미한다.[3] "성령의 교제 안에서 하나의 떡과 잔에 참여한 우리 모두 서로 연합하게 하소서." 대 바질의 감사 기도에 분명히 새겨 있는 이 경험에 담긴 이런 성찬 이해와 인식이 바로 오늘날의 교회 의식에서 완전히 사라져 버렸다. 그렇다면 실제적이고 생생한 '적극적' 의미에서 신앙고백을 하지 않은 자의 성찬 참여 금지는 도대체 무엇을 의미하는가?

정교회 신자들마저 성찬을 교제와 '서로와의 연합'으로 여기지 않게 된 지 오래라면, 단순히 신자들만이 아니라 신학적 정의에서도 이것이 특정 개인을 위한 '한 개인의 성화의 방편'이 되었다면, 개인주의적이고 본인이 생각하는 '영적 필요'나 개인적인 생각의 틀, 사적인 준비됨의 여부 등의 척도에 따라 각자가 성찬을 자주 대하든 혹은 절제하든 하는 상황이 되어 버렸다면 말이다. 이런 금지는 초기에는 믿음의 연합으로서의 교회의 진정한 경험을 지키려는 의미였고 실제로 역사는 이를 확언하고 증거한다. 그러나 다른 성례와 마찬가지로 성찬도 '성화의 방편들' 중 하나로 축소되면서 이 금지는 안타깝게도 수많은 신자들에게는 영적 설득력을 상실한 한낱 금지 규정이 되고 말았다.

---

3. Philadelphians 4 and 6:2; Ephesians 4:2, 14:1, 20:2; 그리고 Magnesians 1:2: "나는 심지어 수감자로 있을 때에도 교회를 노래한다. 나는 그들이 그리스도 예수, 육체가 영과 결합된 우리의 영원하신 생명을 고백하기를 원한다. 나는 또한 그 들이 사랑으로 그들의 믿음을 연합하기를 원한다. 그보다 더 좋은 것은 없다." tr. Richardson, p. 94

3

성찬의 약화, 심하게는 본래 성찬 경험의 쇠퇴라고 말할 수 있는 이런 현상은, 다시 말하지만 우리의 규범적인 신학과 철저히 개인주의화된 경건을 용인한 결과다. 개인주의화된 경건은 이미 교회 전반의 지배적인 분위기여서 오늘날 오래된 전통인 양 오해되고 있다. 규범적 신학의 방법론에서도 이런 현상이 일반화된 지 오래다. 서방에서 빌려온, 그래서 정교회의 학식 있는 신학자들에게는 최고의 학문처럼 보이는 이 방법론은 믿음과 교회 전통의 요소들을 하나의 자충족적 대상 내지는 하나의 독립된 '지식 분야'로 고립시켜 버렸다.

각 분야를 이해하는 능력이 다른 분야와 얼마나 서로 유기적으로 연결하느냐가 아니라, 정반대로 그것을 얼마나 각각 분리하고 '파편화'하느냐에 달려 있게 되었다. 이렇게 우리가 여기서 다루고 있는 세 가지 믿음, 교회, 성찬의 각각 실재는 다른 두 부분과의 연관성이 제거된 채 독립된 '분과'의 연구 대상으로 전락해 버렸다. 신학 분야의 시야에서 떨어져 나온 것이 바로 이 세 가지 실재를 묶어 주는 것, 곧 그것들을 삼위일체의 실재로 나타내는 연합이다. 이 연합이야말로 교회 경험에서 우리가 믿음으로 받고, 교회 안에 살아 있고, 성찬 가운데 '한 성령의 교통하심'으로 주어지는 새 생명의 참된 내용인데도 말이다.

이 역설을 이해하기란 그리 어렵지 않다. 예를 들어, 정교회 최고의 교리학자 중 한 사람은 믿음을 "구원의 주요 조건"으로 바르게 해석하면서도 연합의 경험, 연합으로서의 믿음의 경험 자체를 아우르는 기독교 신앙의 문제에 대해서는 철저히 침묵한다. 왜 그런가? 물론, 나누고 분리하는 방법에 제한을 받아 연합 속에서 믿음의 열매와 내용, 믿음의 삶과 인간 안에서의 믿음의 성취를 유기적으로 인식할 수 없게 되었기 때문이다. 이와 같은 현상이 교회와 관련해서도 동일하게 일어났다. 교회를 '성화의 매개'로 '분리시키고' 또 그렇게 정의하면서 스콜라주의 신학은 어쩔 수 없이 교회에 대한 교리를 이 매개의 조건과 형식 내지는 신적으로 확립된 질서와 계층적 구조로 축소했다. 교회 자체, 곧 '믿음과 사랑의 연합' 안에 있는 새로운 삶으로서의 교회, 그리고 이 연합을 계속해서 성취하는 존재로서 교회를 그야말로 철저히 등한시한 것이다. 결국, 바로 이런 절망적인 방법으로 인해 성례 전반, 특히 성찬이 '인간의 성화를 위해 교회 안에 존재하는 수단'이라는 하나의 독립적인 분야로 축소되었다. 이런 신학은 우리로 하여금 성찬이 교회의 성례이고, 그 '믿음과 사랑의 연합'이며, '한 성령의 교통하심'에서 오는 선물이자 성취이고, 나아가 그 안에서 교회의 본질이 드러난다는 사실을 결코 인식하지 못하게 만들었다.

4

이러한 연합의 쇠퇴를 가져온 것이 스콜라주의 신학이라는 교회의 살아 있는 경험과 동떨어진 신학 방법론에 의한 것이라고 말할 수 있다면, 오늘날의 경건이라는 측면에서 이 쇠퇴의 원인을 우리는 '종교적 감정'으로 가장 잘 정의할 수 있는 믿음이란 개념의 점차적인 용해 현상에서 찾을 수 있다. 이런 표현은 어쩌면 사람들에게 이상하고, 심지어 무의미하게 들릴 수도 있다. 오늘날 이 두 개념은 사실상 거의 구분되지 않기 때문이다. 하지만 믿음에 대한 기독교 경험과 이해에 있어서 둘의 차이는 매우 크다. 믿음은 언제나 그리고 무엇보다 절대 타자와의 만남, 그 타자에게로의 전향, 그를 '길이요, 진리요, 생명'으로 받아들이는 것, 그를 향한 사랑이며, 그와의 완전한 연합을 향한 갈망이다. 그래서 사도 바울은 "이제는 내가 사는 것이 아니요 오직 내 안에 그리스도께서" 산다고 고백했다갈 2:20. 또한 믿음은 언제나 절대 타자를 향하기 때문에 '나'라는 자신의 울타리로부터의 탈출일 뿐 아니라, 자신 안에서 일어나는 상호관계의 혁명적 변화이기도 하다. 반면에, 우리 시대에 기독교를 장악한 '종교적 감정'이라는 개념은 이런 믿음과는 철저히 구별된다. 종교적 감정은 그것이 주는 만족감, 곧 개인적 취향과 감정적 경험들, 주관적이고 철저히 개인의 '영적' 필요에 종속된 만족감을 통해 스스로 자라는 것이기 때문이다.

참된 믿음이란 "내가 믿나이다. 나의 믿음 없는 것을 도와주소서"막 9:24라는 고백과 같은 내적 몸부림이다. 반대로 종교적 감정은 '충분하다'고 말한다. 종교적 감정은 철저히 수동적이다. 종교적 감정이 무엇인가를 지향한다면, 그것은 주로 삶의 역경 가운데 필요한 도움이나 위로 같은 것이기 때문이다. 비록 믿음의 주체는 사람이지만 믿음은 결코 개인주의적이지 않다. 믿음은 그 앞에 계시된 절대적 진리를 지향하며, 그 진리는 본질적으로 '개인주의적'이지 않기 때문이다. 따라서 믿음은 예외 없이 고백, 표현, 끌림, 그리고 다른 대상으로의 전향을 요구한다. 반대로 종교적 감정은 철저히 개인주의적이기에, 그것을 형언할 수 없다고 느끼고 어떤 것을 표현하거나 이해하려고 하지 않는다. 그런 시도가 필요하지 않을 뿐 아니라, 그런 시도가 건전하지 못한 '합리화'이며 '단순한 믿음'을 파괴하는 것인 양 치부한다. 참된 믿음은 이성, 의지, 그리고 삶을 그것에 종속시킴으로써 인간을 형성하는 전체에 대한 통합적 이해를 갈망하는 반면에, 종교적 감정은 너무나 쉽게 종교와 삶의 괴리를 인정하고 사상, 신념, 때로는 기독교에 적합하지 않을 뿐 아니라 공공연히 그것에 반대되는 세계관까지 수용한다.

오늘날 정교회 경건을 지배하는 것은 본래의 기독교적 의미의 믿음이 아니라 바로 이런 '종교적 감정'이다. 종교적 감정이 서서히 믿음을 대신하게 된 것은 대체로 눈에 띄지 않게 진행되었는데, 그것이 겉으로는 종종 참된 '교회다움'과 '진정한 정통'의 가장 절대적이고 온전한 보호물처럼 보였기 때문이다. 정교회에서 종교적 감정은 주로 제의, 관습, 전통과 같은 교회 생활의 모든 외적 모양에 본능적으로 애착을 갖는다. 이 종교적 감정의 이 외적인 '교회다움'으로 인해, 너무나 많은 사람들이 그 안에 내재하는 보수주의가 사실은 거짓된 보수주의이고, 본래의 기독교 전통과는 완전히 상반될 뿐 아니라 해롭기까지 함을 결코 이해하지 못한다. 종교적 감정은 형식적으로는 보수주의지만 종교적 형식에 상응하는 내용, 곧 그 안에서 구체화되고 계시되고 그것을 통해 주어지는 믿음과는 연결되지 못한다. 심지어 그 내용의 존재 자체를 부인하기까지 한다. 이렇듯 '보수적인' 종교적 감정이 어떤 가장 하찮은 변화에도 비판적인 이유는, 그것이 '형식 자체'의 불변성, 신성, 그리고 그 아름다움에 철저히 매료되었기 때문이다. 형식에 의해 자라고 그 안에서 만족을 구하는 것이 바로 종교적 감정의 본질이다. 따라서 종교적 감정은 그 형식을 이해하고, 그 안에서 구체화되고, 그것을 통해 드러나는 진리를 찾는 어떠한 시도에도 당황하고 불안해 한다. 이 종교적 감정은 믿음의 심판으로부터 오는 죽음의 냄새를 맡기 때문이다.

실재 안에 있는 기독교의 절대적이고 영원한 새로움은 오직 믿음, 곧 믿음을 통해 확인되고 구원과 생명으로 바뀌는 진리 안에 있다. 따라서 믿음과의 연관성, 곧 믿음의 구체화이자 성취의 의미를 지니는 끝없는 자기 '정체성' 확인 과정 없이는 어떤 '형식들'도 기독교의 참된 실재가 될 수 없다. 더욱이 기독교에서 형식 자체는 우상이 되어 결국 우상숭배를 초래하고 만다. 그것들이 '영과 진정으로' 하나님을 예배하라는 그리스도의 예배의 원칙에 위배되기 때문이다. 기독교가 새로운 형식을 창조하지 않고, 태초부터 인간의 종교와 삶에 존재했던 '낡은' 형식들을 수용하고 물려받았다는 것을 증명하기란 어렵지 않다. 그러나 여기에 새로운 내용과 새로운 의미로 고대의 형식을 채울 뿐 아니라, 그러한 고대의 형식들을 바로 진리의 증거이자 선물로 또한 새로운 생명으로서의 사귐으로 바꾸고 계속해서 바꾸는 교회의 영원한 새로움이 있다. 다시 말하지만 이 변화는 오직 믿음을 통해서 실현된다. "살리는 것은 영이니 육은 무익하니라"요 6:63. 믿음은 성령으로부터 오고 진리를 알게 하기 때문에, 오직 믿음을 통해 우리의 죽을 육신의 몸으로부터 생명을 창조할 능력, 그 몸을 '한 성령과 교제'할 수 있는 상태로 변화시킬 능력이 주어진다.

그러나 '종교적 감정'은 이런 변화를 이해하지 못한다. 정확히 말하면 그것을 알려고 하지도 않는다. 종교적 감정은 본질적으로 불가지론적이기에 그런 변화를 알지 못할 뿐아니라 알려고 하지도 않는다. 종교적 감정은 진리를 지향하지 않기에 지식과 진리의 소유요 생명 중의 생명인 믿음으로 자라거나 살지도 못하고, 오직 자기만족과 즐거움으로 자라며 그것에 의해 살아갈 뿐이다. 이것에 대한 가장 확실한 증거가 바로 자신들의 믿음에 대한 놀라울 정도로 무관심한—스스로를 신자로 부르는 자들, 교회에 철저하게 헌신한다고 말하는—수많은 신자들이 자신들의 믿는 내용에 대해 보여주는 완벽한 냉담함이다. 삼위 하나님, 삼위일체의 신적인 삶, 하나님이신 그리스도가 인간이 되신 신비, 그리스도 안의 '혼동도, 변함도, 분열도, 분리도 없는' 연합, 하나님과 인간에 대한 찬연한 계시, 성령의 강림, 그리고 성령 안에서의 '또 다른 삶, 새롭고 영원한 삶의 시작'. 이 모든 것에 현대의 '종교적 인간'들은 결코 관심을 갖지 않는다. 성령으로 모든 삶을 살았고, 성령 안에서 '세상을 이기는 이김'을 기뻐했던 초대교회 경험에 전혀 관심이 없는 오늘날 종교적 인간의 상황은 단순히 악한 게으름이나 연약함의 결과 때문이 아니다. 믿음의 내용, 곧 믿음이 지향하는 진리에 더 이상 현대 종교인들이 관심을 두지 않는 이유는, 자신의 '종교성'을 위해 점차 믿음을 대신하고 그 안에서 믿음을 용해시켜 버린 종교적 감정에는 본질적으로 그런 것을 필요로 하지 않기 때문이다.

 그렇다면 믿음의 연합에 대해 우리는 무슨 말을 할 수 있는가? 너무나 중요하고, 초대교회와 초기 교회의 전통에 대한 이해에 있어 중심이 되는 이 개념은 도대체 우리에게 무슨 의미가 있는가? 그것은 도대체 어떤 경험인가? 공식적이고 이성적이며 규범적으로 충만한 형태의 신학과 철저히 '개인주의화'되어 종교적 감정으로 변질된 경건으로는 연합을 설명할 수 없다면—비록 연합이라는 주제가 그것들의 관심과 흥미의 분야에서 제외된 상태지만—기독교 최고의 관심의 대상과 최고의 중추로 남아 있는 이 개념을 도대체 우리는 어떻게 설명할 수 있는가?

사실 지금보다 더 많이 기독교의 연합 혹은 교회의 연합에 대해 논의된 적이 없다. 바로 여기에 우리 시대의 이단적인 유혹이 존재한다. 사실이 연합은, 교회가 존재한 처음부터 기독교 신앙과 그리스 도인의 믿음과 삶의 핵심이요, 최고의 기쁨이자 내용 자체였던 그 연합과는 다른 어떤 것으로 대체하려는 유혹에 직면해 왔다. 그리고 실제로 종교적 의식으로는 인식할 수 없도록 어떤 대체물이 생겼고, 오늘날 이 대체물은 더 분명한 형태인 배교의 모양으로 나타나고 있다. 이 대체는 연합을 세상에서 끌어낼 수도 없고 세상의 수준으로 축소할 수도 없기 때문에, 교회를 언제나 새로운 연합의 근원이자 선물로 이해하고 확정하고 경험하는 대신에, 교회 자체를 이미 존재하는 세속적이고 '속된' 연합의 표현, 형태, '수용'으로 이해하도록 했다. 다른 말로 하면, 위로부터의 연합인 교회가 아래로부터의 연합인 교회로 대체된 것이다. 비록 유일하지는 않더라도 어쨌든 교회의 최고의 사명과 목표이어야 할 성찬에 나타난 살과 피의 연합을 표현하고 보존하는 것이 아래로부터의 연합이라는 가장 배교적인 행위로 대체되었다.

이 대체가 오늘날 더 위험한 이유는, 오늘날 교회가 그야말로 '연합'에 대한 맹목적인 찬양과 애수에 사로잡혀 있기 때문이다. 무엇보다 이런 단어들이 지닌 원래의 완전한 의미를 배신하고 이

단적이 될 위험에 심각하게 노출되어 있다. 비록 이것이 대다수 신자들과 '교회' 사람들이 깨닫지 못하고 있지만 말이다. 오늘날 많은 신자들은 연합에 대해 어떤 식으로든 경험해 본 적이 없고 알지도 못하기 때문에 이 문제는 더욱 심각하다. 이제 이것을 갈망하는 신자는 거의 없다. 비록 부분적이고 '거울을 보듯 희미하게'라도 마음은 그것을 느끼고, 알고, 사랑하고 있기에 결코 잊어버릴 수 없는 그것을 갈망한다. 그러나 이제 그들은 위로부터의 연합에 대해 알지 못하고, 기억하지도 못하기에 아래로부터의 연합을 바라고 갈망하고 있다. 인간은 결코 끌 수 없는 연합에 대한 갈망을 아래로부터의 연합으로 대체했다. 그들은 예수 그리스도에 의해 우리에게 주어진 위로부터의 연합 말고는 아래로부터의 어떠한 연합도 결국은 내면적으로 무의미하고 무익할 뿐 아니라, 우상이 되고 만다는 사실을 이해하지 못한다. 종교 자체, 곧 기독교 자체를 퇴보시켜 우상숭배로 이끌어간다는 것을 말이다.

그렇기 때문에 위로부터의 연합, 곧 교회의 본질에 대한 경험과 지식을 설명하는 것보다 더 긴급하고 중요한 임무는 없다. 이 연합이야말로 교회를 '이 세상'의 모든 것으로부터 성별케 하고, 그렇게 함으로써 교회를 세상과 인류의 구원으로 드러내기 때문이다.

5

고상한 단어와 말일수록 해석은 모호해진다. 그렇기에 그런 단어를 사용하는 그리스도인들은 더 끈질기게 그리고 더 정확하게 그 단어를 정의하려고 노력해야 한다. 나아가 그리스도인은 그 단어를 해방, 곧 내부로부터 그것을 왜곡하는 거짓을 몰아내고 정결케 해야 한다. 위대한 신학자인 사도 요한은 우리에게 영들을 분별하라고 말한다. 영들을 분별한다는 것은 단어를 분별한다는 뜻이다. 세상의 타락이 정확히 말의 왜곡에서 시작되었기 때문이다. 말을 통해 거짓의 아비인 마귀가 들어왔다. 거짓된 단어의 치명적 위험성은, 단어 자체는 그대로 있기에 '하나님', '연합', '믿음', '경건', '사랑' 같은 단어를 사용할 때 인간이 그 말의 의미를 정확히 알고 쓰고 있다고 착각하게 한다는 데 있다. 하지만 말이 타락했다는 것은, 말이 내적으로는 '다른' 것이 되었다는 것, 곧 그에 합당한 의미와 내용이 변질되어 거짓이 되었다는 뜻이다. 마귀는 새로운 것, 곧 '악한' 단어들을 창조한 것이 아니다. 하나님이 만드는 세상이 아닌 다른 세상을 마귀가 창조하지도 창조할 수도 없던 것처럼, 마귀는 언어를 창조하지도 창조할 수도 없었다. 이 모든 거짓된 언어와 그 거짓된 말의 능력은, 마귀가 동일한 언어를 가지고 다른 뜻을 가진 말들로 만들고, 그것을 탈취해 악의 도구로 바꿔 버렸고, 그 결과 '이 세상'에 있는 마귀와 그 수하들이 문자적으로 언제나 하나님에게서 훔친 언어로 이야기할 수 있다는 것에 있다.

이것이 바로 단어가 지닌 내용과 의미에 대한 질문을 사전적 정의에 대한 질문으로 축소하려는 모든 시도를 우리가 거절해야 하는 이유다. 어떤 경우든 하나의 정의는 여러 단어들로 이루어진다. 이는 타락한 창조 세계를 노예로 삼은 악순환에서 말이 빠져나오지도, 빠져나올 수도 없다는 뜻이다. 따라서 타락한 세상과 마찬가지로 타락한 말들은 단순히 정의definition가 아닌 구원을 필요로 한다. 타락한 단어는 그 자신이나 다른 단어로부터 오는 구원이 아니라, 씻음과 다시 살게 하는 능력인 하나님의 은혜로부터 오는 구원을 기다려야 한다.

'하나님께 합당한 말들'θεοπρεπεις λόγοι을 찾는 것을 본질로 하는 신학은, 하나님의 능력을 통해 그렇게 말을 구원하라는 소명을 받았다. 하지만 신학이 그 임무를 완수할 수 있는 것은 단어의 구체적 정의들을 통해, 곧 '단어에 대한 단어들'을 통해서가 아니다. 신학은 단어들을 그것의 실재, 곧 단어 자체보다 더 우선하는 실재의 경험을 준거하게 함referring으로써 그 일을 한다. 그 경험과 관련해 볼 때 단어는 상징이다. 나타남, 선물, 참여함, 소유다. 이것이 단어가 상징으로 만들어진 까닭이다. 결국 단어는 정의할 수 없는 실재에 대한 정의가 아니라, 그 실재의 나타남과 선물로, 실재에의 참여와 그것의 소유로 창조되었다. 상징을 통해 그 단어는 타락에서 벗어나 실재와 마주하고, 믿음이라는 능력을 발휘하게 된다.

정교회를 포함해 현대 신학의 주된 결함과 그것의 명백한 무력함은, 신학이 단어를 그것이 가리키는 실재에 비추어 보기를 그만두었다는 데 있다. 오늘날 신학은 그저 '단어에 대한 단어', '정의를 위한 정의'가 되어 버렸다. 현대의 서방에서처럼 기독교를 '오늘날의 언어'로 번역하려고 애쓰는 것은 그것 자체로 배교의 행위가 된다. 그 신학이 단지 '타락한' 언어일 뿐 아니라 기독교를 거부하는 언어를 그대로 전제하고 있기 때문이다. 또한 정교회에서 볼 수 있듯이 현대 신학은 '현대인'에게 자체로 추상적이고 여러 면에서 '고상한' 단어들을 강요한다. 하지만 그 단어가 얼마나 고상한지 이 '현대'인에게 그 단어는 어떠한 실재나 경험도 나타낼 수 없는 생경하고 이해할 수 없는 것으로 남을 뿐이다. 그러나 이를 위해 소위 학식 있는 신학자들은 온갖 종류의 정의와 해석의 도움을 받아 인공소생술로 단어를 살려내려고 애쓰고 있다.

그러나 기독교에서 만남의 경험으로 그리고 이 만남에서 얻어지는 선물로서의 믿음은 언어에 선행한다. 오직 이 경험으로부터 단어 들은 그 의미를 찾을 뿐 아니라 그 힘을 얻기 때문이다. "이는 마음에 가득한 것을 입으로 말함이라"마 12:34. 따라서 어떤 단어가 이와 같은 경험을 나타내지 못하거나 그것에서 돌아서게 만든다면 그 단어는 그저 단어일 뿐이다. 아니 모호할 뿐 아니라 언제든 변절할 악한 단어에 불과할 뿐이다.

6

지금까지 말한 것이 무엇보다 기독교의 진정한 핵심 단어인 연합과 관련되어 있다. 나는 인간의 언어 가운데 이보다 더 신성한 단어는 없으며, 나아가 타락했다는 의미에서, 그리고 하나님의 것을 '훔쳤다'는 의미에서, 이보다 더 악마적인 단어는 없다고 확신한다. 이는 사실이다. 이 경우 원래의 의미와 그것의 대체로서의 '절도 행위' 모두가 생명과 관련된 어떤 것이 아니라 생명 자체, 그 핵심인 참된 생명 자체와 관련되어 있기 때문이다.

'연합'이란 말은 하나님의 단어다. 기독교 신앙의 경험에서 이 단어는 하나님 자신으로 준거되고referred, 나아가 연합으로서의 신적인 삶과 신적인 삶의 내용과 충만으로서의 연합에 대한 계시로 준거되기 때문이다. 하나님은 자신을 삼위 안에서 계시하시고, 삼위를 삶의 방식으로 드러내신다. 그리고 이것은 모든 생명의 근원이자 핵심 원리, 생명 중의 생명, 참된 생명을 의미한다. 이 연합이 성상 중 최고의 성화인 안드레이 루블레프Andrei Rublev의 '성 삼위일체'보다 어떤 논리와 정의 이상으로 훨씬 훌륭하고 완전하게 표현되고 구체화된 교회 지식은 어디에도 없을 것이다. 이 성화는 각각의 삼위를 표현하면서도 성화라는 단어가 지닌 가장 깊은 의미에서 실재로서의 신적 생명의 연합에 대한 계시와 현현, 그리고 비전을 명백하게 드러낸다.

기독교의 모든 믿음은 가장 깊은 곳에서 삼위 하나님을 향해 있기에, 삼위일체로 계시는 하나님에 대한 지식을 알게 될 뿐 아니라 이 지식을 통해 그리고 하나님에 의해 창조된 피조물의 삶을 알게 된다. 창조 세계 본래의 상태와 타락, 그것의 구원을 믿음을 통해 알게 되는 것이다. 가장 먼저 이것은 창조에 대한 지식과 경험이다. 즉 하나님에 의해 창조되고 하나님과 연합할 때 생명이 주어진 것처럼, 오직 그분 안에서 모든 창조 세계 및 모든 생명과 연합한다는 지식과 경험이다. 다음으로 이것은 타락에 대한 지식과 경험이다. 즉 악과 분열, 하나님으로부터의 분리라는 죄의 본질, 그로 인한 생명 자체의 붕괴와 분해, 그리고 그 안에서의 죽음의 승리에 대한 지식과 경험이다. 마지막으로 이것은 구원에 대한 지식과 경험이다.

즉 하나님과의 연합을 회복하고, 그분 안에서 모든 창조물과의 연합을 회복한다는 지식과 경험이다. 바로 이 안에 새롭고 영원한 생명의 본질, 능력으로 장차 임할, 그러나 이미 주어졌고 이미 누리고 있는 하나님 나라의 본질이 있다. "이는 우리가 하나가 된 것 같이 그들도 하나가 되게 하려 함이니이다"요 17:22.

이 말씀의 의미는 기독교 신앙에 있어 연합이 매우 중요하고 간절한 것이긴 하지만, 그럼에도 마치 믿음이 '연합' 없이 존재할 수 있는 어떤 것이거나, 연합이 믿음 안에 담기지도, 믿음으로 나타나지도 않고 삶으로 드러나지도 않는, 믿음과는 철저하게 구별된 '부수적인' 어떤 것이 아니라는 뜻이다. 연합 안에는 믿음의 본질과 그 핵심 내용이 있다. 믿음의 본질은 바로 연합으로 들어가는 것, 타락으로 인해 세상에 의해 박탈된 그 연합을 받아들이는 것, 그리고 구원과 새로운 생명으로서의 연합을 경험하는 것이기 때문이다. 따라서 성경은 믿음에 대해 "오직 의인은 믿음으로 말미암아 살고", "아들을 믿는 자에게는 영생이 있고", "영원히 죽지 않는다"라고 말한다롬 1:17; 요 3:36, 11:26. 믿음은 위로부터의 연합에 참여하는 것, '또 다른 생명, 새롭고 영원한 생명의 시작'에 참여하는 것이다. 그리고 교회가 이 세상에서 위로부터의 이 연합의 선물, 임재, 그리고 그 실현으로 나타나듯이 믿음 또한 그렇다. 믿음과 관련해 교회는 '다른' 어떤 것이 아니라, 비록 믿음과 연관된 것처럼 보이지만 정확히 믿음의 실현 그 자체다. 즉 연합을 받고, 그 안에 들어가고, 그것에 참여하는 것이 바로 믿음이다. 기독교 전통과 경험에서 믿음은 우리를 이끄는 것, 우리를 교회에 소개하는 것, 교회 자체를 믿음의 실현이자 새롭게 지음을 받은 새로운 생명으로 알게 하는 지식이다. 우리 시대에 너무나 쉽게 볼 수 있는 것처럼, '나는 정말로 신실하기에 나의 믿음은 교회를 필요로 하지 않는다'라고 말하는 사람의—정말로 믿음을 갖고 있을 수도 있고, 심지어 깊은 믿음을 갖고 있을 수도 있겠지만—그러한 믿음은, 기독교의 첫날부터 세례를 통해 교회로 들어가려는 갈망이자 하나님 나라에서, 그리스도의 식탁에서, 그리고 '믿음과 사랑의 연합' 안에서 이 목마름을 계속해서 만족시키는 믿음과는 전혀 다른 믿음이다. 교회의 모든 삶은 "신비한 연합 안에서 성삼위일체에 의해 조명된다"(첫 번째 아침기도 안티폰, 4조). 이를 반대로 하면 이 신적 연합을 통해 빛을 발하지 않고, 그 안에서 교제하지 않는 교회의 삶은 없다라고 표현할 수도 있다. 사로프의 세라핌 Serafim of Sarov 같은 수도사가 외적으로는 교회의 '가시적 실재'로부터 멀리 떨어져 있으면서도, 그가 '외진 은둔지'에서 교회 안에 살고 교회를 통해 살 수 있었던 것은 바로 이 빛 때문이었다. 동시에 이 '가시적 실재', 곧 교회의 외적 형식에 완전히 젖어 있는 사람이라도 이 빛을 통해 살지 않을 수도 있다. 교회의 모든 질서, 교회의 모든 '구조', 교회의 모든 '가시적 실재'는 오직 그것이 이 위로부터의 신적 연합을 나타내고 연관된 만큼만 살 수 있고, 실재할 수 있으며, 생명을 창조할 수 있기 때문이다. 단지 궁극적 목표, 곧 "하나님이 만유의 주로서 만유 안에 계시는"고전 15:28 때를 위한 '수단'으로뿐 아니라, 하나님 나라의 지금 여기서 나타나는 형상, 선물, 빛, 그리고 능력으로서 보이지 않은 것의 진정한 가시성과 바라는 것의 실현으로서 관련되는 만큼 그럴 수 있다.

교회가 '이 세상'과 분리되는 것은 오직 이 위로부터의 연합을 통해서다. 그 안에서 우리는 교회의 참된 생명과 은혜, 그리고 이 생명의 새로움을 발견한다. 교회가 이 세상을 '타락한 세상'으로 인식하고, 그것의 외형은 지나가며고전 7:31, 죽을 운명임을 아는 것도 오직 이 연합에 대한 지식과 경험을 통해서다. 만약 '보이는' 교회가 그 지체들과 교회 전체의 '외적' 삶에 있어서 '이 세상'의 살 중의 살이요 피 중의 피라면, "그리스도와 함께 하나님 안에 감추어졌고"골 3:3, 그렇기 때문에 오직 믿음으로만 볼 수 있고 교회의 참된 생명과 관련해 교회는 완전히 다른 본질인 것이다. 타락의 본질이 바로 여기에 있기 때문에 '이 세상'은 죄를 통해 그 생명이 위로부터의 이 연합으로부터 분리되었고, 그 분리로 인해 그것 자체가 타락하고, 부패하고, 땅을 통치하는 죽음과 시간에 절망적인 노예 노릇을 하는 것이다.

현대 교회 의식을 오염시키는 가장 핵심적이고 놀랍도록 무서운 위험이 위로부터의 연합이 아래로부터의 연합으로 대체되는 것에 있음이 우리에게 밝혀 주는 것은, 바로 '이 세상'과 비교해 위로부터의 연합이라는 교회의 전혀 다른 본질을 이해하는 것이 매우 중요하다는 사실이다.

7

이 위험의 중대함과 진정한 두려움을 깨닫기 위해 우리는 먼저, '위로부터의 연합'의 반대 개념인 '아래로부터의 연합'의 본질을 이해해야 한다. 아무리 타락하고, 죽어 있고 '악에 젖어 있든지'

'이 세상'이 존재하는 한 이 아래로부터의 연합은 존재한다. 그러나 아무리 감추고 왜곡되었다 하더라도 이 연합은 근본적으로 하나님이 세상 안에 두신 것이다. 마귀는 인간을, 그리고 인간 안에서 세상을, 하나님으로부터 멀리 돌아서게 했고, 죄를 통해 생명을 해치고 약화시켜 죽을 수밖에 없는 운명이 되게 했고, 실제로 죽음으로 채웠다. 그런 마귀가 하지 못했고, 할 수 없는 단 한 가지가 바로 이 연합으로서의 생명의 본질을 바꾸는 것이다. 하나님만이 창조자요 생명을 주시는 분이시기 때문이다. 오직 주님에게서 생명이 나온다. 생명이 아무리 죄로 더럽혀졌어도, 생명의 법은 여전히 연합의 법으로 남아 있다. 살아있는 모든 것은 생명의 박동마다 연합을 통해 살고, 그것을 기다리고, 그것을 추구한다.

그러나 '이 세상의 임금'의 승리는 이 연합을 그 연합의 근원과 내용, 목표인 하나님에게서 분리해 연합 자체를 중요한 것으로, 성경적 언어로 표현하면 우상으로 대체시켜 버렸다. 하나님으로부터의 연합은 더 이상 하나님과의 연합이기를, 곧 홀로 그 연합을 참된 연합과 참된 생명 되게 하시는 하나님 안에서의 연합이기를 그만두었다. 연합 자체가 내용이 되고 '하나님'이 되었다.

한편으로 연합은 하나님으로부터 오기 때문에, 계속해서 '이' 타락한 세상에서도 빛을 발하고 생명을 창조한다. 연합은 가족과 친구들 안에, 특정한 민족에 속한 소속감과 그 운명에 대한 책임감 안에, 사랑, 연민 그리고 인정 안에, 예술이라는 영원하고 천상적인 것 안에, 아름다움을 향한 비상과 이동 안에, 마음의 가장 높은 갈망 안에, 선함과 겸손의 신적 아름다움 안에 존재한다. 다시 말해, 희미하기는 하지만 결코 파괴되지 않은 하나님의 형상과 모양인 인간 안에, 그리고 세상 안에 연합은 존재한다. 다른 한편으로 연합은 하나님과의 연합, 하나님 안에서 연합되지 못하는 만큼 그것 자체가 중요한 것, 곧 우상이 되어 '언제든 변질되고', 불안정하고, 쉽게 부서져 버린다. 나아가 이 연합은 모든 새로운 분열, 악, 폭력, 그리고 미움을 양산하는 발전소가 된다. 아래를 향한, 곧 땅의 것을 지향하고 인간의 육체를 원칙과 근원으로 삼는 아래로부터의 이 세속적인 연합은, 그것이 연합하는 바로 그 동일한 척도에서 분리된다. 자기 것을 향한 사랑, 자신들끼리의 연합은 '이질적'인 것, 자신이 아닌 무엇을 향한 증오와 그것으로부터의 분리를 중심으로 회전하는 것이다. 이렇듯 연합 자체가 무엇보다 맹목적인 애국주의, 곧 다른 것이나 다른 사람을 대적하는 자기긍정과 자기방어의 한 종류임을 입증한다. 세상의 모든 것은 이 연합을 통해 살아가고, 이 연합에 의해 나누어지고, 스스로 우상이 된 '연합들'과의 충돌과 투쟁으로 계속해서 분리된다. '좌'와 '우' 모두 예외 없이 오늘날의 모든 이데올로기들의 내용과 내적 동기를 구성하는 연합의 이상들 안보다 이 대체의 진정 사악한 본질이 명백해지는 곳은 없다. 마치 그것이 인간의 궁극적인 비인간화인 것처럼 완전한 우상이 된 이 '연합' 앞에 인간을 제물로 바치듯 이 이데올로기 안에서 그 악마의 거짓말은 힘을 발휘한다.

너무나 분명히 교회에 침투해 점차 교회 의식을 마비시키는 이 아래로부터의 연합의 유혹이 그렇게 무서운 이유가 바로 여기에 있다. 우리는 지금 외적 변화들, 이를테면 교리나 교회법의 약간의 수정사항 또는 전통의 '재검토'에 대해 말하는 것이 아니다. '우리 시대'의 정신에 자발적으로 '항복한' 서방 그리스도인들과 달리 정교회는 여전히 매우 보수적이고 고대의 후광으로 덮인 것에 집착한다. 그러나 세속주의적이고, 비인격적이고, 비인간화된 과학기술, 관념적 이상주의의 승리로 야기된 근본적인 영적 위기를 겪고 있는 이 시대에 '고대'에 대한 이런 향수는 오히려 정교회의 '종교적 감정' 안에서 점점 더 강해지게 만들어 그것 자체로 하나의 과거 이상주의의 형태로 자리잡게 했다.

우리는 지금 교회 의식의 내적 방향과 관련해 복음서에서 우리의 마음이 있는 곳에 우리의 보물도 있다 마 6:21라는 지적처럼 교회 생명의 내적 중추, 내적 영감을 구성하고 있는 보물에 대해 말하고 있다. 그리스도의 교회, 하나님 나라, 곧 위로부터의 연합, 그리스도 안에서 성령을 통한 하나님과의 연합은 언제나 그랬고, 앞으로도 계속 소중한 보물일 수밖에 없기 때문이다. 교회가 지상에 '머무는' 것은 오직 '이 세상'에 그 보물을 드러내고 그것을 통해 세상을 구원하기 위함이다. 교회의 증거와 선포는 오직 하나님 나라에 관한 것이고, 교회의 생명은 오직 이 안에 있다. 나아가 우리는 이렇게도 말할 수도 있다. 그리스도의 오심과 그분 안에서 위로부터의 연합이 이 세상으로 들어온 것, 곧 사도들과 교회에 주신—모든 창조 세계에 복음을 선포하고, '아버지와 아들과 성령의 이름으로' 세례를 주고, 교회 안으로 들어오게 하고, 교회를 만들라는—명령이 '이 세상'에 최후의 궁극적인 분열을 가져왔다고 말이다. "화평이 아니요 검"마 10:34. "내가 온 것은 사람이 그 아버지와, 딸이 어머니와, 며느리가 시어머니와 불화하게 하려 함이니 사람의 원수가 자기 집안 식구리라"마 10:35-36.

그러면 진실로 구원에 이르게 하는 이 분열의 능력과, 마귀에 의해 세상에 들어와 죄와 타락의 본질을 이루는 파괴적 분열 사이의 온전히 절대적이고 근본적인 차이는 무엇인가? 구원에 이르게 하는 분열은 악마적인 대체, 곧 '아래로부터의 연합'이라는 우상으로의 거짓된 대체, 그리고 우상숭배 가운데, 하나님과 분리된 가운데, 삶이 분열된 채 파멸과 죽음 가운데 그 우상숭배를 폭로한다는 의미에서 파괴적인 분열과 철저히 구별된다. 나는 이 폭로라는 단어를 명시, 적발, '정체를 드러냄'을 뜻하는 문자적 의미로 사용한다. 오직 위로부터의 신적 연합이 세상에 왔고, 현시되었고, 세상 안에 거하기 때문에 인간은 마침내 그것을 믿을 수 있게 되었다. 눈으로 보고, 그 모든 본질을 받아들이고, 사랑하고, 그것을 마음의 보물, 곧 '꼭 필요한 것 한 가지'로 알 수 있게 된 것이다. 마찬가지로 인간은 '아래로부터의 연합'의 그 철저한 타락, 처절한 공포. 모든 막다른 끝을 보고 그동안 마귀가 교묘하게 매력적으로 겉치장해 우리에게 비밀로 해 온 것을 이해할 수 있게 된다. 기독교 신앙의 기초에 반드시 있어야 하는 회심 중 가장 중요한 회심은 무엇보다 '아래로부터의 연합'에서 '위로부터의 연합'으로의 회심이다. 참된 것을 받아들이기 위해서는 거짓된 것을 거절해야 한다. 무언가를 포기하지 않고, '마귀와 그의 모든 사자들과 그의 활동을 물리치지' 않고서는 그리스도와의 세례를 통한 연합은 불가능하기 때문이다. "사람의 원수가 자기 집안 식구이리라" 마 10:36. 만약 '아래로부터의 연합'이 아니라면, 스스로 우상이 되고 결국 우상숭배를 초래하는, 자기중심적이고 그로 인해 우리의 삶에 분열을 가져오는 아래로부터의 연합이 아니라면, 이 말씀은 도대체 무엇에 대한 말씀이겠는가? "이 세상이나 세상에 있는 것들을 사랑하지 말라. 누구든지 세상을 사랑하면 아버지의 사랑이 그 안에 있지 아니하니, 이는 세상에 있는 모든 것이 육신의 정욕과 안목의 정욕과 이생의 자랑이니 다 아버지께로부터 온 것이 아니요 세상으로부터 온 것이라" 요일 2:15-16. '위로부터의 연합'의 이름으로 '아래로부터의 연합'을 포기하라는 것이 아니라면, 위로부터 오는 신적 연합의 교제요, 하나님 안에서의 삶을 통해 세상의 이름으로 이미 우상이 되어버린 '이 세상'을 단념하라는 것이 아니라면, 사랑의 사도가 준 이 명령은 도대체 무엇이란 말인가?

    그 안에 세상의 구원이 있는 연합, 곧 위로부터의 연합이 십자가를 통해 세상에 들어오고 십자가로 우리에게 주어진 까닭이 바로 여기에 있다. 십자가를 통해 "세상이 나를 대하여 십자가에 못박히고 내가 또한 세상을 대하여 그러하니라"갈 6:14는 사도 바울의 말처럼, 십자가는 삶 전체, 곧 가장 사적이고 가장 '개인적인', 그러면서도 가장 '외적인' 삶 전반에 퍼져 있는 '아래로부터의 연합'의 유혹에 대한 실제적인 싸움이다. 그러나 하나님이 창조하지 않으셨고 사도 바울이 '맨 나중에 멸망 받을 원수'라고 부른 죽음은, 오직 자기희생을 통해 성취된 예수 그리스도의 은혜로 주신 죽음 안에서 '죽을 수 밖에 없는 운명'과 그리스도의 무덤은 무력화되고 나아가 생명의 전달체가 되었다. 이처럼 그리스도는 마귀, 거짓의 아비, 분열을 조장하는 자를 드러내는 분이기에 그리스도로 인해 세상에 온 분열은 마귀의 일을 물리친다. 이 분열을 통해 진정한 신적인 연합이 세상에 들어오고, 그것을 받아들이고, 그것으로 사는 모든 자들을 다스리기 때문이다. 이 참된 분열을 통해 다른 모든 분열들은 극복되고 완전히 정복되고, 그리하여 하나님은 만유 안에 거하신다.

그러나 오늘날 그리스도인들은 이 선물을 제대로 낳지 못한다. 그들은 '이 세상'에서 그들의 높은 부르심, 구원을 이루라는 그 부르심을 드러내지 않는다. 세상이 간절히 필요로 하는 위로부터의 이 연합을 말이다. 세상은 이 연합을 알지 못한 채 교회로부터 그것에 굶주려 있고 목말라 한다. 그러면서 사람들은 오랫동안 교회에게 온갖 방식의 '아래로부터의 연합'을 섬기고, 축복하고, 성별하고, '종교적으로' 그것들을 인정하고, 그 표현이 되고 변호가 되도록 강요해 왔다. 분명 이런 자연적·국가적·이념적·정치적인 '아래로부터의 연합'은 이제 교회의 마음의 보물이 되었다. 이런 대체가 그렇게 한 이들로부터 종종 숨겨질 수 있었던 것은, 이 보물이 교회의 옷을 입고, 특히 전통적이고 '정교회적인' 언어로 말해졌기 때문이다. 하지만 이 교회다움, 전통성, 그리고 모든 웅장함에 아무리 매료당한다 하더라도, 이 보물에 자신을 내어 준 그 마음은 '디오그네투스에게 보내는 편지'에서처럼 "모든 이방의 땅은 그들의 조국이다. 그리고 그들에게 있어 모든 조국은 이방의 땅이다"[4]라는 초기 그리스도인의 그런 기쁨, 무엇보다 그런 자명함이 울려 퍼지는 말들을 외치지 못한다. 이런 마음은 그리스도인들로 하여금 자신을 '제3의 종족', 곧 이 땅의 나그네와 이방인으로 여기지 않게 만든다. 그리스도인들이란, 이미 소망하는 그 나라의 충만한 기쁨을 알고, 이미 그것을 목격한 사람이 아니던가! 세상에 소망을 둔 이들의 마음과는 달리 참된 그리스도인들의 마음은 악에 의해 하나님에게서 멀어진 모든 가치들과 연합들을 하나님에게로 돌이키게 만들고 세상의 변화를 일으킨 그리스도가 주신 자유를 입으로 고백하는 것에 결코 만족하지 않는다.

---

4. 5:5, tr. Richardson, p. 217.

이제 우리는 신앙고백으로 다시 돌아올 수가 있게 되었다. 신앙고백은 교회가 생긴 이후에는 교회 생활로 들어오는 세례 입교의 조건이었고, 현재의 예전 순서에서는 과거와 마찬가지로 성찬 기도, 곧 감사와 봉헌의 성례로 우리를 이끈다.

"사람이 마음으로 믿어 의에 이르고 입으로 시인하여 구원에 이르느니라"롬 10:10. 우리는 앞에서 기독교 신앙에 있어서 말의 결정적인 중요성에 대해 언급했다. 기독교 자체가 좋은 소식, 하나님 말씀의 선포, 언어의 구원이고 갱신이며, 하나님이 만드신 모습으로의 변화다. 여기서 변화란 단순히 실재에 대한 말이 아니라 말-실재, 말-생명, 현시로서의 말, 선물, '위대한 능력'으로서의 말로의 변화를 뜻한다. 따라서 말로, 그리고 말을 통한 신앙고백은 기독교에서 매우 근본적이다. 따라서 '믿음과 사랑의 연합체'라는 교회의 본질을 이루는 '위로부터의 연합'이 실현되고, 주어지고, 수납되는 것이 이 입술의 고백naming을 통해 언어 안에서 진정으로 나타나고 구체화된다. 교회의 모든 삶, 교회 지체들 각 사람의 삶 전체가 하나의 신앙고백이 되도록 요청되기에 이 고백의 원칙과 근거는 언제나 말에 있다. 그 언어 안에서, 그리고 말을 통해 우리에게 주신 하나님의 선물이 확인되고, 명명되고, 실현되기 때문이다. 그리스도에 대한 전도의 말이 우리에게 그리스도 자신, 곧 하나님 말씀의 성육신을 나타내고 내어주듯이 말로 하는 신앙고백도 언어로 된 진리의 선물이자 진리와의 교제다. 신앙고백은 이 신적 진리를 명명하는 것이고, 믿음은 이 진리를 지향하며 이 진리를 아는 지식이다. 따라서 교회는 결코 중단하지 않고, 계속해서 매번 그것이 처음인 것처럼, '한마음과 한뜻으로' 인간의 모든 언어 중 가장 놀랍고 가장 지칠 줄 모르는 다음의 말을 선언한다. "나는 믿습니다." 교회는 그 자신이 사는 그 지식과 빛을 통해 그 신적 진리를 확인하고 명명한다. 그러므로 '믿음의 연합'의 실현으로서 신앙고백은 이런 연합의 기쁨을 포함하고 부여한다. 그것은 교회의 즐거운 의식이다. 결국 우리에게 이 연합의 성례를 소개하고, 하나님 나라 안에서 그리스도의 식탁에 이르는 성찬의 승천을 시작하는 것이, 바로 이 위로부터의 연합이 구체적으로 뜻하는 바다.

그러나 마찬가지로 신앙고백은 교회에 대한 심판이고, 교회 지체인 우리 각 사람에 대한 판단이다. "네 말로 의롭다 함을 받고 네 말로 정죄함을 받으리라" 마 12:37. 그 안에 판단의 기준이 있고, 그 안에 우리의 모든 대체와 배교에 대한 고발이 있다. 어디에, 그리고 무엇에 우리 마음의 보물이 있는지에 대한 틀림없는 시금석, 곧 우리의 믿음 자체에 대한 시금석이 그 안에 있다.

교회 안의 모든 것, 모든 형태와 구조, 그리고 심지어 예배와 경건까지 '재해석'된다. '이 세상의 임금'은 너무나 교묘하고 교활하기 때문이다. 세상에 있는 모든 것, 심지어 종교, '영성', 가식적

웅장함도 우상이 될 수 있고 우상숭배를 초래할 수 있다. 그러나 교회가, 그리고 교회와 함께 교회 안에 있는 우리 각 사람이 신앙고백을 반복하고, 그것으로 교회를 판단하고, 반복해서 진리로 조명을 받는 한 '지옥의 문'은 교회를 결코 이기지 못할 것이다. 이 신앙고백은 끊임없이 되살리고, 끊임없이 치료하는 '신비한 연합의 성삼위일체로부 터 조명을 받는' 교회의 생명의 능력을 마르지 않게 할 것이다.

8장

드높임의 성례

주여 우리가 여기 있는 것이 좋사오니….

마태복음 17:4

1

"바르게 섭시다. 경외함으로 섭시다. 평화 가운데 거룩한 봉헌을 드높이는 일(아나포라, 우리의 봉헌물과 우리 자신을 드높여 드리는 것을 뜻하는 정교회의 포괄적인 용어 - 옮긴이)에 참여합시다." 신앙고백 후 이런 부름을 선언할 때 말로 표현하기 어려운, 오직 내부로부터 일어나는, 오직 영적으로 감지할 수 있는, '또 다른 차원으로 옮겨가는' 무엇인가가 예전에서 발생한다. 무엇인가 완전히 끝나고 새로운 어떤 것이 이제 다시 시작한다.

그것이 무엇인가? 이 질문에 대한 일반적인 대답은 다음과 같다. 이제 우리는 예전의 가장 주요한 부분인 성찬 기도를 시작한다. 이 기도를 드리는 동안 성례, 곧 떡과 포도주의 성찬 예물이 그리스도의 몸과 피로 변화 또는 변질이 일어난다. 그러나 이 답변이 외적으로는 바른 것 같지만 이 답변은 또 다른 질문을 제기하고 더 정확한 규명을 요구한다. 이를 입증하려고 하겠지만, 무엇보다 예전이 우리의 삶이나 교회에서 뿐 아니라, 세상의 구원의 신비에서 차지하는 위치, 곧 피조물이 돌이켜 창조주에게로 올라가는 것으로서 간주되는 총체적인 이해는 다양한 이해에 따라 달라지게 마련이다.

그러면 첫째로, 우리가 예전에서 이 부분을 '가장 주요한 부분'이라고 정의하는 것은 무엇을 뜻하는지 알아보자. 좀더 정확하게 말해, 이것은 무엇을 의미하고 무엇을 의미해야 하는가? 이 말은 '주요한' 것과 '주요하지 않은' 것 사이의 특별한 관계를 전제로 하는데, 이는 이 관계 밖에서는 아무런 의미도 가질 수 없음을 뜻한다. 그러나 이런 정의는 앞에서 보았듯이, 성찬의 성례를 다른 예전과는 아무런 관련 없이 철저히 독립적인 전체 성례 중 한 부분에 딸린 성찬 기도 정도로 축소한 서방의 스콜라주의 신학의 영향에 따른 것이다. 나중에 동방에서도 그대로 수용한 이 신학은, 그것도 충분하지 않았는지 여기서 한 발 더 나아가 성찬예식의 풍부한 예전적 의미를 성체 변질이라는 또 다른 하나의 순간으로 축소해 버렸다. 그러나 바로 이 '축소'로 인해 우리가 앞 장에서 다루었던 예전의 다른 부분들 전체가 더 이상 주요하지 않은, 곧 어떤 유일한 부분과 비교해 볼 때조차 주요하지 않은 것으로, 성찬의 성례를 신학적으로 정의하고 이해하는 데 있어 불필요한 것으로 간주되고 말았다. 이렇듯 예전의 다른 부분들을 한편으로는 오직 '예전학자들'과 '예전 전문가들'의 몫으로 규정하고, 다른 한편으로는 예배의 모든 순서에서 '종교적 감정'과 그것의 특징으로서 성례와는 아무런 관계가 없는 '예증적 상징성'을 찾으려는 무분별한 이런 시도는 일종의 신학적 '과잉' 현상이었다. 따라서 실제로 예전의 가장 주요한 부분이 무엇인지에 대한 이러한 정의와 관련해 '가장 주요한'이라는 단어가 위에서 말한 그런 의미라면, 앞 장의 내용에 주의를 기울인 사람들은 내가 왜 이 정의를 단호하게 거부하는지 충분히 이해할 것이다. 내가 이것을 거절하는 까닭은 그 정의 안에 방법의 편향성이나 부적합성뿐만이 아니라, 그것을 통해 서방 신학 부패의 가장 두드러진 예와 증거가 보이기 때문이다. 이 부패가 무엇보다 교회의 지성소 안으로 접근할 때, 곧 성찬과 성례에서 가장 분명히 드러난다.

내가 예전의 첫 번째 부분에 할애한 각 장들, 입당과 모임, 말씀 봉독과 선포, 봉헌, 평화의 입맞춤과 신앙고백을 성례라는 단어를 사용해 제목을 붙인 것은 단순히 더 장엄하게 들리게 하기 위해서가 아니라, 다음을 보여주기 위해 의도적으로 그렇게 했다. 그것은 바로 성찬이 '다면적'이긴 하지만 그것이 하나의 신성한 예식, 곧 하나의 성례라는 것을 최대한 충분히 보여주기 위해서였다. 하나의 성례 안에서 '부분들' 전체, 곧 예전의 순서와 구조, 상호간의 조정에 필요한 각 부분과 각 부분에 필요한 전체가 이미 성취되었고 지금도 성취되고 있다는 영원하면서도 보편적이고 참된 이 신적인 의미를 말이다.

이것이 교회의 전통이고 교회의 살아 있는 경험이다. 그 안에서 거룩한 예전과 성찬의 성례는 분리되지 않는다. 그것의 배경, 전체적인 흐름, 순서와 구조는 성례의 의미와 내용을 우리에게 나타내고, 우리를 그 안으로 데리고 들어가며, 우리를 그것의 참예자로 만들뿐 아니라 성찬의 수혜자로 변화시키기 때문이다. 동시에 스콜라주의 신학이 제멋대로 예전에서 한 '순간'(행동, 문구)을 따로 분리하고, 그것을 성례와 동일시하면서 파괴한 것이 바로 이 연합, 성찬의 본래의 상태, 예전과 성례 사이의 불가분의 연대성이다. 우리는 지금 추상적인 정의들의 모순이나 신학적인 미묘한 차이가 아니라, 더 근본적이고 본질적인 무엇인가에 대해 말하고 있다. '성찬에서 성취되는 것이 무엇인가'라는 질문에 대한 답을, '어떻게 그리고 어디에서 발견해야 하느냐'에서 찾고 있다. 교회에 있어 이 질문에 대한 대답뿐 아니라 질문 자체의 올바른 '맥락'을 예전에 근거를 두어야 하는 이유는, 교회에 있어 성찬이 예전의 정점이자 성취이기 때문이다. 마치 예전이 교회의 신앙 전체, 삶 전체, 그리고 경험 전체의 정점이자 성취인 것처럼 말이다. 그러나 어쨌든 스콜라주의 신학은 성례의 의미를 예전에서 '찾지' 않는다. 그것의 불합리함과 비극은 스콜라주의 신학이 실제로는 질문 자체의 대용품을 만들고, 교회의 경험을 '이 세대의 필요'에 뿌리를 둔 다른 질문으로 대체했기 때문이다. 이 질문들과 생각의 범주를 따르는 것은, 믿음으로 거듭나고 깨우침을 받지 못한 우리의 타락한 이성의 호기심을 따라 말하는 것이다. 그렇기 때문에 스콜라주의 신학은 자신만의 특정적이고, 선험적이며, '자충족적인' 성례의 정의를 만들어 낼 뿐 아니라, 그런 방향으로 이끌면서 실제로 교회의 경험에 비추어 평가해야 하는 또 다른 질문들과 문제점들을 덧붙인다.

2

지난 수세기 동안 이 '문제점들'은 '언제'와 '어떻게'라는 두 가지 질문으로 축소되었다. 언제, 곧 어떤 순간에 떡과 포도주가 그리스도의 몸과 피로 변하는가? 어떻게, 곧 그것이 발생하는 인과관계는 무엇인가? 실제로 이 두 가지 질문에 대한 답으로 수백 권의 책들이 쓰였고, 지금도 로마 가톨릭과 개신교 사이, 그리고 동방과 서방교회 사이에서 큰 논쟁의 대상이 되고 있다. 그러나 그 논의들은 결국, 예전의식의 직접적인 경험과 교회에서 행해지는 예배에 대해 이런 모든 이해들과 이론들을 다시 언급하는 수준에서 다뤄지고 있을 뿐이다. 어느 정도 이 경험의 외적 측면을 드러내지만 기껏해야 이런 설명들은 그 경험의 범위를 벗어나서는 어떤 것도 제대로 설명을 하지 못할 뿐 아니라, 결국은 그런 질문 자체가 불필요함을 선명하게 할 뿐이다.

본질적이고 비본질적인 속성의 차이는—철학적이고 추상적인 차원에서가 아니라—실제로 우리의 믿음, 곧 우리의 영적 교제와 삶, 그리고 구원에 있어서 무엇을 의미하는가? 이 질문은 아리스토텔레스의 질문으로 되돌아가는 것으로, 스콜라 철학자들이 떡과 포도주가 그리스도의 몸과 피로 어떻게 성체변질을 이루는지에 대한 질문에 답하기 위해 사용했던 것이다. 이 경험에 따르면, 성체변질은 그리스도의 몸의 '비본질적 속성'이 떡의 비본질적 속성으로 남아 있으면서 동시에, 떡의 '본질적 속성'이 그리스도의 몸의 본질적 속성으로 변하는 데 있는 것인가? 그러나 매주일마다 하나님을 경외함과 사랑으로 "이것은 진실로 당신의 가장 순전한 몸이며…이것은 당신의 보배로운 피입니다"라고 고백하는 믿음은 이러한 설명을 필요로 하지 않는다. 또한 그 물음 자체에 있어서도 이런 설명은, 그 설명이 기초하고 있는 관련 규정에 대해 동일하게 납득할 수 없는 억측일 뿐이다.

그것은 언제, 곧 어떤 순간에 어떤 '인과관계'에 의해 성체변질이 이루어지는가라는 질문에도 마찬가지다. 서방의 스콜라주의 신학자들의 대답은 사제가 '축성문', 곧 공식적이고 '충분한' 성체변질 요인인 "이것은 내 몸이다…이것은 내 피다"라는 성찬제정사 the words of institution를 선언하는 순간 성체변질이 일어난다고 말한다. 나중에 살펴보겠지만 정교회 신학은 이런 라틴 교회의 교리를 정당한 이유로 배격한다. 정교회 신학은 떡의 변화는 제정사를 통해서가 아니라, 예전 순서에 따라 제정사 바로 뒤에 나오는 에피클레시스epiklesis, 곧 성령의 임재를 구하는 기도에 의해 이루어진다고 단언한다. 그러나 사실 이것 역시 동일한 방법으로 인해 생긴 동일한 '문제점'들에 의해 강요된 답변으로, 정교회 신학 역시 이 논쟁의 궁극적 의미와 중요성이 무엇인지를 충분히 드러내지는 못한다. 정교회에서조차 에피클레시스의 본질, 곧 예전에서 에피클레시스의 진정한 의미를 드러내지는 못한 채 '축성문'이 또 다른 것으로 대체되고, 어떤 '순간'은 또 다른 어떤 '순간'으로 대체되었기 때문이다.

이에 대해 계속해서 강조하겠지만 지금까지의 핵심은, 이 부분에 대해 신학적 이해는 무용할 뿐아니라, 가능하지도 않다는 확신으로 이런 질문들을 외면하거나 '이성이 아니라, 오직 믿음이 필요할 뿐이다'라는 진부하고 근본적으로 잘못된 주장으로 성찬을 설명할 수밖에 없다는 것이 아니다. 나는 교회와 세상 그리고 인류에게 성찬에서 성취되는 것이 무엇인가라는 질문보다 더 중요하고 더 시급한 질문은 없다고 확신한다. 실제로 이 질문은 진리의 지혜로 들어가고자 하는 목마름으로 사는 믿음, 신적 지혜 속에 현현하고 뿌리박고 있는 논리에 맞는 하나님의 사역에 대한 목마름으로 사는 믿음에게는 매우 자연스런 질문이다. 그것은 진정 실재하는 모든 것의 궁극적 의미와 목적에 대한 질문이자 '하나님이 만유의 주로서 만유 안에 계시는' 곳으로의 성례적 승천에 대한 질문이다. 그렇기 때문에 엠마오로 내려가는 제자들의 가슴에 신비롭게 타올랐던 것처럼, 이 질문은 믿음을 통해 끊임없이 제기된다. 바로 이것이 이 시급한 질문—모호하게 하고, 축소하고, 왜곡하는—을 해방하고 하늘의 것으로 땅을 설명하기보다는, 오히려 하늘의 것과 초자연적인 것을 땅의 것, 곧 '인간의, 오직 인간의' 메마르고 무능한 '범주들'로 축소하는 이런 '질문들'과 '대답들'로부터 정결케 되는 것이 그렇게 중요한 이유다.

"바르게 섭시다"라는 부름과 함께 우리는 실제로 성찬 예전의 '가장 주요한' 부분으로 들어간다. 그러나 그것은 다른 부분들과 비교해 가장 주요한 것이지, 그것들과 별개로 분리되어 주요한 것은 아니다. 그것이 가장 주요한 이유는 그 안에서 예전 전체의 성취, 예전이 증거하고 나타내는 모든 것, 예전이 그리로 이끌어 올라가는 완성을 발견하기 때문이다. 이 부름은 모임의 성례, 봉헌의 성례와 연합의 성례 없이는 불가능한 드높임의 성례를 시작한다. 그리고 드높임의 성례는 예전 전체의 성취이기에, 우리는 그 안에서 모든 지식을 뛰어넘고, 그럼에도 불구하고 모든 것을 나타내며,

모든 것을 설명하는 성례에 대한 이해를 얻는다. 부제가 우리를 "바로 서도록" 혹은 "똑바로 서길" 혹은 "바르게 되길"[1] 요청할 때, 우리의 영적 관심을 이 '관계', 곧 성찬예식의 완전함과 연합에 돌린다.

3

'바른', '잘', '좋은' 같은 말들은 다른 단어들처럼 그것 자체로는 타락한 인간의 언어로 훼손되고, 희석되고, 약화되었다. 예를 들어 '좋은'이라는 말은 이제 '자신이 좋아하는 어떤 것', '이 세상'에 만족스럽고, 마귀에게 만족스러운 것을 의미하는 단어가 되었다. 이 단어는 오직 부분적으로 시와 같은 예술에서 원래의 단어의 순수함과 능력으로 그 본래적인 신적인 의미를 희미하게 드러낼 뿐이다. '좋은'이란 말 이 다른 단어들처럼 하나님으로부터 왔기에 이를 예전적 의미로 듣고, 성찬의 아나포라의 시작에서 명백히 나타나는 의미로 이해하기 위해서는 우리는 이 말을 반드시 하나님과 연관시켜야 한다. 어떤 원시에서의 계시처럼 이 단어가 처음 울려 퍼졌던 바로 그곳에서 들려져야 한다.

---

1. Στῶμεν καλῶς 또는 슬라브어 Stanem dobre는 영어로 적절하게 표현할 수 없는 일련의 의미 범위를 제시한다.

"하나님이 보시기에 좋았더라"창 1:10. 여기가 바로 이 단어가 최초로 울려 퍼진 곳이다. 여기가 이 단어의 태초인 셈이다. 그러면 우리는 이 단어를 어떻게 듣고, 이해하고, 받아야 하는가? 어떤 단어들이 최초의 어떤 단어에서 파생되어 그 단어로부터 그 의미와 능력을 받는다면,. 우리는 어떻게 단어를 사용하고, 그것을 설명해야 하는가? 물론 '문화', '과학', '철학'과 같이 충분히 학문적으로 그리고 규범적으로 정의할 수 있을 단어들을 우리는 알고 있다. 어떤 것이 그것의 성질, 목적, 개념과 일치할 때, 곧 그것의 '형상'이나 성취가 그 '내용'이나 계획에 부합할 때 그것은 좋거나 바른 것이다. 이를 성경적으로 표현하면 '하나님이 만든 것은 하나님 자신의 계획에 잘 부합했기 때문에 옳고 좋은 것이다' 정도가 될 것이다. 어떤 단어가 제아무리 문자적으로는 진실하고 선하다 하더라도, 최고선, 곧 신적 선함을 갖고 있어 세상과 삶, 그리고 우리에게 기쁨의 충만함, 선을 비추어 주고 생명을 가져다 줄 환희인 그것의 핵심을 전달하지 못한다면, 그 단어는 결국 무미건조한 그 무엇일 뿐이다. 그렇다면 우리는 어디에서 설명이나 정의가 아닌 경험, 곧 이 태초의 불멸하는 선에 대한 직접적인 지식을 찾을 수 있는가?

우리는 이 단어가 모든 능력과 충만함으로 새롭게 울려 퍼졌던 곳, 신적인 선에 대한 인간의 응답으로 울려 퍼지던 그곳에서 이 단어를 발견하고, 듣고, 받아들여야 한다. "주여 우리가 여기 있는 것이 좋사오니"마 17:4. 변화산 위에서의 이 대답을 통해 오랫동안, 그리고 영원히 인간이 신적인 선함을 그의 삶과 소명으로 받아들였음이 증명되었다. 그를 덮었던 그 '빛난 구름' 속에서 인간은, '그것이 좋음'을 깨닫고 그것을 받아들이고 고백했다. 그리고 그 가장 깊은 곳에서 바로 이 비전, 이 지식, 이 경험으로 말미암아 교회는 살고 있다. 교회 안에 모든 것의 시작과 완성이 있는 것처럼, 이 경험 안에 교회의 시작과 완성이 있다. 실제로 우리는 교회를 '이야기 소재'로 삼아 무한히 토의할 수도, 그것을 무던히 '설명'하려 할 수도, 교회론에 대해 '연구'할 수도, '사도적 전승' 교회법이나 교회 구조의 원칙들에 대해 논쟁할 수도 있지만 이 경험, 곧 이 비밀스런 기쁨 없이, "여기 있는 것이 좋사오니"와 같은 지향성 없이는 모든 것은 그저 단어에 대한 단어로 남을 뿐이다.

성찬은 계속되는 올라감, 곧 교회가 하늘로, 영광의 보좌로, 하나님 나라의 쇠하지 않는 빛과 기쁨으로 올라가는 것이다. 성찬은 이 경험의 초점이자 그것의 근원이며, 임재이고, 선물이자 완성이다. "영광의 성전에 서 있을 때, 우리는 천국에 서 있는 것이다." 이 말은 단지 경건한 수사가 아니다. 이 말은 교회와 예배, 곧 실행되는 동시에 드러나고 완성되는 행위로서의 예전에 담긴 바로 그 본질과 목적을 표현하기 때문이다. 이 신적 선함의 명백한 나타남과 우리에게 주어짐이 아니라면, 무엇에 본질이 있고 무엇에 성찬의 궁극적 의미가 있단 말인가? 우리의 '주여, 우리가 여기 있는 것이 좋사오니'로부터가 아니라면, 도대체 어디에서 초자연적이고 천상적이며 우주적인 아름다움, 그 온전함이 온단 말인가? 그 완전함 안에서 만물, 곧 말, 소리, 색깔, 시간, 공간, 움직임, 그리고 그 모든 것들의 성장이 밝히 드러난다. 그 안에서 만물이 창조의 갱신으로, 우리의 것으로, 온 세상의 높은 곳을 향한 승천으로, 그리스도께서 높이 들리시고 영원토록 우리를 들어올리는 곳을 향한 승천으로 실현된. 그러므로 여기서 '인과관계'에 대해 '언제'와 '어떻게'에 대해 논하는 것이 합당하다면, 그것의 인과관계는 이 선함, 곧 그것에 대한 지식과 경험과 참여를 통해 교회가 사는 이 선함 안에 포함된다고 말할 수 있다. 그것은 예전을 하나로 묶고, 예전의 각 부분을 정확히 하나의 부분, 하나의 단계로, 그래서 한 층 더 향상되기 위한 조건이자 '원인'으로 만든다. 이 신적 선함은 교회를 새로운 피조물로, 하나님에 의해 새롭게 된 창조물로 모은다. 이 신적 선함은 이 모임을 입장과 승천으로 변화시킨다. 그것은 하나님의 말씀을 듣고 받아들이도록 마음을 연다. 그것은 그리스도의 단번에, 그리고 영원히 반복되지 않는, 그리고 전체에 미치는 그리스도의 희생제사 안으로 우리의 모든 제사, 우리의 봉헌을 포괄한다. 그것은 교회를 믿음과 사랑의 연합체로 실현한다. 마지막으로 그것은 이제 우리가 접근하는 그 문턱, 곧 진정 가장 주요한 부분으로 우리를 인도한다. 하나님 나라의 그리스도의 식탁에서 이 모든 움직임과 발전은 완성되고 성취된다. 그러므로 예전 전체를 이 신적 선함의 선물이자 성취로서 간주하지 않는다면, 우리는 이 가장 주요한 부분에서 무엇이 성취되는지 결코 이해하지 못할 것이다. 그렇지 않다면 성찬에서 무엇이 이루어지는지, 그 정점에서 무엇이 일어나는지 알지 못할 것이다. 무엇보다 떡과 포도주의 변화가 우리와 함께, 교회와 함께, 세상과 함께, 그리고 모든 것과 함께 모든 것을 통해 일어난다는 사실을.

이제 모든 것이 그 안에서 실현된다는 점에서 예전의 가장 주요한 부분이 시작된다고 하는 부제의 부름은 이런 '선함'을 입증하고, 우리로 하여금 그 안에 서게 한다.

4

드높임의 성례의 도입 부분은 집례자의 세 번의 선포와 모인 무리들의 세 번의 짧은 응답 형식으로 구성된다.

첫 번째 선포는 장엄한 축복이다. 이 축복 문구의 형태는 다양하지만, 예외 없이 우리에게 전해 내려온 성찬 기도문에 모두 담겨 있다. 그 문구들은 로마와 알렉산드리아 예전의 "주님께서 당신과 함께 하시길"이라는 단순한 것에서부터 사도 바울의 "주 예수 그리스도의 은혜와 하나님의 사랑과 성령의 교통하심이 너희 무리와 함께 있을지어다" 고후 13:13라는 오늘날의 축도 양식으로 알려진 삼중 문구에 이르기까지 무척 다양하다. 이 축복의 의미는 언제나, 그리고 어디서나 동일하다. 교회는 그리스도 안에서 모였고, 그리스도 안에서 성찬을 베푼다는 승리의 확인이며 고백이다. 또한 이것은 우리가 그리스도와 함께 그러한 연합 가운데 있다는 것을 의미하고, 우리에 의해 행해지는 모든 것이 그리스도로 말미암아 완성되고, 그리스도에 의해 성취된 모든 것이 우리에게 이미 주어졌음을 의미한다.

이 축복의 삼중 문구의 변형된 표현들에서 강조하는 것은 이것이다. 그 불규칙적 변화는 "아버지와 아들과 성령"이라는 고정된 문구와 대조되는 표현에 있다. 성찬의 축복은 그리스도와 함께 그의 은혜를 수여하는 것으로 시작된다. 예전의 이 순간에 축복의 본질이 영원한 본질인 성삼위일체를 고백하는 데 있지 않고, 성삼위 일체에 대한 계시, 증언, 그리고 경험할 수 있다는 데 있기 때문이다. 그 경험이란 영원한 생명요 17:3인 하나님을 아는 지식으로서의 경험, 하나님의 아들이요 인자가 되신 그분 안에서 우리에게 주어지고 영원토록 주어지는 구원으로서 그분과의 화해, 곧 연합과 교제로서의 경험을 말한다. 그리스도 안에서 우리는 "하나님과 화평을 누리고… 또한 이 은혜에 들어감을 얻었으며"롬 5:1-2 "한 성령 안에서 아버지께 나아감을 얻었다"엡 2:18. 우리는 "하나님과 사람 사이의 중보자", "사람이신 그리스도 예수"딤전 2:5를 가졌다. 그리고 예수님은 "내가 곧 길이요, 진리요, 생명이니, 나로 말미암지 않고는 아버지께로 올 자가 없다"요 14:6고 하셨다. 기독교 신앙은 이 그리스도와의 만남으로, 그분을 하나님의 아들로, 아버지와 우리를 향한 아버지의 사랑을 나타내신 분으로 받아들이는 것과 함께 시작된다. 이렇게 아들을 받아들이는 것, 그분 안에서 아버지와 연합하는 것이 구원으로, 새로운 생명으로, 그리고 성령과의 연합 안에서 하나님 나라로 성취된다. 성령과의 연합은 신성한 생명 자체요, 신성한 사랑 자체이기 때문에, 성찬도 하나님을 아는 지식이며 그분과의 연합을 향한 우리의 드높임의 성례다. 아들 안에서 봉헌된 성찬은 아버지께로 봉헌되고, 아버지께 봉헌된 성찬은 성령의 참여함으로 완성된다. 그렇기 때문에 성찬은 영원토록 살아 있고 생명을 창조하는 성삼위일체에 대한 교회의 지식의 근원이다. 이것은 불행하게도 너무나 많은 신자들이 이해하고 있듯이, 단지 신조나 교리에 관한 추상적 지식 정도가 아니다. 그것은 참된 인식이요, 만남이요, 경험이며, 그렇기에 영생에 참여하는 지식이다.

5

집례자의 다음 선언, "우리 마음을 드높입니다"는 다른 예배에서는 찾아볼 수 없는 선언이다. 이 선언은 오직 전적으로 그리고 독점적으로 성찬예전에만 속한 것이다. 따라서 이 선언은 단순히 어떠한 고상한 취향disposition의 부름이 아니다. 위에서 말한 것에 비추어 볼 때 이 선언은 성찬이 땅에서뿐 아니라 하늘에서도 이루어진다는 확인이다. "허물로 죽은 우리를 그리스도와 함께 살리셨고 (너희는 은혜로 구원을 받은 것이라) 또 함께 일으키사 그리스도 예수 안에 서 함께 하늘에 앉히셨다"엡 2:5-6. 우리는 이 하늘로의 승천이 예전의 첫 시작, 곧 우리의 입장과 '교회로서의 성회'와 함께 우리의 진정한 생명이 '그리스도와 함께 하나님 안에 감추어졌을 때' 시작되었음을 안다. 이 하늘이, R. 불트만Bultmann과 그의 추종자들이 그들의 오만한 과학성을 가지고 '비신화화'나 현대인에게 기독교를 새롭게 구해 줄 것이라고 생각하며 사용한 의미와는 아무런 상관이 없음을 입증할 필요는 없다. 이에 대해 요한 크리소스톰은 이미 천오백여 년 전에 "내가 하늘의 주인을 묵상할 때, 내 자신이 하늘이 되었을 때, 나에게 있어 하늘은 무엇인가?"라고 수사적으로 말한 바 있다.[2]

우리는 우리의 마음을 '높은 곳으로' 드높일 수 있게 되었다. 이 '높은 곳', 곧 하늘이 우리 안에 있고 우리 가운데 있기 때문이다. 그곳이 우리가 마음으로 갈망하는 우리의 실제 고향으로 우리에게 되돌려졌고, 회복되었기 때문이다. 그곳이 우리가 괴로운 유배 생활 후에 돌아갈 곳이며, 그곳이 우리가 그토록 그리워하던 곳

2. 출처가 어디인지 확인할 수 없다.

이고, 그곳에 대한 기억으로 모든 피조물이 사는 곳이기 때문이다. 우리가 올라감의 범주에서 땅의 것, 우리 자신, 교회를 말한다면, 내려옴의 범주에서 우리는 하늘의 것, 하나님, 그리스도, 성령에 대해 말한다. 그러나 그것은 모두 동일하다. 우리는 땅에서 하늘을, 땅을 변모시키는 하늘에 대해, 그리고 그 자신에 대한 궁극적 진리로서 하늘을 받아들인 땅에 대해 말한다. "천지는 없어지겠으나"막 13:31. 하늘과 땅은 서로에게서 찢겨나가 사라질 것이다. "새 하늘과 새 땅"계 21:1, 곧 "하나님께서 만유의 주로서 만유 안에 계시는" 하나님 나라로 변화될 것이기에 그것들은 없어질 것이다. '이 세상'에게 그것은 아직 미래지만, 그리스도 안에서 그것은 이미 계시되었고, 교회 안에서 그것은 이미 '예견되었다.' 그리고 성찬은 높은 곳으로부터 오는 이 천상의 하나님 나라로 우리를 높이 들어올릴 뿐 아니라, 그 나라에서 이 성찬을 완성한다.

그러나 이는 "우리 마음을 높이 들어올립시다"라는 부름이 엄중한 최후의 경고로 들리는 이유이기도 하다. 요한 크리소스톰은 "이 땅에 남아 있지 않도록 주의하라"고 우리에게 경고한다. 우리는 이 아래에 남아 이 승천에 대해 들어 보지도, 받지 못할 수도 있고, 심지어 그럴 자유도 있다. 그러나 우리가 이 땅에 남는다면, 이 천상의 성찬에서 우리가 차지할 자리는 없다. 그럴 경우 성찬예식에 참석하는 것은 우리에게 정죄가 된다. 우리 각자가 성가대의 입술을 통해 "우리 마음을 주님께 올려 드립니다"라고 대답할 때, 우리가 우리의 마음을 높은 곳, 곧 주님께로 돌릴 때, 우리에게 심판이 내려진다. 비록 타락하고 죄를 범했더라도, 그 마음을 온전히 하늘에 두지 않은 자, 땅을 하늘과 비교하지 않는 자는 단지 이 순간조차 그 마음을 높은 곳으로 돌릴 수 없다. 그렇기 때문에 우리는 이 궁극적인 부름을 들을 때, 우리 자신에게 물어야 한다. 우리의 마음이 주님께 향해 있는가? 우리 마음의 궁극적인 보물이 하늘, 곧 하나님께 있는가? 만약 그렇다면 우리의 모든 연약함과 우리의 철저한 타락에도 불구하고, 우리는 하늘로 받아들여진다. 우리는 이제 하늘의 빛과 영광을 바라볼 수 있게 된다. 그러나 그렇지 않다면, 그리스도를 사랑하는 자들에게는 주님의 오심으로서의 성례가 우리에게 도리어 도래하는 심판의 성례가 될 것이다.

6

"주님께 감사를 드립시다…이것이 합당하고 옳습니다"라는 이 말은 전통적인 히브리 감사 기도의 시작이다. 이는 주님께서 새로운 감사를 시작하실 때 사용하셨던 표현이 분명하고, 사람들을 하나님께로 이끌고 세상을 구원하는 데 반드시 필요했던 기도다. 사도들도 "이것이 합당하고 옳습니다"라고 대답했음이 확실하고, 그렇기 때문에 우리는 사도들을 따라 교회도 이 감사의 예식을 기념할 때마다 반복적으로 "이것이 합당하고 옳습니다"라고 말한다.

구원은 완전하다. 죄, 타락, 그리고 죽음의 어두움 후에 한 사람이 다시 한번 하나님께 정결하고, 죄 없는, 자유롭고 완벽한 감사의 제사를 드린다. 그는 하나님이 세상을 창조하셨을 때 그를 위해 준비하셨던 바로 그 장소로 돌아간다. 그는 높은 곳에, 하나님의 보좌 앞에 선다. 그는 하나님의 얼굴을 대면하여 선다. 그리고 아무런 제한도 없이 사랑과 지식의 충만함으로 자신 안에 온 세상을, 모든 피조물을 연합시킨 채 감사의 제사를 드린다. 그리고 그 안에서 모든 세계는, 이 감사의 제사가 '합당하고 옳음'을 확증하고 인정한다. 그가 바로 그리스도시다. 그분만이 홀로 죄 없으시고, 그분만이 자신의 목적과 소명, 영광의 모든 충만 가운데 있는 인간이시다. 그분만이 '타락한 형상'을 회복하고 그것을 하나님께 올려 드리신다. 그렇기 때문에 우리는 이제 집례자가 하나님과 함께 우리를 영원토록 연합시킨 그리스도의 명령을 따른 성찬기도를 할 때, 그리스도의 감사의 제사를 드리며 그 기도를 듣고 그 기도에 참여한다.

9장
감사의 성례

범사에 감사하라. 이것이 그리스도 예수 안에서
너희를 향하신 하나님의 뜻이니라.

데살로니가전서 5:18

1

성찬예식의 절정이자 성취인 감사 기도는, 예전학 교과서에서 역할에 따라 라틴어 혹은 헬라어 제목으로 감사송praefatio, 삼성송sanctus, 기념송anamensis 등으로 불린다. 이런 구분은 성찬 기도의 구조 및 순서와 일치하고, 이는 예전이 성취임을 이해하는 데 유용하다. 혹자는 이런 구분이 그러한 목적을 염두에 두고 예전학 연구에서 유래했다고 추측할 것이다. 그러나 역설적이게도 이런 구분은 실제 정반대의 결과를 가져왔다. 예전학자들과 신학자들의 인식, 그리고 그들을 따르는 신자들의 인식 속에서 이런 현상은 성찬 기도의 고립을 가져왔다. 비록 각 부분들이 연이어 나오긴 하지만, 몇 개의 기도들로 조각나 더 이상 하나의 단일한 기도로 인식되지 못하고 있다. 게다가 우리에게 전해진 많은 성찬 관련 문헌들과 그것들의 역사적 기원, 그리고 서로의 유사점들과 차이점들이 예전 학자들의 연구 주제가 된 경우, 신학자들은 오래전부터 그들이 '축성문', 곧 성찬의 예물이 변화되는 순간과 방법으로 여기는 부분에 모든 관심을 집중해 왔다.

성찬 기도의 파편화는 당연히 사제가 은밀하게 '혼잣말로' 그 기도문을 읽는 관례를 지배적인 현상으로 만들었다. 초기 교회에는 전혀 낯선 이런 관례의 기원은, 너무나 복잡한 문제라 지면이 제한되어 있는 여기에서는 자세히 논의하기 어렵다.[1] 이 문제는 나중에 따로 다루기로 하고, 여기서는 사도 베드로가 "택하신 족속이요 왕 같은 제사장들이요 거룩한 나라요 그의 소유가 된 백성" 벧전 2:9이라고 부른 하나님의 백성들이, 이미 오랜 세월 동안 이 진실한 기도 중의 기도, 곧 성찬이 완전하게 되고 교회의 본질과 부르심이 성취되는 이 기도를 듣지 못했기 때문에 그것에 대해 알지 못했다는 것만을 다루고자 한다. 오늘날 신자들은 성찬예식에서 그저 개인적인 선언들과 파편적인 문구들만을 들을 수 있다. 그렇

---

1. 슈메만 신부는 그의 생전에 이 보충 주석을 쓸 수 없었다.

기 때문에 각 선언과 문구의 연결은 "…승리의 성가를 부르고, 외치고, 선포하고 말하기를…"의 문장처럼 이 기도의 의미를 좀처럼 이해할 수 없게 되었다. 여기에 많은 정교회 예배당에서 이 기도문이 '비밀스럽게' 닫힌 왕의 문 뒤에서 읽히고, 심지어 제단 커튼이 드리워진 뒤쪽에서 읽히는 게 더해지면서, 감사 기도는 사실상 교회 예배에서 사라지게 되었다. 다시 말하지만, 평신도는 이 기도를 알지도 못하고, 신학자들은 그것에 관심도 갖지 않으며, 성가대가 찬양이나 '공연'을 하는 동안 이를 흘끗 쳐다볼 뿐인 사제들도 이 기도의 충만하고 연합된, 온전한 상태를 거의 인식하지 못하고 있다. 그리고 결국 기도문 자체도 오랫동안 조각조각 해체된 채 인쇄되어 전해지게 되었다. 전혀 이해할 수 없는 위치에 생략 부호를 넣어 구분해 놓고, 순전히 우연 한 계기로 슬그머니 들어온 다양한 삽입구들로 이 기도문은 채워지게 되었다.

이런 상황을 고려할 때 우리는 솔직히 그것의 심각한 타락을 확인하지 않을 수 없다. 따라서 우리는 성찬 기도에 대해 어떤 논의를 하든지 성찬 기도의 통일성을 나타내는 것으로 논의를 시작해야 한다. 예전 연구에서뿐 아니라 예전의 실제에서도 그리 가치를 두지 않는 이런 세부적인 부분들의 파편화가, 본래는 결코 분리되어서는 안 되는 전체성을 지닌 것임을 드러내는 논의가 필요한 것이다. 다시 말하지만 성례를 완성하는 행위이자 성찬 성례의 성취로 드러나는 이 기도의 의미와 능력은 오직 이런 전체성 안에 있다.

우리에게 전해진 다양한 성찬 기도들이 이 통일성을 결코 반박하지 못한다는 것을 주목하라. 고대의 거의 모든 교회 관구들은 그들 나름의 아나포라, 곧 그들만의 감사 기도의 형식과 본문을 갖고 있었다. 초기 교회는 이후에 발전된 획일성에 사로잡히지도 그런 획일성과 통일성을 혼동하지도 않았다. 심지어 오늘날에도 정교회는 두 가지 다른 형식의 예전, 곧 요한 크리소스톰의 예전과 대 바질의 예전을 갖고 있다. 그러나 그 예전의 감사 기도문의 형식들 사이에 주요한 차이점이 있다. 따라서 이 기도의 통일성에 대해 말할 때, 우리는 외적이고 언어적인 일치, 교회 안에 결코 존재하지 않았던 그런 일치가 아니라, 측량할 수 없을 정도로 깊은 무엇인가, 곧 이 모든 기도를 탄생시킨 믿음의 일치, 다시 말해 교회 경험의 일치에 대해 말하고 있다. 이 기도문들 사이의 의미론적 차이가 무엇이든 그것들은 모두 하나의 동일한 총체적인 경험, 하나의 동일한 지식, 하나의 동일한 증거를 나타내고 구현한다. 또한 같은 이유로 그것은 인간의 모든 언어로는 제대로 정의할 수 없는 경험, 곧 그 경험을 가진 이들에게는 그것이 살아 있어서, 성장하고, 가장 간결하고, 단순한 언어로 열매를 맺는 경험이기도 하다.

2

그렇다면 이 주요하고 진실로 '완전한'consummate 예전의 기도에 통일성을 부여하는 것은 무엇인가? 이 성례 중의 성례를 완성해 온전히 전체로 변화시키는 것은 무엇인가? 실제로 교회는 교회로 존재하는 첫날부터 이 기도뿐 아니라 예전 전체를 한 단어로 명명함으로써 이 으뜸가는 근본적 질문에 답해 왔다. 그 단어는 바로 유카리스트eucharist, 감사다. 교회는 예물의 봉헌, 기도, 축성, 그리고 신자들이 이 과정에 참여하는 것을 '감사'라 명명했고 여전히 그렇게 부르고 있다.

거룩한 신비인 성찬에 참여하는 데 있어 우리는 그것이 우리에게 '감사, 건강, 행복'이 되도록 기도한다. 이 때문에 집례자가 "주님께 감사드립시다"라고 선포할 때, 모인 회중들이 "그것이 합당하고 옳습니다"라고 응답하는 것은 분명 성찬 기도의 단순한 '도입'이면서 동시에, 예전학자들의 언어에 따라 '감사송'이 아닌 그 전체 내용의 시작이자 기초이며 열쇠다.

우리에게 감춰진 채 남아 있는 성찬의 가장 거룩한 신비 밖에서 오래전에 '아나포라'로 불린 예전의 이 부분, 곧 봉헌식oblation은 처음부터 끝까지 감사의 제사다. 그러나 초기 교회에서는 너무나 분명한 나머지 특별한 설명을 군이 필요로 하지 않았지만 수세기가 흘러 오늘날, 우리는 이 선언의 의미를 이해하기 위해 먼저 이 자명함을 잃게 만든 겹겹의 해석들의 껍질을 벗겨내는 작업부터 해야 한다. 그런 다음에야 우리는 감사 본래의 기독교적 의미와 경험으로 넘어갈 수 있다.

간략히 "감사는 낙원의 경험이다"라고 말할 수 있다. 하지만 '낙원'이라는 단어 역시 현대의 기독교에서 약화되고 진부해졌으며, 특히 스콜라주의 기독교 해석자들에게는 '순진하고' '미개하다'는 이유로 외면받아 왔기에, 우리는 이를 다시 조명할 필요가 있다. 그러나 '낙원'이라는 인식이 약화된 주된 이유는, 그것이 교회의 '무대'에서 떨어져 나와 은혜 속의 그 낙원 경험과 교회 예배의 으뜸가는 가장 깊은 의미로서의 낙원에 대한 기대를 완전히 잃어버렸기 때문일 것이다. "영광의 성전에 서 있을 때, 우리는 천국에 서 있는 것이다." 그렇기 때문에 그리스도의 탄생일, 곧 하나님이 세상에 오심을 기념할 때 교회는 "헤루빔은 생명나무에서 물러서고, 나는 낙원의 기쁨에 참여하네"(만도), "주님, 내가 부르짖습니다"에 맞춘 첫 번째 스티케라(성찬식과 정교회의 다른 예배 때 사용하는 특별한 찬송 - 옮긴이)를 노래한다.

따라서 유월절 밤의 빛나는 심연으로부터 우리는 기쁨이 넘치는 확언, 곧 "당신께서 우리에게 낙원의 문을 열어 주셨습니다"(조과 성가, 오드 6, 1)로 살아나신 그리스도를 부른다. 그리고 다시금 우리는 낙원이 인간과 모든 창조 세계의 최초의 상태라는 것과 타락 이전의 상태임을 알게 된다. 또한 우리는 그리스도로 말미암아 구원받은 우리의 상태, 곧 하나님이 약속하셨고, 그리스도 안에서 인간에게 이미 주어졌고, 이미 열린 영원한 생명을 알게 된다. 다른 말로, 낙원은 시작과 끝이다. 인간의 영원한 생명과 그 인간 안에서 모든 창조 세계는 함께 낙원을 지향하고, 낙원을 통해 정의되고 결정된다. 우리의 생명과 하나님으로부터 멀어진 타락의 신적 근원을 이해하고, 우리의 죄와 죽음에 노예됨, 그리스도로 인한 우리의 구원, 그리고 우리의 영원한 운명에 대한 이해는 바로 낙원과 관련해 생각할 때 가능하다. 우리는 낙원에서 창조되었고 낙원을 위해 창조되었다. 그리고 우리는 낙원에서 추방되었고, 그리스도는 '우리를 다시 낙원으로 인도하신다.'

우리의 영적인 눈과 귀로 교회의 낙원 경험, 곧 하나님의 말씀과 예배의 조화로운 증거, 그리고 교회에서 결코 고갈되지 않을 거룩함을 묵상하고 그것에 귀를 기울인다면, 이 경험의 본질, 영원한 생명과 기쁨과 우리의 창조 목적인 영원한 천국 기쁨의 내용은 우리에게 지식, 자유, 그리고 감사의 삼중성으로 밝히 드러날 것이다. 내가 강조하는 바는 지식과 자유와 거기에 더해 그것들과 동떨어진 무엇으로서의 감사가 아니라, 지식과 자유는 감사함에서 완성되고, 감사는 지식과 자유의 충만함이며, 따라서 완전한 사귐이고 온전한 소유라는 것이다.

3

"영생은 곧 유일하신 참 하나님과 그가 보내신 자 예수 그리스도를 아는 것이니이다"요 17:3. 기독교의 모든 것이 그리스도의 이 말씀 위에 놓여 있다. 인간은 하나님을 알기 위해 창조되었고, 하나님을 아는 것이야말로 인간의 참되고 영원한 생명이다. 하지만 이 지식은, 그것을 통해 우리가 교만해져 이성으로 하나님을 포함해 모든 것을 알 수 있다고 확신하는 그런 지식이 아닌, 인간의 깊은 타락과 그것으로부터 돌이킬 수 없음이 여전히 우리의 어두워진 마음과 참된 지식의 부패에 있음을 아는 지식이다. 그러므로 그리스도가 영생, 곧 낙원이라고 말하는 하나님을 아는 지식은 하나님에 대한 지식이 아니다. 하나님에 대한 지식은 비록 '형식적으로' 또한 '객관적으로' 아무리 옳다고 해도, 실제로는 제한되고, 타락하고, 산산이 부서지고, 죄로 인해 희미해지고, 이미 알려진 무엇인가의 본질에 접근할 수 있는 권리를 박탈당해 인격적인 만남, 교제, 연합으로 이어지지 못하는 그런 지식일 뿐이다. 아담은 하나님으로부터 멀어지고 나서도 하나님 안에서가 아닌 삶 자체, 스스로 살겠다는 실로 어리석은 선택을 하고 '하나님에 대해 아는 것'을 멈추지 않았다. 이는 성경이 '귀신들도 믿고 떠느니라'라고 말할 때 사용했던 바로 그런 종류의 지식이다. 하지만 아담은 참된 지식으로 하나님 알기를 그만두었고, 삶으로도 하나님과의 만남도 포기했으며, 그로 인해 하나님이 만든 창조 세계 또한 창세기에 나타난 낙원의 본질인 하나님과의 교제를 그만두게 되었다. 영혼이 갈급할 수밖에 없고 실제로 갈급해 하는 오직 살아 계신 하나님과의 만남, 곧 생명으로서의 하나님과의 이런 만남을 말이다. 시편 기자가 영혼의 가장 깊은 곳으로부터 "내 영혼이 하나님, 곧 살아 계시는 하나님을 갈망하나니"라고 노래하듯 영혼은 그것 자체가 이런 목마름이다.

감사는 하나님을 아는 지식의 '표지'다. 더 나은 표현으로 감사는 하나님을 아는 지식의 현존, 기쁨, 충만이다. 만남으로서의 지식이고, 교제로서의 지식이며, 연합으로서의 지식이다. 하나님을 알면 그에게 감사를 드리지 않을 수 없듯이 하나님을 알지 못하면서 그에게 감사를 드릴 수는 없다. 하나님을 아는 지식은 우리의 삶을 감사하는 삶으로 변화시키고, 그 감사는 영원을 영원한 생명으로 변화시킨다. "내 영혼아 여호와를 송축하라. 내 속에 있는 것들아 다 그의 거룩한 이름을 송축하라"시 103:1. 교회의 모든 삶이 무엇보다 계속되는 찬양과 송축과 감사의 폭발이라면, 이 감사가 기쁨뿐 아니라 슬픔으로 말미암은 것이라면, 행복과 불행의 심연인 삶과 죽음에서 오는 것이라면, 그리고 무덤가의 가장 처절한 애통이 감사로 인해 '할렐루야' 노래로 변화된 것이라면, 그것은 교회가 그리스도 안에서 하나님과의 만남을 가졌기 때문이다. 우리에게 순전한 감사와 하늘의 찬양을 선물로 준 것은 그리스도가 가진 하나님을 아는 지식이다. 그리스도는 '우리에게 낙원의 문을 열어 주셨다.' 모든 것이 성취된 후, 곧 죄의 용서와 죽음을 이긴 승리가 빛을 발했을 때, '그룹들이 생명나무에서 물러섰을 때,' 그때에는 오직 찬양, 곧 오직 감사만이 남는다. 감사는, 그것이 "우리가 아는 것과 우리가 알지 못하는 모든 것, 분명히 보이는 것이든 보이지 않는 것이든" 어떤 것에 대한 감사 이전에 분명 순수한 감사로, 곧 '하나님의 얼굴의 형언할 수 없는 선함, 그 아름다움을 바라볼 때' 영혼의 신성한 천상의 충만으로 주어진다. 그리고 이 지식에서 우리는 복음서가 말하는 어린아이의 절대적인 기쁨을 발견한다. 하나님 나라의 낙원에 들어가기 위해서 꼭 가져야 할 그 어린아이의 기쁨을 말이다.

4

하나님에게서 멀어진 인간의 타락으로 인해 상실되었고, 결국 세상에 관한 지식에 지나지 않게 된 원래의 세상을 온전히 아는 지식의 회복은 이런 순전한 감사를 통해서만 가능하다. 이것은 하나님을 아는 것이 영혼의 온전함, 곧 참된 지식이기 때문이다. 칸트Kant가 증명하고자 했던 이 '객관적인' 현상적 지식은 '자신 안에 있는 것들'로의 접근, 곧 세상과 삶에 대한 바로 그 본질로의 접근으로부터 절망적으로 차단되어 버렸고, 그것들을 진정으로 소유할 길도 막혀 버렸다.

그런데 인간은 바로 이러한 소유를 위해 창조되었다. 낙원에 있을 때 하나님은 인간을 창조 세계의 왕으로 임명하고 '각 생물'에게 이름을 주는 권세, 곧 그것들의 가장 깊은 본질을 안으로부터 알게 하셨을 때, 인간은 그러한 소유로 부름을 받은 것이다. 그렇기에 이런 감사로 인해 회복된 지식은, 세상에 대한 지식이 아니라 세상을 아는 지식이다. 감사가 하나님을 아는 지식이고, 같은 이유로 세상을 하나님의 세상으로 이해하는 것이기 때문이다. 그것은 세상에 있는 모든 것이 하나님 안에 그 원인이 있다는 것, 결국 '세상에 대한 지식' 만이 아니라 세상에 있는 모든 것과 세상 자체가 하나님의 사랑의 선물이고, 하나님 자신에 대한 계시임을 아는 것이다. 그리고 그것은 우리로 하여금 모든 것에서 하나님을 알고, 모든 것을 통해 그와 교제하고, 그분 안에서 모든 것을 생명으로 소유하라고 명령한다.

세상이 하나님의 말씀으로 축복되고—가장 심오하고, 존재론적 의미에서—창조되었듯이, 세상 또한 그리스도의 성전에서 우리에게 주어진 감사와 찬양으로 구원받고 회복된다. 그 감사와 축복을 통해 우리는 세상을 하나의 성상으로, 성찬으로, 성화로 인식하고 이해한다. 그것을 통해 우리는 세상을 원래 지음받고 하나님께서 우리에게 주신 바 된 상태로 변화시킨다. "그리고 그가 감사를 드리고, 그것을 축복하시고, 그것을 거룩하게 하셨을 때…." 이 감사 기도를 읊조릴 때마다 우리는 '그의 거룩하고, 순결하고, 흠이 없는 손'으로 물질, 세상, 창조 세계를 의미하는 '떡을 취하신' 그리스도를 기념하는 일을 '행한다.' 그리고 다시 우리는 새로운 피조물로서 '기쁨의 낙원'으로 재창조된 세상, 곧 하나님이 창조하신 모든 것이 우리의 신적 사랑, 신적 생명에 동참하도록 부름을 받은 세상을 증거한다.

5

마지막으로 지식의 충만으로서 감사는 동시에 자유의 성취이기도 하다. 이 참된 자유에 대해 그리스도는 다음과 같이 말씀하셨다. "진리를 알지니 진리가 너희를 자유롭게 하리라"요 8:32. 이것이 바로 인간이 하나님으로부터 떨어져 나와 낙원에서 추방되면서 잃어버린 자유다. 인간이 실컷 뽐내며 마치 스스로 전능한 것처럼 여기는 지식이 참된 지식이 아닌 것처럼, 인간이 끊임없이 애통해하는 자유도 참된 자유가 아니다. 그것은 바로 과학의 '정밀성'으로는 도저히 설명할 수 없는 자유에 대한 불가사의한 성찰, 인간의 마음속에 있는 설명할 수 없는 목마름이다. 그러나 그리스도인들이 얼마나 쉽게 이것을 잊어버리고, 얼마나 철저히 현대 문명을 질식시키는 값싼 '해방'의 수사로 이것을 대신하는지 그저 놀라울 따름이다. 이런 현상이 더욱 놀라운 이유는, 죄와 죽음에 노예가 된 '이 세상'에서는 참으로 그리스도인 말고는 누구도 우상이 되어 버린 이 자유의 본질을 정의할 수 없고, 인류의 역사를 규정할 수 있는 그 '자유의 왕국'을 얻기 위한 투쟁을 묘사할 수 없음에도 불구하고 오히려 그리스도인들이 그러한 일을 저지르고 있기 때문이다.

이는 우리가 자유에 대해서는 알고 있으면서도 자유를 모르는 또 다른 이유이기도 하다. 사실 우리는 자유를 오직 상대적으로 알 수 있을 뿐이다. 정교회의 통치 아래 살았던 사람들은 '전체주의적' 통치 아래 살던 사람들보다는 상대적으로 자유로웠다. 감옥에 갇힌 자에게 자유는 교도소 담 너머에서 시작한다. '자유 속에' 살고 있는 사람에게 자유는 나중에 찾아오는 '부자유'를 극복하는 데서 시작한다. 이런 과정은 무한히 계속된다. 아무리 여러 겹의 '부자유'를 걷어낸다 하더라도, 우리는 또 다른 부자유를 발견하고 만다. 결국 부자유는 적어지는 것이 아니라, 극복할 수 없는 그 무엇으로 드러난다. 결국 우리는 자유를 괴로운 허망함으로밖에 볼 수 없다는 것이다. 그러나 그 다음에 닥쳐올 또 다른 '부자유'에만 관심을 두는 평범한 사람은 이 '허망함'조차 깨닫지 못한다. 바스티유를 맹렬히 공격하는 무리들이 그 후에 무엇이 오는지 알지 못했던 것처럼 말이다. 스페인 철학자 오르테가 이 가세트Ortega y Gassett는, 이것은 '대중'에게는 결코 알려지지 않는다고 말한다. 한 러시아 시인의 말을 빌려 말하면, 그들의 '해방자들'은 모든 외침을 "애국자의 목구멍에서 나오는 만세 소리, 변절자의 목구멍에서 나오는 타도의 외침으로 바꾼다." 그러나 자유, 곧 누군가 무엇으로부터의 자유가 아닌 절대적인 '자유'를 향해 프로메테우스적인 추구를 하는 소수의 사람들은, '이 세상'에서 그 추구가 필연적으로 인도하는 막다른 벽에 부딪히고 만다. 그들은 세상의 구성 요소들과 논리에 따라 그런 사실을 알게 되고, 그들의 처절한 운명으로 그것을 증언한다. 도스토예프스키Dostoevsky의 《악령 The Possessed》에서 주인공 키릴로프는 자살하고, '진정한 삶' 속에서 니체Nietzsche는 정신 이상에 빠져[아르튀르 랭보Arthur Rimbaud가 말한] "우매한 자들의 사악한 웃음소리"를 들으며 스스로 목숨을 끊고, "나는 벽을 응시하고 있다"라며 죽어가는 발레리Valery는 속삭였던 것처럼 말이다. 어둡고 카프카적인 부조리와 절망의 불꽃은 한층 더 분명히 자유와 이성, 그리고 가능성 있는 자유로 구성되었다고 생각되는 세상의 갈라진 틈을 통해 터져 나오고 만다.

    이제 그리스도인들은 이런 자유의 비극의 큰 책임이 자신들에게 있음을 인정해야 한다. 그리 오래지 않은 과거에 스스로를 기독교적이라고 칭했던 바로 그 세상과 문화에 이 비극의 기원이 자리하고 있던 것은 결코 우연이 아니다. 한편으로 자유에 대한 이제껏 들어 볼 수 없었던 좋은 소식, 곧 "그리스도께서 우리를 자유롭게 하려고 자유를 주셨으니 그러므로 굳건하게 서서"갈 5:1라는 부름이 기독교에 의해 세상에 들어왔다. 이렇듯 자유에 대한 채울 수 없는 갈증으로 인간의 의식을 부추겼던 것이 바로 기독교였다. 하지만 다른 한 편으로 그리스도인들이야말로 이 좋은 소식을 다른 것으로 대체한 주범이었다. 이 복된 소식을 세상을 위해, '밖에 있는 사람들'을 위해 피상적이면서도 '과학적'이고 '객관적인' 하나님에 대한 지식, 힘, 권위, 필요로, 그리고 하나님을 법이라는 범주와 외적인 지식으로 축소했던 이들이 바로 그리스도인들이었다. 바로 여기에서 신들의 전쟁의 끔찍한 파토스, 곧 인류에게 자유를 약속한 모든 이데올로기들이 선천적으로 갖고 있는 비극이 시작되었다. 여기에는 어떤 오해도 없다. '하나님에 대한 지식'을 오직 자신에 대한 확증으로 본다면, 인간은 현란한 변증학이나 신정론에서 제시하는 모든 규정과 설명에도 불구하고 단지 노예일 뿐이다. 그렇게 되면 자유를 위해 하나님은 존재해서는 안 되고, 결국 인간은 하나님을 살해함으로써 스스로를 신격화하지만, 오히려 자신을 가장 비천한 것으로 전락시킨다.

그렇기 때문에 논리와 범주에 따라 구성된 '이 세상'이나 '하나님에 대한 지식'은, 그 어느 것도 자유의 본질을 부정적인 방식뿐 아니라 긍정적이고 절대적인 내용으로도 그 핵심을 제대로 규정할 수 없다. 자유란 존재하는 무엇, 곧 하나의 '속성' 내지는 그것 자체로 규정할 수 있는 어떤 것이 아니기 때문이다. 하나님은 어떤 추상적인 '자유'를 위해 우리를 창조하신 것이 아니다. 하나님은 그분 자신을 위해, 우리와의 교제를 위해, 아무것도 존재하지 않는 데서 생명으로, 그리고 풍성한 생명으로 우리를 '불러내셨고' 우리를 창조하셨다. 이 생명은 오직 그분에게서 오고, 그분 안에 있고, 그분 자신이다. 인간이 찾고 갈망하고 있는 것이 바로 이 생명이다. 인간이 이해할 수 없는 단어, 곧 자유라고 부르는 것이 바로 이 생명이다. 그러나 우리가 이 자유를 쉽게 이해할 수 없는 이유는, 이 자유가 '이 세상'에 속한 어느 것에도 해당하지 않고, 그로 인해 언제나 쉽게 고착되어 버리기 때문이다. 그럼에도 불구하고 맹목적으로 아무런 생각 없이 하나님과 씨름할 때에라도 인간이 얻으려고 애썼던 것이 바로 이 자유다.

그렇기 때문에 우리는 '죽은 자들이 죽은 자를 장사하도록' 해야 한다. 이제 우리는 이 끝없이 반복되는 무의미한 추구를 그만두어야 한다. '자유의 문제'를 제기하고 이 문제를 풀려는 어떤 시도도 결국에는 이와 동일하게 무의미한 추구가 되고 말 것이기 때문이다. 이제 우리는 그것을 뒤로 하고 앞에서 언급했던 감사에 더 주목하도록 하자. 그 감사 안에서 하나님을 아는 진정한 지식이 성취되고, 그 안에서 그분에 대한 생각들과의 만남이 아닌 바로 그분과의 만남이 이루어지기 때문이다. 교회는 감사로 말미암아 산다. 감사는 교회가 호흡하는 공기다. 우리가 이 감사를 받아들이는 만큼, 우리는 우리의 이성뿐 아니라 우리의 전 존재로, 바로 이 지식, 곧 감사 안에서 하나님에 속한 유일하고 참된 자유로 진입하게 됨을 이해하게 된다. "바람이 임의로 불매 네가 그 소리는 들어도 어디서 와서 어디로 가는지 알지 못하나니 성령으로 난 사람도 다 그러하니라"요 3:8는 말씀대로 생명을 주시는 성령께서 우리의 호흡, 우리의 왕적 고결함과 능력과 완성, 삶의 충만함과 아름다움, 나아가 풍성한 삶으로 우리에게 주시는 것이 바로 이런 자유다.

하나님께로 난 자는 그를 알고, 그에게 감사를 드린다. 감사를 드리며 그 사람은 자유한다. 동등하지 않은 것을 동등하게 만든다는 데 자유와 해방으로서의 감사의 능력과 기적이 있다. 하나님과 인간, 피조물과 창조주, 종과 주인이 동등하게 되는 것이다. 그것은 마귀가 인간에게 품게 한 그런 '동등함'이 아니다. 마귀의 은밀한 충동은 위에 있는, 거룩하고 고결한 모든 것을 향해 질투와 미움을 갖게 하는 것이다. 그것은 낮은 자로 하여금 감사와 경배를 거절하게 하는 것이었다. 그러나 이제 감사는 가장 낮은 곳에서 모든 것을 동등하게 만든다. 나아가 감사는 객관적으로는 불가피하게, 존재론적으로는 절대적으로 모든 인간이 '자유로워지기 위해' 하나님을 의존할 수밖에 없다는 사실을 알게 한다는 점에 우리를 동등하게 한다. 감사는 마음속 깊이 하나님을 아는 지식을 통한 하나님과의 만남으로부터 알려진다. 감사는 그 만남으로부터 자연스럽게 생긴다. 동등함을 향한 열망이 무지에서 비롯한 노예적인 열망이었다면, 감사와 경배는 지식과 통찰에서, 거룩하고 존귀하신 분에게서, 그리고 하나님의 아들들이 되는 자유 안으로 들어감에서 비롯되는 것이다.

우리가 성찬예전의 정점에 도달해서 우리를 향한 그 부름, 하나님의 모든 피조물을 향해 "주님께 감사드립시다!"라는 그 부름을 들을 때마다, 교회는 모든 것을 자신 안에 품고 우리에게 이 자유를 드러내고 부여한다. 그러면 우리는 지식의 충만함 속에서 대답한다. "그것이 합당하고 옳습니다!"

6

"당신께 감사의 노래를 부르는 것이, 당신을 송축하는 것이, 당신을 찬양하는 것이, 당신께 감사를 드리는 것이, 그리고 당신의 주권 아래 있는 모든 곳에서 당신을 경배하는 것이 합당하고 옳습니다."

여기 다시 이렇게 순전하고, 아낌없는, 기쁨의 감사가 그리스도에 의해 인간에게 회복되어 주어지고, 인간을 세상 위로 높이 이끈다. 이는 그리스도의 감사요, 지식이요, 그리스도의 자녀로서의 자유로 이제부터 영원히 우리의 것이 된다. 감사 기도가 그리스도의 것이고 위로부터 오는 것이기에, 이 기도는 우리를 낙원으로 이끈다. 낙원을 맛보고, 땅에서도 장차 올 하나님 나라에 참여할 수 있게 한다. 따라서 감사 기도가 드려질 때마다 세상의 구원이 완성된다. 모든 것이 성취되고, 모든 것이 주어진다. 인간은 하나님이 원래 두었던 곳에 다시 서고, 자신의 소명을 다시 회복한다. 하나님께 '합당한 예배'를 드리고, 하나님을 알고, 그분께 감사하고 그분을 '신령과 진리로' 예배하고, 이 지식과 감사를 통해 세상을 생명 안에서의 교제, 곧 "태초에 하나님과 함께"요 1:2 하나님 아버지와 함께 계셨고 우리에게 나타나셨던 그 생명 안에서의 교제가 가능하도록 변화시키는 소명을 회복한다.

이 생명이 아버지와 함께 계셨다. 성찬이 아버지와의 교제임을 알고 기억하는 것은, 예전을 이해하는 데만이 아니라 기독교 신앙의 본질을 이해하는 데도 매우 중요하다. 감사 기도에서 담대하게 사용되는 당신Thou이란 말은 아버지를 가리킨다. 따라서 하나님을 아는 지식은 아버지를 아는 지식이다. 우리가 증명하려고 애썼던 것처럼, 이 지식 안에서 교회의 감사가 완성된다. 하지만 우리는 이 아버지란 단어를 하나님께 적용하는 데 너무나 익숙해 있어서 이것이 우리에게 얼마나 철저하게 낯선 것인지, 피조물이 자신의 입으로 창조주를 직접 언급하는 것이 얼마나 불가능한 것인지 제대로 깨닫지 못한다. '담대히 정죄함이 없이' 하나님을 아버지라 부를 수 있고, "아버지께 나아감을 얻게"엡 2:18 된 이 가능성은, 그리스도께서 우리에게 주신 선물들 중에 가장 위대한 것이다. 나아가 이것은 그리스도께서 이루신 구원, 우리 자신과 온 세상의 구원 그 자체다.

"본래 하나님을 본 사람이 없으니"요 1:18. 모든 참된 종교적 경험, 곧 거룩한 자와의 만남의 경험은 언제나 '거룩'이라는 단어의 본래적 의미에서 절대적인 타자, 불가해하고, 알 수도 없고, 헤아릴 수 없어 두렵기까지 한 존재와의 만남을 의미한다. 종교는 거룩한 자를 향한 끌림, 곧 그 절대적 타자의 존재를 아는 지식으로부터 태어났지만, 그것이 무엇인지 제대로 알지 못하는 부족한 이해에서 성장한다. 그렇기에 지구상에서 종교보다 더 모호한 것이 없고, 그 모호함에 있어 종교보다 더 비참한 것이 없다. '종교'가 언제나 선하고, 긍정적이고, 유용한 것이라는 확신은 그저 우리의 현대적이고 절망스럽고 감상적인 '종교성'일 뿐이다. 사실 인간이 언제나 동일하게 '선하시고' 자기를 낮추시기만 하는 하나님을 믿는 것도 그러한 종교성의 다른 모습일 뿐이다. 우리 자신의 편협하고 교묘하고 하찮은 선함, 안일한 도덕성, 흔한 동정, 값싼 자아도취, 그리고 허울 좋은 관대함의 '형상과 모양대로' 창조된 '아버지'를 믿는 것이 오늘날 우리의 종교성이다. 두려움, 광기, 미움, 광신의 구렁텅이가 '종교'와 얼마나 가까운지, 어떤 의미에서 이것이 종교의 천성적 특성임을 우리는 잊곤 한다. 초기 기독교가 그 속에서 악마의 유혹을 보고 동시에, 그것을 드러내고자 그렇게 애썼던 온갖 사악함을 오늘날 우리는 잊고 있다. 다른 말로 하면 우리는, 종교가 하나님께로부터 왔고, 하나님을 향한 뿌리 깊은 목마름과 인간 안에서 하나님을 추구하는 것으로 말미암는 만큼, 종교가 '이 세상의 임금'으로부터 말미암을 수 있다는 것, 곧 인간을 하나님으로부터 분리하고 무지의 끔찍한 어둠 속으로 인간을 끌어내릴 수도 있다는 것을 잊고 있다. 무엇보다 지구상에서 가장 두려운 말, "너희 아비는 마귀"요 8:44라는 예수님의 말씀이 미지근한 '불가지론자들'이 아니라 철저히 '종교적'이었던 사람들을 향한 말이었음을 우리는 잊고 있다.

오직 '이' 타락한 세상이 거하고 있는 '사망의 음침한 골짜기'와 비교할 때, 그리스도 안에 있는 지식의 빛이 우리의 영적 의식 속에 한 분이신 참 하나님을 아는 지식으로, 그분을 아버지로 아는 지식으로 계시된다. 하나님의 아버지 되심이 그리스도로 말미암아 우리에게 나타난 것은 신인동형론적 아버지 되심이 아니다. 하나님이 아래로부터 온다고 간주하고, 하나님을 다양한 세속적인 '아버지됨'으로 공유하는 그런 지식은 올바른 아버지됨에 관한 지식이 아니다. 온전한 아버지됨을 오직 하나님만이 소유하고, 하나님의 독생자만이 그것을 드러내고 줄 수 있기 때문이다. "아버지 외에는 아들을 아는 자가 없고 아들과 또 아들의 소원대로 계시를 받는 자 외에는 아버지를 아는 자가 없느니라"마 11:27. 기독교는 모든 종교들이 공유하는 '보편적이고' 우주적인 단어, 그로 인해 모든 종교에서 불분명해진 '아버지' 하나님이라는 메시지로 시작하지 않는다. 하나님은 세상과 인류를 낳은 것이 아니라 창조하셨기 때문이다. 그렇다고 하나님의 백성들이 하나님으로부터 '유출'된 것도 아니다. 기독교는 하나님의 독생자가 세상으로 오셨다는 것, 곧 우리가 오직 그 아들 안에서 그 아버지의 아들이 된다는 믿음으로 시작된다. 기독교는 이중 계시의 선물이다. 하나는 아버지가 아들을 계시하는 것이다. "아버지 외에는 아들을 아는 자가 없다." 그리고 다른 하나는 아들이 아버지를 계시하는 것이다. "아들 외에는 아버지를 아는 자가 없다." 따라서 그리스도에 의해 완성된 인간과 세상의 구원의 문제는, 아버지가 우리에게 나타내신 것과 우리가 그분께로 가는 것에 달려 있다. "보라 아버지께서 어떠한 사랑을 우리에게 베푸사 하나님의 자녀라 일컬음을 받게 하셨는가…사랑하는 자들아 우리가 지금은 하나님의 자녀라"요일 3:1-2. 결과적으로 그리스도를 믿는다는 것은 무엇보다 그분을 믿는다는 뜻이다. 그가 하나님의 독생자임을, 그리고 이것이 이 세상에서 하나님을 아는 지식임을 말이다. 또한 그것은 아버지를 향한 사랑, 그분을 통한 그리고 그분 안에 있는 한 생명의 현시, 곧 아버지의 사랑의 현시이기도 한 생명의 현시를 믿는다는 것이다. 그 사랑으로 "아버지께서 아들을 사랑하사 만물을 다 그의 손에 주셨다." 나아가 기독교의 믿음은, 그 아들이 그의 유일한 아들됨을 우리에게 주셨고, 우리를 하나님 아버지의 아들들로 만든다는 것을 믿는 것이다. "내가 내 아버지 곧 너희 아버지, 내 하나님 곧 너희 하나님께로 올라간다"요 20:17. 무엇보다 그리스도를 믿는다는 것은 그의 사랑하는 아들 안에서 "세상이 알지 못하는"요 17:25 아버지께서 우리에게 그의 아버지되심을 나타내시고 허락하심을 믿고 아는 것이다. 하나님 아버지는 그의 아들을 사랑하시는 그 동일한 사랑으로 우리를 사랑하신다. 아버지에 대한 모든 지식, 그를 향한 모든 사랑, 그분과의 모든 연합이 그 아들의 아들됨 안에 있기 때문에, 아들과 아버지는 하나이기 때문에요 10:30, 아들을 아는 자는 아버지를 알고 아버지에게 나아감을 얻고 영원한 생명으로 나아갈 수 있는 것이다.

교회는 자녀로서의 아버지를 아는 지식을 통해, 곧 아들 안에서 아버시께로 나아감을 통해 살 뿐 아니라, 그것이 구원과 영원한 생명임을 선포한다. 그렇기 때문에 성찬의 성례는 가장 깊은 의미에서 아버지를 아는 지식의 성례, 나아감의 성례, 그의 독생자 안에서 아버지께 올라감의 성례다. 그 성례에서 교회는 새로운 피조물로서, 그리스도의 몸으로서, 그리고 장차 올 하나님 나라에서의 교제로서 교회됨을 실현한다. 사도 빌립은 그리스도께 "주여 아버지를 우리에게 보여주소서 그리하면 족하겠나이다"라고 청했다요 14:8. 그리고 이제 그 아버지는 하나님의 아들 안에서 우리에게 보이고 나타나신 바 되었다. "나를 본 자는 아버지를 보았다"요 14:9. 단지 보았을 뿐 아니라 그에게 나아감을 얻고, 그분을 아버지로 알게 된 것이다.

7

"무로부터 우리를 불러내어 존재하도록 하신 것은 바로 당신입니다." 감사는 아버지를 아는 지식이기에, 언제나 세상을 이해하는 것으로 연결된다. 세상을 하나님이 우리에게 주신 것으로, 그리고 우리 자신에 대한 발견으로 이해하는 것이다. 하나님이 우리를 "어두운 데서 불러내어 그의 기이한 빛에 들어가게 하신"벧전 2:9 것과 "그 보배롭고 지극히 큰 약속을" 받아 "이 약속으로 말미암아…신성한 성품에 참여하는 자가 되게 하려 하셨다"벧후 1:4는 것을 깨닫는 것이다. 오직 우리가 하나님의 아들이신 예수 그리스도 안에서 아버지께 드려질 때, 우리는 우리 자신과 세상을 알게 된다. '이 세상'의 어두움에서는 불가능했지만, 아버지의 아들됨을 통해 우리에게 회복된 지식을 가지고 알게 되는 것이다.

실제로 놀라울 정도의 인간 자신에 대한 무지함보다 우리가 하나님으로부터 떨어져 나옴으로 인해 빠져버린 무지의 어두움을 분명하게 보여주는 곳은 없다. 이렇게 자신에 대한 끝없는 관심에도 불구하고, 하나님을 잃어버린 인간은 자기 자신과 인간 존재의 신비를 통찰하기 위해 '인문 과학'에 온통 힘을 쏟는다. 우리는 제멋대로인 자아도취의 시대, '자기 자신으로 돌아가자'는 보편적 운동의 시대에 살고 있다. 그러나 이상할 뿐 아니라 두렵기까지 한 것은, 이런 관심이 근본적일수록 그것이 인간을 비인간화하려는 어떤 어두운 욕망에 의해 조장될 수 있음이 더욱 분명해진다는 것이다. 레비스트로스Levi-Strauss는 '인간 과학'의 최종 목표는 인간 긍정이 아니라 인간 해체임을 확신한다고 선언한 바 있다. 실제로 오늘날 언어학, 심리학, 사회학 모두 레비스트로스의 예언을 충실히 따르고 있다. 또 다른 지적 거물인 미셸 푸코Michel Foucault도 '우리 사상의 고고학 전체'는, 인간이 최근의 발명품일 뿐 아니라 머지않아 인간이 종말을 맞게 될 것이라고 주장했다. 이렇듯 인간의 신비에 대한 인류의 해결책은 이미 그 신비에 대한 부정일 뿐 아니라 인간 자신에 대한 부정임이 드러났다. 그 단조로운 회색빛의 무의미한 세상으로, 노벨상 수상자인 자크 모노Jacques Monod의 말을 빌려 말하면, '기회와 필요'의 냉정한 법칙에 의해 완전히 통제되는 세상 속으로 인간이 해체되는 것이다.

교회가 감사의 제사를 드리는 시간마다, 감사는 현대적일 뿐 아니라 매우 오래된 세상과 인간에 대한 거짓말에 답함으로써 그것을 물리친다. 감사는 매번 스스로에게 인간 자신을 드러내는 것이고, 신적 형상에 비추어 자신의 본질, 위치, 그리고 부르심을 나타내는 것이다. 그렇기 때문에 감사는 인간을 새롭게 하고 재창조하는 행위다. 무엇보다 감사에서 우리는 우리 생명의 신적 근원과 신적 부르심을 깨닫고 고백한다. 감사 기도는 하나님이 우리를 비존재에서 불러내어 존재로 만드셨음을 확증한다. 이는 하나님이 우리를 절대적 존재의 성질, 곧 그분으로부터 나온 단순한 어떤 것이 아니라 그분의 임재, 빛, 지혜, 사랑의 충만한 어떤 것을 나누어 갖는 자로 창조하셨음을 의미한다. 정교회 신학에서는 그런 성질을 14세기 정교회 신비주의자 그레고리 팔라마스Gregory Palamas를 따라 '신적 에너지'라고 부른다. 이 에너지는 세상을 원래의 소명대로 '새 하늘과 새 땅'으로 변화시키고, 피조물을 다스리는 자인 인간을 부름받은 원래의 목적에 따라 신화theosis, 곧 '신의 본성에 참여하는 자'로 만든다.

8

"우리가 당신에게서 떨어져 나왔을 때 우리를 다시 위로 들어올리사…." 이제 우리는 오직 하나님, 인간, 그리고 세상을 아는 지식의 정점, 곧 감사가 우리를 이끌어 가는 바로 그곳으로부터 이 두 가지 표현을 들을 수 있게 되었다. 죄와 구원의 이중 계시가 성찬 때마다 충만한 깊이와 능력으로 우리에게 주어지는 것이다.

그런데 왜 '오직 지금'인가? 겉으로는 경건하지만 본질적으로는 참으로 이단적인 인류학적 최소주의anthropological minimalism가 방금 이야기한—인간의 신적 높이, 그의 본질과 소명에 대한 긍정—기독교에 내재된 인류학적 최대주의anthropological maximalism로 신자들의 의식 속에서조차 대체되고 있기 때문이다. 이단적이라는 것은, 그것이 거짓된 겸손 가운데 죄와 악이라는 심히 비기독교적인 것을 합리화하기 때문이다. 사실 매일의 일상에서 나타나는 미지근한 '종교성' 속에서 우리는 죄를 정상적인 어떤 것으로 생각하지는 않는가? 우리는 죄를 우리 본성에 내재되어 있는 연약함과 불완전함에서 발생하는 어떤 것 정도로 생각하지는 않는가? 반면에 완벽함과 거룩함을 어떤 '초자연적인' 것으로 생각하지는 않는가? 성찬에서의 모든 말과 행동은 바로 이 죄의 합리화, 곧 인간을 나약하기 짝이 없는 존재로 낮추고, 인간을 그 연약함 가운데 가장 무책임한 피조물로 만드는 것을 폭로한다. 직접적으로 말해 하나님의 창조에 대한 모독을 폭로하는 것이다. 인간이 하나님으로부터 떨어져 나온 것뿐 아니라, 자기 자신의 참된 본성으로부터, 하나님이 부르신 '높은 부르심의 영광'으로부터 떨어져 나온 것이 인간의 죄임을 말이다.

"우리가 당신에게서 떨어져 나왔을 때"라는 표현 자체가 타락이 발생했던 원래의 높은 곳에 대한 경험을 전제하고 있다. 이 타락이 그렇게 끔찍한 이유는, 그것이 본래 하나님의 창조에 자연스레 내재된 어떤 것이 아니기 때문이다. 하나님이 '자신의 손으로 지으신 것 위에' 인간을 두셨을 때, '존귀와 영광을 위해 선택한' 자에게 이 타락은 결코 자연스러운 것이 아니었다. 이제 교회가 이런 높음을 알았고, 교회의 삶 전체가 은혜로 충만한 회복의 경험, 곧 이런 높음의 위치로 돌아가는 경험이자 그곳으로 승천하는 경힘이기에, 교회는 죄의 그 완전한 깊이와 힘을 안다. 이 지식은 피상적이고, 사변적이고, 잡다한 설명들과는 전적으로 다르다. 이런 설명들의 치명적 약점은 그것들 모두가 어떤 방식으로든 죄에 '합법적 근거'를, 철학적 용어로 말하면 죄를 '근거가 충분한 현상'으로 만든다는 것이다. 이런 설명에서 죄는 더 이상 타락이 아니다. 이제 죄는 '객관적인' 인과관계를 고려해 '정당화되고', '정상적인' 것으로 판명될 뿐이다. '표준'을 넘어서는 것은 더 이상 죄 자체가 아니라 그 죄를 극복하는 것으로 간주된다. 그러나 교회에서, 그리고 그 경험과 믿음에서 죄와 악은 무엇보다 본질적으로 신비다. 악은 그것 자체로 존재를 갖지도, 가질 수도 없기 때문이다. (모든 존재는 하나님께로 왔기에 '매우 좋기' 때문이다.) 또한 죄와 악은, 인간이 자신의 자유로운 본질보다 우선적으로 '선하다'라고 기꺼이 선택하는 무엇이다. 어느 교부에 따르면 악은 "씨를 뿌리지 않았는데도 자라는 풀"이다. 악은 씨를 뿌리지 않았는데도, 곧 하나님에 의해 창조되지 않았지만 존재한다. 그것이 얼마나 파괴적인 힘을 소유하고 있는지 성경은 "세상은 악한 자 안에 처해 있다"라고 표현할 정도다요일 5:19.

기독교 신앙에는 이 신비에 관해 어떤 설명도 하지 않는다. 가장 거짓되면서 가장 일반적인 경구 중 하나인 "이해하는 것은 용서하는 것이다"라는 말이 확증하듯이, 우리의 타락하고 교활한 이성의 범주 안에서 해설은 필연적으로 그것을 정당화하기 때문이다. 그러나 죄를 이해하는 것도, 정당화하는 것도 불가능하다. 교회는 죄를 설명하지는 않지만 '유죄를 확증하다'라는 단어 본래의 어원적 의미에서 죄를 확증한다. 오직 교회만이 죄를 죄로, 악을 악으로, 그것들이 지닌 불가해성과 공포, 비실존, 회복 불가능한 상태를 확증한다.

그러면 어떻게 그리고 언제 이런 판결이 완성되는가? 본질적으로 중요한 이 질문에 대해, '악의 문제'에 대한 스콜라주의 해설기들이 관심을 갖지 않을 것임을 충분히 알고 있지만, 나는 다음과 같이 답변한다. 무엇보다 교회는 감사를 통해 죄를 확증한다. 감사를 통해 교회는 악의 '생명의 정수'이자 죄의 근본이 감사하지 않음에 있음을 인식한다. 인간과 그 안에서 모든 창조 세계가 하나님을 알고 그분과 교제하는 방식인 "찬송하고, 송축하고, 찬양하고, 감사하고, 경배하기"를 그만두는 것이 죄의 근본이라고 말이다. 감사하지 않는 것이 교만의 뿌리이자 원동력이다. 모든 영적 삶, 그 '최고의 학문'을 가르치는 선생들은 누구나 예외 없이, 그런 교만에서 하나님과 인간을 떼어 놓는 죄를 발견한다. 오직 '신령한 분별력'을 통한 영적 노력으로만 분별이 가능한 교만의 가장 미묘한 영적 본질은, 타락의 이유로 지목되는 다른 이유들과는 정반대로, 오직 그것만이 아래로부터가 아닌 위로부터 온다는 것에 있다. 그것은 불완전함이 아니라 완전함에서, 부족함이 아니라 은사의 넘침에서, 연약함이 아니라 능력에서 비롯된다. 다른 말로 하면, 그것은 어떤 알려지지 않은 원인에서 비롯되는 어떤 설명할 수 없는 '악'이 아니라, 창조 세계와 인간의 신적인 '매우 좋음'에 대한 유혹에서 비롯되었다. 교만은 감사와 동일한 원인에서 생기는 것이기에 감사하지 않음으로써 감사와 완전히 반대가 되었다. 그것은 동일한 선물에 대한 또 다른, 그러나 완전히 반대되는 대답이다. 그것은 동일한 선물에 의한 유혹이다.

죄와 싸우는 이들의 생생한 증언에 따르면, 유혹은 아직 죄가 아니다. 그리스도 자신도 유혹을 받으셨다. 그것도 그분의 천부적 재능들, 곧 능력, 권위, 기적 때문에! 사실 하나님이 인간에게 준 모든 선물, 하나님의 신적 형상과 완전함 자체가 유혹이다. 그리고 무엇보다 하나님이 인간에게 준 자아, 절대적으로 유일하고, 영원하며, 반복할 수 없으며, 불가분의 인격에 담긴 이 경이로운 자아가 각 사람을 '창조 세계의 왕처럼' 만든다. 유혹은 바로 이 인격에 내재되어 있다. 모든 피조물 중에 오직 인간만이 하나님께 자신을 사랑하라 는, 곧 하나님의 신적 선물과 자아I의 경이로움을 자각하라는 부름을 받았기 때문이다. 인간이 하나님을 자신의 생명 중의 생명으로, 절대적으로 바라는 당신Thou으로 이해하는 것은 오직 자기 자신을 향한 이 사랑을 통해서다. 그 가운데서 인간은 자신, 곧 자신의 충만함을 발견할 뿐 아니라 자신의 행복, 사랑이신 하나님의 형상과 모양을 따라 창조된 인간의 자아를 발견한다. 인간의 성품은 자신을 향한 사랑이고, 따라서 하나님을 향한 사랑이다. 또한 인간의 성품은 하나님을 향한 사랑이고, 따라서 자기 자신을 향한 사랑이다. 자신을 지식과 생명의 충만함으로 상승하는 신적 선물의 전달자로 이해하는 것이다. 그런 의미에서 인간 안에 내포된 그를 향한 사랑을 자기 자신의 사랑으로, 교만의 본질을 이루는 자기 사랑으로 바꾸는 것은 선천적이다. 그렇다. 인간은 '악'에게 유혹을 받는 것이 아니라 자기 자신에게, 자신의 신적 형상에 의해, 곧 그 자아의 신적 경이로움에 의해 유혹을 받는다. 인간은 '하나님과 같이 될 것'이라 는 뱀의 속삼임을 외부에서 듣는 것이 아니라, 자신의 내면과 낙원의 축복된 충만함 가운데 듣고, 자신 안에 그리고 자신을 위해 생명을 소유하길 원했다. 하나님의 모든 선물들을 자기 자신의 것으로, 자신을 위해 갖길 원했던 것이다. "나는 동산의 아름다움을 바라보았고 내 마음이 현혹되어…"(크레테의 안드레의 전례 성가, 오드 2, 1).

　인간의 타락은 '신처럼 될 것'이라는 바로 이 높은 자리로부터 일어났다. 하지만 사실, 이 말들은 모두 하나님에게 훔친 것이다. 하나님은 우리를 '그의 기이한 빛'에 들어가 우리로 '신들과 같이' 되게 하시려고 우리를 창조하셨다. 그렇다면 무엇이 이 말들을 거짓으로, 타락의 시작으로, 또한 죄와 썩음과 죽음의 근원으로 바꾸어 놓은 것인가? 이 질문에 대한 대답이 바로 성찬에서 주어진다. 이 질문에 대한 대답이 우리를 하나님 나라의 보좌 앞으로 돌려보내고, 하나님의 얼굴과 그의 창조, 하늘과 땅, 그분의 영광의 성취를 볼 수 있게 하는 감사에서 주어진다. 이 질문에 성찬은 단순한 개념 정의, 단어들에 대한 단어들이 아니라 성찬 자체의 빛과 능력으로 대답한다. 감사는 욕망과 만족, 그리고 사랑과 소유를 하나님이 우리에게 주신 세상의 모든 것을 채우는 생명으로 변화시킬 뿐 아니라, 하나님을 아는 지식과 그분과의 연합으로 변화시키는 능력이기 때문이다. 그러므로 오직 감사만이 감사에서 사랑이 사라진 것, 곧 감사하지 않음을 죄로 확증한다. 그것이 죄임을 드러내는 것이다. 사랑이신 하나님의 형상과 모양을 따라 지음받은 인간은 사랑이기를 멈출 수가 없다. '감사하지 않는 상태'에서도 인간은 여전히 그 동일한 사랑으로 남아 그 모든 동일한 선물들에 '감사한다.' 그러나 감사를 멈추는 것도 사랑이다. 감사는 생명의 선물과 인생의 모든 것이 하나님의 것이고 하나님으로부터 오는 것을 아는 지식이며, 또한 우리를 향한 하나님의 사랑의 계시, 곧 모든 선물과 인생으로 하여금 하나님의 생명에 참여케 하라는 부르심을 아는 지식이기 때문이다.

자신 안에 있는 생명…. 오직 아버지만이 "자기 속에 생명이 있으시다"요 5:26. 오직 하나님만이 생명이고, 모든 생명 있는 것의 생명이시다. 타락의 공포와 돌이킬 수 없는 최후가 여기에 있다. 인간은 자신 속에서 자신을 위해 생명을 원했고, 그로 인해 생명으로부터 떨어져 나왔다. "죄로 말미암아 사망이 세상에 들어왔고" 롬 5:12 세상은 '어둠과 죽음의 그늘' 아래 있게 되었다. 감사로 말미암아 '불멸의 음식'으로, 생명에 이르는 사귐으로 변화되지 않았기에, 그것은 죽음에 이르는 사귐, 곧 세상을 향한 사랑이 되었다. 감사로 말미암아 하나님을 아는 지식으로 변화되지 않았기에, 그것은 어둡고 자기 파괴적인 "육신의 정욕과 안목의 정욕과 이생의 자랑"이 되었다요일 2:16. "인간은 열정이다. 하지만 쓸모없는 열정이다." 물론, 장 폴 사르트르Jean-Paul Sartre는 이 말을 인간의 타락, 그 '원죄'에서 어떤 일이 일어났는가라는 맥락, 곧 그 안에서 세상이 감사의 성례이기를 그만둔 채 사망했으며, 생명이 죽어가고 있음을 알고 한 것은 아니다. 그러나 이 말은 사실이다.

9

"우리가 당신으로부터 떨어져 나왔을 때, 우리를 다시 위로 들어 올리시고…"라는 표현에서 우리는, 이 모든 끔찍한 불법과 죄의 허상, 우리가 하나님, 곧 언제나 그리스도의 감사가 우리를 이끄는 하늘의 높은 곳으로부터 분리됨으로써 오는 무한한 슬픔과 죽음, 그리고 그것을 가져오는 악의 힘이 한때 세상을 지배했음을 알게 된다. 그러나 또한 우리는 우리가 회복되었기 때문에, 우리가 아버지께 나아감을 얻고 장차 올 하나님 나라에 참여하는 자가 되었음을 안다. "(당신은) 우리를 당신의 나라에 데리고 가서 모든 일들

행함을 멈추지 않으셨습니다. 그리고 장차 도래할 당신의 나라를 우리에게 주셨습니다."

그리스도 안에서 인간의 본성은 하늘로 들어올려지고, 정결하게 되고, 거룩하게 된다. "하나님이 자기를 사랑하는 자들을 위하여 예비하신 모든 것은 눈으로 보지 못하고 귀로 듣지 못하고 사람의 마음으로 생각하지도 못하였다 함과 같으니라"고전 2:9.

낙원은 지상에 있지만 우리는 하늘로 올라갔고, 지금도 우리의 생명은 "그리스도와 함께 하나님 안에 감추어"있다골 3:3. 이 최후의 가장 높은 선물에 대한 계시를 바로 '교회'가 수여한다. 감사의 성례에서 이 수여가 이루어지고, 교회는 지상의 천국이 된다.

이런 성취는 또한 천사들의 찬송인 삼성송에서 증명된다. 나중에 보겠지만, 우리에게 전해진 거의 모든 성찬과 관련된 문서에서 삼성 송으로 감사송이 마무리되고, 이 감사송을 통해 감사의 성례는 우리를 기념의 성례로 인도한다.

이 모든 것들로 인해 우리는 당신께, 그리고 당신의 독생하신 아들과 당신의 성령께 감사드립니다. 우리가 알고 있는 모든 것들과 우리가 알지 못하는 모든 것들에 대해, 나타난 것들과 보이지 않는 것들에 대해 감사드립니다. 당신께서 우리의 손에서 받으시려고 예정하신 이 예전으로 인해 당신께 감사드립니다. 그러나 거기 당신 곁에 수천의 천 사장들과 천군천사들, 그룹들과 스랍들은 여섯 날개와 많은 눈을 가지고 날개에 의지해 높이 솟아올라 승리의 찬양을 부르며, 외치고, 선포하며 말합니다. '거룩하다. 거룩하다. 거룩하다. 만군의 여호와여! 그의 영광이 온 하늘과 땅에 충만하도다. 가장 높은 곳에서 호산나! 찬송하리로다. 주의 이름으로 오시는 이여. 가장 높은 곳에서 호산나!'

우리가 그곳으로 들어올려 보고 들은 하늘이 아니라면, 이 오래된 천사의 찬송은 무엇에 대한 증거란 말인가! 성상, 선물, 비전, 하나님 나라의 영광에 대한 계시가 아니라면, 감사를 통해 성취된 그 나라의 식탁에서 하나님과 만나는 것이 아니라면, 이 장엄한 인사의 말들은 무엇이란 말인가!

10장
기념의 성례

내 아버지께서 나라를 내게 맡기신 것 같이 나도 너희에게 맡겨,
너희로 내 나라에 있어 내 상에서 먹고 마시며….

누가복음 22:29-30

1

세 번의 거룩을 외치는 천사들의 영광송을 찬송하는 동안 감사 기도는, 교회가 하늘로, 하나님의 보좌로, 하늘나라의 영광 안으로 올라가는 것으로 완성된다. 감사 기도는 이 높은 곳에서 이런 신적 교제, 지식, 그리고 기쁨의 충만으로부터 모든 피조물, 보이는 세계와 보이지 않는 세계 전체를 끌어안고 교회를 지상의 천국으로 나타내는 동시에, 단회적 사건인 최후의 만찬을 기념하여 행해진다. 그리스도께서 고통과 죽음에 자신을 내어주신 그 밤에 제자들

과 함께 행하셨던 그 사건을 기념한다.

다음은 예전 신학에서 소위 기념 amamnesis이라고 불리는 요한 크리소스톰의 성찬 기도의 한 부분이다.

오, 인류를 사랑하시는 주님, 복된 능력을 힘입어 우리 또한 부르짖어 말합니다. 거룩하시도다, 당신이여. 당신과 당신의 독생하신 아들, 그리고 당신의 성령이 진정 거룩하시도다! 거룩하시도다, 당신이여. 진정 거룩하시도다. 광대하시도다, 당신의 영광이여! 이 세상을 지극히 사랑하셔서 당신의 독생하신 아들을 주시고, 그를 믿는 자는 누구든지 멸망치 않고 영생을 얻게 하신 이여. 그가 오셔서 우리를 위해 모든 섭리를 성취하셨을 때, 그 밤, 그가 내어주신 바 된 그때에, 아니 오히려 세상에 생명을 주시려 자신을 내어주신 그때에, 그의 거룩하고 순전하며 흠이 없는 손에 떡을 가지셨을 때, 그가 감사를 드리시고 그것을 위해 축사하시고 거룩하게 하시고 떡을 떼셨을 때, 그분은 그 떡을 그의 거룩한 제자들과 사도들에게 주시며 말씀하셨습니다. "받아먹어라! 이것은 너희를 위하여, 죄 사함을 위해 쪼개지는 내 몸이다." 그와 같이 저녁 식사를 한 후에, 그분은 잔을 가지고 말씀하셨습니다. "너희 모두 그 잔을 마셔라! 이 잔은 내 피로 세우는 새 언약이니 곧 너희와 많은 이들을 위하여, 죄 사함을 위해 붓는 것이라." 이 구원의 명령과 우리에게 전해진 그 모든 것, 곧 십자가,

빈 무덤, 삼 일만의 부활, 하늘로 올라가심, 하나님 우편에 앉으심과 영광스런 재림을 기억하며 우리는 모든 이들을 대신하여 모든 이들을 위해 당신께 마땅히 당신에게 속한 것을 드리나이다.

여기서 기념은 무엇을 의미하는 것인가? 감사 기도에서뿐 아니라 이 기도를 통해 행해지고 성취되는 거룩한 예전의 전체성 안에서 기념의 위치는 무엇을 의미하는 것인가?

2

이 질문에 답하기 위해 집필된 수백 권의 전문 서적들이 있음에도 불구하고, 이론 신학이나 예전 연구 모두 만족할 만한 대답을 제시하지 못했다. 여기서 우리는 다시금 이미 여러 번 언급했듯이, 방법의 불충분함을 보게 된다. 이 방법론은 성찬의 기도를 재편성하고, 나아가 본질적으로 예전 전체를 여러 부분으로 나눠 놓았다. 그렇게 나눠진 예전의 각 부분들은 다른 부분과 연결되지 않은 채 전체와 아무런 관련 없이 홀로 연구되고 설명되었다. 특히 방법의 불충분함은 성찬을 기념하는 것으로 설명하는 데서 더욱 분명히 드러난다. 여기에서 이 방법론에 내재되어 있는 '환원주의', 곧 지나친 축소화가 이 '순간'뿐 아니라 감사의 성례 전체를 얼마나 한

정하고 왜곡하는지 더욱 분명해지기 때문이다. 수백 년 동안 너무나 당연하게 여겨진 이런 '축소'들을 우리는 진지하게 돌아볼 필요가 있다. 그것들을 극복하지 않고서는 교회의 경험과 기념의 성례로서의 성찬에 깊이 새겨진 그 진정한 의미 속으로 '돌파해 들어갈' 수 없기 때문이다.

이런 축소 중 첫 번째는 기념을 그리스도께서 최후의 만찬에서 감사의 성례를 제정하는 것에 대한 '축성의'consecratory 참고 정도로, 곧 떡과 포도주가 그리스도의 살과 피로 변화되는 것 정도로 이해한다. 이 변화의 능력, 성례의 '실재성'actuality이 바로 이 기억에 있다고, 마치 최후의 만찬에서 성찬의 제정이 기념의 실재인 것처럼, 이 기억이 성례의 실제 '원인'이라고 말이다.

우리는 이런 축소의 '순전한' 형태를 화체설, 곧 그리스도가 제정한 말씀을 통해 감사의 선물이 거룩하게 변화된다는 라틴 교회의 교리에서 발견한다. 그 축성문은 최후의 만찬에서 그리스도께서 하셨고, 성례를 행하는 동안 사제는 '이것은 내 몸이다', '이것은 내 피다'라는 그리스도의 말씀을 되풀이한다. 그러나 이 말씀은 '축성하는' 것이기에, 그리고 성례에 지속적으로 필요 충분한 것이기에 최후의 만찬을 성찬적으로 기념하는 것은 본질적으로 그 말씀의 범주로 축소한다.

정교회와 개신교 신학자 모두 이런 극단적인 형태의 축소는 거부한다. 그러나 이런 축소는 정확히, 그리고 오직 극단적인 경우에만 거부될 뿐이다. 그 핵심은 기념을 의식 자체로만 축소해 성찬 기도 가운데 이 부분에 대한 설명을 위한 자명한 배경으로만 남게 하는 것이다. 예를 들어 동방정교회에서는 신학자들이 만장일치로 성물의 변화를 이루는 것은 '제정의 말씀'이 아니라, 성령의 임재를 구하는 기도인 에피클레시스임을 확증했음에도 불구하고, 오래전부터 제정의 말씀의 고립이 모든 부분에서 이루어지도록 방치했다. 그 결과 오늘날 일반적으로 받아들여진 집례자가 '혼잣말로' 은밀하게 감사 기도문을 읽는 동안, 성령의 임재를 간구하는 기도는 제외하고 오직 제정의 말씀만 큰 소리로 선언되고 있다. 이런 이유로 그 말씀들이 들려지는 동안, 집례자(혹은 부제)는 자신의 손가락으로 처음에는 떡을 그 다음에는 잔을 가리키는데 마치 이 순간의 특별함과 독점성을 강조하는 듯하다. 그리고 마침내 떡과 잔을 위해 '제정'의 두 문구를 각각 선언할 때, 모인 자들은 예배에서 항상 '성별'이라는 뜻을 갖고 있는 엄숙한 한 단어, 곧 아멘으로 화답한다.

이와 관련해서 비록 개신교 신학이 보통 감사 선물의 어떤 객관적인 변화도 인정하지 않고 이를 '마술적인' 것으로 일축해 그 변화의 실재를 예전 경문과 의식이 아닌 성찬을 받는 자의 개인적인 믿음에 두었지만, 본질적으로 개신교의 이런 단순화도 이전의 축소와 크게 다르지 않다. 이런 식의 일축은 최후의 만찬과 성찬 사이의 관계 자체가 아닌, 교회 안에서 이 관계의 '실현' 또는 '실재'에 대한 문제제기이기 때문이다.

　이런 접근의 부적절함, 곧 유해함은 어디에 있는가? 도대체 왜 우리는 그것을 축소라고 말할 수밖에 없는가? 우리의 믿음과 삶에 있어 매우 중요한 최후의 만찬을 성찬으로 기념하는 것, 그런즉 최후의 만찬과 성찬의 관계에 대한 문제가 이런 접근에서는 무엇이 아닌, 어떻게라는 질문으로 당연히 귀착되기 때문이다. 이는 최후의 만찬에서의 성찬 제정이 지금의 성찬에서 어떻게 '작동하는지'에 대한 질문이지, 그리스도께서 배신, 십자가와 죽음에 앞서 지상 사역의 마지막 행위를 통해 무엇을 성취하셨는지에 대한 질문은 아니다.

　다른 말로 하면, 이 축소의 문제점은 핵심적인 질문을 부수적인 질문으로 대체한다는 데 있다. 이런 대체는 의심의 여지없이, 또 다른 훨씬 더 깊은 축소에서 파생한 것이다. 비록 그것이 동일한 '재편성' 방법에서 나왔다 하더라도, 그런 근본적인 축소는 단지 성찬만이 아니라 그리스도의 모든 구원 사역에 관한 신학적 근거와 관련이 있다. 그것은 다양한 형태로 스콜라주의 신학에 내재되어 있는데, 이는 우리와 우리의 구원을 위한 그리스도의 희생제사를 골고다, 곧 십자가, 고난, 그리고 죽음과 동일시하는 것이다. 교회의 명백한 가르침에 따르면, 교회는 성찬에서 '주님의 죽으심을 선포하고 그분의 부활을 고백한다.' 분명히 그리스도께서 "고난을 받기 전에"눅 22:15 이루신 골고다와 최후의 만찬 및 성찬은 밀접한 관계가 있으며, 여기에는 어떠한 논의의 여지도 없다. 그러나 스콜라주의 신학은 성찬을 전적으로 이것들과의 관계로만 축소시켜 해석한다. 이런 해석에 따르면 그리스도는 바로 그의 십자가 위에서의 고난과 죽음을 통해 구속된 세상의 죄를 자신이 짊어지고 희생의 제물로 드려짐에 대한 성례적 기념으로서 성찬을 최후의 만찬에서 제정하신 것이다. 골고다에서 단번에 드려진 이 희생은 영원토록 성찬, 곧 우리의 제단에서 '실현된다.' 그 희생이 우리를 대신하여 우리를 위해서 드려졌고 지금도 드려지기 때문이라고 말이다.

알려진 바와 같이 이렇게 최후의 만찬과 성찬을 골고다의 희생과 성례적으로 동일시하는 것은 결과적으로 개신교도들로 하여금 성찬의 희생적 특징과 최후의 만찬에서 그리스도에 의해 모두를 위해 영 단번에 드려진 $ἅπαξ$ 희생의 단일성, 비반복성, 그리고 '충족성'의 교리가 서로 양립할 수 없는 것으로 배격하게 만들었다. 이는 우리 정교회와 신학교의 가르침으로도 확장되었다. 비록 이런 해석의 라틴 교회의 '원형'에 극단성이 완전히 내재되어 있는 것은 아니지만, 부분적으로 라틴 교회의 예전과 기도 속에 자리하고 있던 것은 분명하다. 무엇보다 이런 해석은 이 책의 1장부터 계속해서 언급했듯이, 심각할 정도로 예전의 상징적 해석에 막대한 악영향을 미쳤다.

궁극적으로 우리가 이런 '축소들'에 대해 말해야 할 것은 다음과 같다. 그것들은 신학적으로나 교회의 예전적 삶이라는 측면에서, 희생제사로서의 성찬에 대한 가르침과 친교의 성례로서의 성찬에 관한 교리 사이에 엄청난 단절을 초래했다. 학교에서 가르치는 신학에서 이 두 교리는 어떤 내적 관련도 없는 채 그저 공존해 왔다. 의심할 나위 없이 우리 신학의 정확한 반영인 예전 관습을 보면, 우리는 성찬–희생eucharist-sacrifice과 성찬–친교eucharist-communion를 두 개의 전혀 다른 '핵심'으로 인식하고 있다. 예를 들어, 신학자들과 목회자들과 '영적 생활'의 지도자들까지 친교에 참여하지 않고 예식에 참석하는 것만으로, 곧 기도와 프로스포라(축성되기 전의 성찬용 떡)를 드림으로 안티도론(축성된 떡)을 받는 것만으로, 혹은 몇 개의 예전을 '요청'하는 것만으로 신자들에게 성찬–희생에 참여할 수 있고, 심지어는 그렇게 하는 것이 당연하다고 생각해 왔다. 이것이 가능하게 된 이유는 교회 신자들의 인식과 경건 속에서 친교가 오랫동안 희생제사로서의 성찬과 아무런 관련이 없는 것으로 취급받았고, 또 다른 '법', 곧 개인의 '영적인 필요'—성화, 도움, 위로 등—와 개인의 '준비성' 문제에 완전히 종속되었기 때문이다.

다시 말하지만, 이 모든 축소는 신학과 예전 과학에 근거를 두고 있다. 축소는 성찬을 연구하고 해석하는 데 있어 기도의 법lex orandi, 곧 성찬예식을 구성하는 모든 부분들이 서로에게 종속되어 있는 교회의 기도의 원칙을 기초로 삼지 않고, 반대로 선험적 기준이라는 이름 아래 성찬 외부에 위치한 기준인 성찬의 '자기 증거' 밖에 있는 기준으로 재편해 취한 것이다.

3

물론 우리는 지난 수십 년 동안 성찬 연구에 있어서 의미 있고 매우 긍정적인 움직임이 있었다는 것도 인정해야 한다. 한편으로 이런 움직임은 스콜라주의 이전의 초기 교회 안에서의 성찬의 위치에 대한 이해에 초점을 둔 소위 예전 운동에 의해 발전되었고, 다른 한편으로는 기독교적 예전 전통과 유대적 뿌리 사이의 관련성에 대한 새롭고 심화된 연구에 의해 발전되었다. 돔 그레고리 딕스, 오스카 쿨만Osacar Cullmann, 요아킴 예레미아스Joachim Jeremias, 장 다니엘루Jean Danielou 같은 학자들과 많은 이들의 저술이 후기 유대교Spatjudentum의 종교적 형태에 관한 우리의 지식을 넓혀 주었다. 기독교와 교회가 태어났고, 하나님께서 약속하셨던 메시아, 곧 모든 예언자들이 예언했던 메시아가 세상을 구원하기 위해 세상에 오신다는 좋은 소식이 선포되기 시작했던 후기 유대교에 대해 말이다.

따라서 우리는, 이제 그 절대적 단일성과 함께 최후의 만찬이 형태에 있어 규정된 의식과 기도가 동반되는 전통적인 종교적 식

사였고, 그리스도께서 이 모든 규정들을 충족했다는 것을 알게 되었다. 마찬가지로 우리는 이런 규정들, 곧 이 '형태'가 그리스도께서 그것들을 성취하고 나아가 구원 사역을 가리키셨기에, 교회의 원래적이고 근본적인 형태, 자기 증거, 세상에서의 완성이 되셨음도 알게 되었다.

하지만 이 지식 자체는 그것이 얼마나 유용하고 필요하든지 우리가 이번 장의 첫머리에서 제시했던 질문에 대해서는 완전한 답을 주지 못한다. 감사 기도의 본질적인 부분인 최후의 만찬을 기념하는 것이 무엇을 뜻하는지에 대한 질문 말이다. 그러나 어쨌든 이상의 역사적 고찰을 통해 스콜라주의적 축소로부터 조금은 자유롭게 되었으니, 이제는 이 새로운 역사적 축소의 위협에 대해 살펴보도록 하자. 새로운 역사적 축소의 위협이란, 역사적 방법이 그 자체만으로 성찬의 의미와 내용을 드러낼 수 있으며, 그 방법만이 이것을 깨달을 수 있다는 의식적·무의식적인 확신을 말한다. 현대의 '역사주의'historicism에 있어서, 이것이 마치 지식의 충만인 양 가장하고 있기에, 우리는 스콜라주의자들이 신봉하는 이성주의, 곧 인간의 이성 자체가 무오성의 보증이 된다는 확신을 다루어야 한다. 그러나 어떤 역사가 아무리 과학적이라 하더라도, 결국은 어떤 '전제들'로부터 결코 자유롭지 않다는 것을 굳이 입증할 필요는 없다. 언제나 질문과 답 모두에 있어서, 비록 그것들이 종종 무의식적이라 하더라도 '질문자들', 곧 역사가 개인의 확신에 의존하고 있음을 말이다. 기독교에 있어서 이를 가장 잘 보여주는 것이 초기 교회와 초기 교회의 신앙과 삶에 대한 '역사-비평적' 해석이다. 이 해석들은 '역사주의'의 승리의 시대를 기록했지만, 그 승리란 다름 아닌 '축소'였을 뿐이다. 자기 과신으로 스스로가 마치 과학의 결정판인 양 선포했던 각각의 이론들이 그것을 잇는 다른 이론들에 의해 그 정체가 폭로되었기 때문이다.

따라서 예전 신학에 역사적 연구를 아무런 거리낌 없이 사용하고, 나아가 절대적 필요성을 기꺼이 인정하면서도—이것에 관해 나는 《예전 신학개론》에서 충분히 다뤘다—나는 예전을 예배의 역사로 낮추는 것은 잘못이며 해롭기까지 하다고 생각한다. 이는 예전 신학을 스콜라 철학의 구속imprisonment으로 대체하는 것일 뿐이다. 예를 들어 나는, 이런 역사적 축소가 첫째, 우리 시대 기독교 내부에서 터져 나오는 뿌리 깊은 예전의 위기라는 차원에서 '예전학자들'의 무기력, 혼돈, 그리고 불일치를 설명한다고 확신한다. 그들은 우리의 '필요들', '생각들', 심지어 오늘날의 세상적인 '요구'에 예배를 '더 가까이' 가져가기 위해, 혹은 예배를 현대적 삶에 녹여내기 위해 행해지는 모든 종류의 예전적 실험에 대해 아무런 말도 하지 못하고 있다. 이런 비판에 대해 그들이 변명할 수 없는 이유는, 그들이 실제로 예배를 역사 속에 '녹여버림'으로써, 오늘날 현대적인 삶 속에서 예배의 붕괴를 가속화했기 때문이다. 그들은 예전의 영원하고 불변하는 본질과, 교회와 인간과 세상에 있어서 예전의 중요성에 대한 바로 그 질문에 의미를 부여하는 일을 완전히 제거해 버렸다. 동시에 그들은 이 모든 실험들에 대한 반동으로 무익할 뿐 아니라, 예전적으로도 무모한 '원리주의'integrism를 초래하기까지 했다.

4

이것을 언급한 이유는 성찬의 기념과 관련한 모든 고찰의 기저에 놓여 있는 방법론을 다시 확립할 필요가 있기 때문이다. 나는 이것이 예전 신학의 본질과 목표 모두에 부합하고, 그 질문에 답할 수 있는 유일한 방법이라고 확신한다. 우리는 이 기념의 의미, 기념의 성례로서의 예전의 의미에 관한 질문에 완전한 답을 성찬 자체에서 찾아야 한다. 개인적이고 주관적인 것이 아니라, 성찬을 거행할 때마다 성찬예식에서 구체화되고 성취되는 교회적인 경험의 연속성과 일치 안에서 찾아야 한다.

우리는 통합적인 답이 온전한 답, 곧 모든 것에 빛을 비추는 지식이 아님을 특히 유념해야 한다. 어떤 참된 질문에 대한 온전한 답을 아는 것이 우리에게 허용되지 않았다. 이는 우리의 한계 때문이기도 하지만, 무엇보다 신적 신비의 심오함과 세상과 인간에 관한 신적 경륜의 한없는 깊이, 그리고 우리의 추구와 질문이 이 땅에서뿐 아니라 영원에서도 멈추지 않을 것이기 때문이기도 하다. 참으로 지금 여기 이 땅의 삶에서 우리는 하늘의 신비에 참여하고, 하늘과 교제하도록 부름을 받았다. 그러나 우리의 지식은 여전히 부분적일 뿐이다. "우리는 부분적으로 알고 부분적으로 예언하니 온전한 것이 올 때에는 부분적으로 하던 것이 폐하리라…우리가 지금은 거울로 보는 것 같이 희미하나 그때에는 얼굴과 얼굴을 대하여 볼 것이요 지금은 내가 부분적으로 아나 그때에는 주께서 나를 아신 것 같이 내가 온전히 알리라" 고전 13:9-10, 12.

하지만 여기 부분적인 것이 온전한 것에서 유래한다는 사실에 기독교 신앙과 온전한 교회 경험의 모든 깊이와 기쁨이 있다. 부분은 온전한 것을 가리키고, 그것을 증거하고, 부분적인 것이 온전한 것에 의해 빛나고, 그 능력을 통해 작동된다. '이 세상'에서 완전한 답을 아는 것이 허락되지는 않았지만, 이 세상에 있으면서도 '세상에 속하지 않은' 교회 안에서는 완전한 대답에 최대한 근접할 수 있고, 그에 맞게 자랄 수 있는 길이 보장되어 있다. 이 길은 교회의 경험 안으로 들어가는 데, 그 경험에 참여하는 데, 무엇보다 성례 중의 성례에 참여하는 데 있다. 교회가 이를 행할 때마다 누구도 그것을 완전하게 인식할 수는 없지만, 이런 교회 경험의 충만함이 그 성례 안에서 주어진다. 그리고 이 성례와의 접촉은 우리 안에 언제나 더욱 참되고, 더욱 충만하게, 더욱 완전하게, 더욱 완벽하게 그 성례에 참여하고, 그것을 이해하려는 열망을 낳는다.

5

성찬 경험에 비추어 볼 때, 최후의 만찬을 예전적으로 기억하는 것에 관해 우리에게 가장 먼저 알려진 것은, 그것이 감사의 한 부분으로서 감사와 분리되거나 '고립'되지 않고, 오직 감사와 관련해 그리고 오직 감사 안에서 우리에게 그 진정한 의미가 드러난다.

우리는 이미 감사를 통해 교회가 하늘의 제단으로 오른다는 것은 하나님 나라의 성례로서 성찬의 의미가 성취된다는 뜻임을 알았다. 또한 우리는 예전 전체가 성회로서의 성례, 입당의 성례, 말씀의 성례, 봉헌의 성례, 그리고 마침내 감사의 성례라는 하나의 연속된 자기실현을 통해 이 올라감을 향해 나아간다는 것을 알았다. 그리고 이런 의미에서 온전한 예전이란 그리스도를 기념하는 것임을 알았다. 이는 오직 하나의 성례이자 그리스도의 임재 경험이다. 하늘에서 내려와 자신 안에서 우리를 하늘로 인도하기 위해 인간의 몸을 입은 하나님의 아들을 경험하는 것이다. 그리스도는 '우리를 교회로 모으시고' 우리의 모임을 입당이자 승천으로 변화시키시고, '우리의 마음을 열어' 그분의 말씀을 듣게 하시고, '봉헌하는 자이자 봉헌되는 자'로서 그분의 봉헌을 우리의 것으로, 그리고 우리의 봉헌을 그분의 것으로 만드시며, 우리의 연합을 그의 사랑 안에서의 연합이 되게 하시고, 마침내 우리에게 주어진 그의 감사를 통해 우리를 하늘로 이끌어 그분의 아버지께로 나아갈 길을 열어 주신다.

감사로 하여금 이런 목적을 성취케 하고 교회로 하여금 하늘에 올라 변화되게 하는 이 기념은, 하나님 나라의 바로 그 실재 외에 다른 것이 아니다. 우리는 구체적으로 기억할 수 있고, 그럼으로써 그것을 우리 가운데 현존하는 실재로 이해한다. 그리스도께서 하나님 나라의 실재를 나타내셨고 그 밤, 그 식탁에서 그것을 우리에게 맡기셨기 때문이다.

"내 아버지께서 나라를 내게 맡기신 것같이 나도 너희에게 맡겨, 너희로 내 나라에 있어 내 상에서 먹고 마시게…하려 하노라" 눅 22:29-30. 타락하여 죄와 죽음의 노예가 된 이 세상에서의 최후의 만찬은 거룩한 하나님 나라의 빛을 분명히 보여주었다. 여기에 다른 어떤 것과 비교되지도, 축소될 수도 없는 이 단회적 사건의 영원한 의미와 실재가 있다. 교회의 성찬 경험은 바로 최후의 만찬의 이 의미를 드러내 보인다. 교회에 있어 그 성찬 경험은 교회가 직접 하늘의 실재로 오르는 것으로 이해된다. 그 하늘의 실재를 그리스도께서 단번에 그리고 영원히, 이 땅에서의 마지막 만찬에서 나타내시고 주셨다. 성찬을 받기 위해 나아가면서 "당신의 신비한 성찬에 있어 오 하나님의 아들이시여, 오늘 나를 성찬의 참여자로 받아 주소서"라고 기도할 때, 오늘 이루어지는 것과 그때 이루어진 것을 동일시하는 것은 참될 뿐 아니라, 정확히 그 단어의 충만한 의미인 것이다. 성찬에 참여하는 우리는 그때, 그 축제의 밤에 그리스도께서 '끝까지 사랑하신' 사람들 중에 계셨던 그곳, 그 동일한 나라의 동일한 식탁에 모인 것이기 때문이다.

"자기 사람들을 사랑하시되 끝까지 사랑하시니라"요 13:1. 성찬 경험에서 그리고 복음서에서 최후의 만찬은 목적 τέλος, 곧 그의 사랑의 완성, 절정, 그리고 성취다. 그리스도의 모든 사역, 곧 말씀 선포, 이적의 본질은 바로 그분의 사랑이다. 그리고 그 사랑을 통해 그리스도는 이제 사랑 자체로서 자신을 내어놓으신다. "너희와 함께 이 유월절 먹기를 원하고 원하였노라"눅 22:15라는 말씀에서 시작해 겟세마네 동산으로 가기까지, 마지막 만찬에서의 발을 씻김, 떡과 잔을 제자들에게 나누어 줌, 그리고 마지막 설교에 이르기까지 그 모든 것은 단순히 사랑에 관한 것이 아니라 사랑 그 자체였다. 그렇기 때문에 최후의 만찬은 텔로스 τέλος, 그 목적 end의 완성이고 성취다. 최후의 만찬이 그 사랑의 나라의 현시이기 때문이고, 그 나라를 위해 창조된 세상이 그 나라에서 최후 만찬의 목적으로 성취되기 때문이다. 사랑을 통해 하나님은 세상을 창조하셨다. 사랑을 통해 하나님은 세상이 죄와 죽음에 빠졌을 때도 세상을 버리지 않으셨다. 사랑을 통해 하나님은 그분의 독생자, 그의 사랑을 세상에 보내셨다. 그리고 이제 이 식탁에서 하나님은 이 사랑을 그의 나라로, 그리고 그의 나라를 사랑 안에 '거하는 것'으로 나타낼 뿐 아니라 내어주신다. "아버지께서 나를 사랑하신 것 같이 나도 너희를 사랑하였으니 나의 사랑 안에 거하라"요 15:9.

6

 이상이, 우리가 지적했던 '축소들' 가운데 첫 번째에 대한 예전 자체, 곧 교회의 성찬 경험에 대한 답변이다. 첫 번째 축소가 최후의 만찬의 성찬적 기념을 성례의 제정에 관한 것으로 설명하는데, 바로 이런 이유 때문에 이 성찬의 제정은 성찬의 예물인 떡과 포도주를 그리스도의 살과 피로 변화시키는 권위와 능력이 교회에 부여되는 것으로 축소된다.

 이러한 것을 고려할 때 비로소 이런 해석의 전적인 불충분함, 교회 경험과의 전적인 비양립성이 드러난다. 이런 해석의 불충분함은 그 해석이 성찬 예물에 담긴 그리스도의 살과 피의 실재를 확언하기 때문이 아니다. 그것이 교회의 총체적 경험으로부터 단절됨으로써, 그것이 보지도, 듣지도 못해 알 수 없는 것들을 철저히 배제하기 때문이다. 또한 구체적으로 가장 중요한 하나님 나라의 궁극적 실현이자 새로운 생명이자, 하나님 나라의 성례로서 교회의 시작이 되는 최후의 만찬에 담긴 성례적 지식을 배제하기 때문이다.

 동시에 법적이고 단지 제도로 축소되어 격하된 의미의 허술하고 빈약한 '제정'이라는 단어는, 최후의 만찬에서 그리스도께서 이루신 변화, 곧 끝을 시작으로, 구약을 신약으로 변화시키는 변혁이다. 최후의 만찬에서 그리스도는 떡과 포도주를 변화시킬 '권위'나 '권리'를 제정하신 것이 아니다. 그분은 교회를 세우셨다. 그분은 그의 사랑 안에 거함으로써 그의 제자들과 '그들의 말을 통해 믿는 자들' 모두에게 위임된 그의 나라를 세우셨다. "새 계명을 너희에게 주 노니 서로 사랑하라 내가 너희를 사랑한 것 같이 너희도 서로 사랑하라." 이 계명은 전혀 새로운 것이고 영원토록 새로운 것이다. 우리가 그 계명을 통해 서로 사랑하도록, "내가 너희를 사랑한 것 같이 너희도 서로 사랑"하도록요 13:34, 우리에게 그것을 주신 분이 바로 그리스도 자신, 하나님의 그 사랑이기 때문이다. 그리스도, 곧 하나님의 사랑 안에 있는 이 새 언약이 바로 교회다.

그렇다! 성찬의 제정은 최후의 만찬에서 이루어졌지만 교회의 설립과 동떨어진 '별개의' 것이 아니다. 이는 교회의 성례로서, 교회가 하늘로 오르는 승천의 성례, 하나님 나라의 그리스도의 식탁에서 이루어지는 교회의 자기실현의 성례로서 성찬이 제정되었기 때문이다. 최후의 만찬, 교회, 그리고 성찬은 '제정'이 너무 자주 내려가는 세상의 인과관계가 아닌, 공통되지만 유일한 하나님 나라를 가리킴으로 '연결'된다. 그 하나님 나라는 최후의 만찬에서 나타나고, 교회에 주어지고, 성찬 안에서 그 현존과 현실성으로 기억된다.

마지막으로, 우리에게 계시된 우리 믿음의 가장 심오하고 기쁨에 찬 신비, 곧 성찬에서 우리가 바친 선물이 그리스도의 몸과 피로 변화하는 그 진정한 의미는, 오직 이런 연관성, 성취, 현실성과 관련된다. 이 신비는 다음 장인 성령의 성례에서 다루도록 한다.

그보다 먼저 성찬 자체가 주는 답, 곧 교회의 성찬 경험의 두 번째 '축소'에 대한 답을 살펴보도록 하자. 두 번째 축소는 마지막 만찬의 기념을 십자가상에서의 그리스도의 고난과 죽음의 기념과 동일시함으로 그 결과 성찬을 골고다에서의 희생의 성례로 이해하는 것이다.

일단 이 '축소'의 기저에 있는 최후의 만찬과 그리스도의 자발적인 고난 사이의 연관성을 교회가 결코 의심한 적이 없으며, 교회의 모든 예전 전통뿐 아니라, 복음 자체가 증언하고 있다고 가정해 보자. 복음서에 따르면, 그리스도는 의도적으로 고난받기 전에 최후의 만찬을 행했고눅 22:15, 그의 때가 이른 줄 알고 계셨다요 13:1. 예수는 고별 담화에서 제자들에게 새로운 계명을 주셨다. 그 담화는 만찬 중일 때 시작해 겟세마네 동산으로 가는 길 위에서("일어나라 여기를 떠나자"요 14:31) 완료됐다. 따라서 이 떠남, 곧 십자가로 오름은 우리에게 마지막 만찬의 완성으로 나타났다. 즉 마지막 만찬의 기념과 십자가의 기념을 연결하는 성찬 기도 자체가 변함없이 이 둘의 관계를 증명한다.

그러므로 우리는 이 연관성 자체만이 아니라, 그것의 신학적 해석에 관해서도 말해야 한다. 이에 대해 이상의 모든 언급은, 성찬의 기념이 골고다의 희생을 성례적으로 실현하기 위한 수단이라는 해석을 정당화하는가? 이런 식의 접근의 결과로 얻은 이해는 바른 것인가? 그리스도가 수난 전에 골고다에서 자신의 희생을 예견하고, 언제든 성례에서 신자들이 이 희생의 구원의 열매를 먹도록 하기 위해, 그 희생의 성례적인 '형태'를 확립하면서, 골고다의 희생의 원형으로 최후의 만찬을 이해하는 것이 옳은 것인가?

성찬 경험과 최후의 만찬의 '지식'에 관해서 앞에서 언급한 것들에 비추어 볼 때, 우리는 이 두 질문에 대해 '아니요'라고 답할 수밖에 없다. 이런 접근은 잘못이다. 이 질문이 완성, 곧 오직 축제적인 기념을 지향하는 성찬의 기념으로서 고립되었을 뿐 아니라, 예전적 실천 전체로부터 철저히 단절된 채 규정되었기 때문이다.

실제로 이 기념의 온전한 의미와 한없는 기쁨은 최후의 만찬을 '수단'이 아닌 현시—단순한 현시 이상—로, 성찬의 목적인 하나님 나라의 임재와 선물로 기억하는 것이다. 그 나라를 위해 하나님이 세상을 창조하셨고, 그것으로 인간을 부르고 미리 정하셨고, '마지막 날에' 독생자 안에서 아버지의 아들을 향한 사랑, 아들의 아버지를 향한 사랑, 그리고 성령께서 신자들에게 주시는 이 사랑의 선물의 나라를 분명히 나타내셨다. "곧 내가 그들 안에 있고 아버지께서 내 안에 계시어 그들로 온전함을 이루어 하나가 되게 하려 함은…나를 사랑하신 사랑이 그들 안에 있고 나도 그들 안에 있게 하려 함이니이다"요 17:23,26.

우리는 최후의 만찬을 궁극적인 사건이라고 부른다. 그것이 목표의 현시인 동시에 종말의 현시이기 때문이다. 종말, 곧 하나님 나라는 '이 세상에 속한' 것이 아니기에—표현상 '이 세상에서' 이루어진다 해도—그것은 내세적이다. 그리스도는 최후의 만찬에서 "나는 세상에 더 있지 아니하오나"라고 말씀하셨다요 17:11. 그리고 그분이 더 이상 세상에 있지 않기 때문에, 그 밤 그 식탁에서 그가 나타내셨고 제자들에게 주셨던 그 영광도("내게 주신 영광을 내가 그들에게 주었사오니"요 17:22) '이 세상에 있지 않다.' 최후의 만찬으로 그리스도의 이 땅에서의 사역은 마무리되었다. 그리스도가 그분의 고별 담화와 대제사장적 기도에서 이를 직접 증거하신다. "지금 인자가 영광을 받았고 하나님도 인자로 말미암아 영광을 받으셨도다"요 13:31. "아버지께서 내게 하라고 주신 일을 내가 이루어 아버지를 이 세상에서 영화롭게 하였사오니"요 17:4.

아니 정반대로, 그리스도께서 최후의 만찬 이후에 이루신 것과 그 후에 성찬 기도가 기념하는 것은, 하나님 나라의 현시의 결과로서 이 기도 안에서 그리고 교회의 신앙과 경험 안에서, 세상에서 최초의, 결정적인, 구원의 승리로 계시된다.

8

그리스도는 '이 세상'에 의해 십자가에 못박히셨다. 세상의 죄와 악, 하나님을 대항한 투쟁으로 말미암아 십자가에 못박히셨다. 이 세상의 역사에서, 우리의 지상의 시간에서, 십자가의 시작은 죄와 관련되어 있다. 마치 우리가 우리 각자의 죄로 말미암아 "하나님의 아들을 다시 십자가에 못박아 드러내 놓고 욕되게"히 6:6 할 때처럼, 십자가는 지금도 죄와 관계가 있다.

가장 수치스러운 사형 도구인 십자가가 우리의 믿음과 소망과 사랑의 거룩한 상징이 되었다면, 교회가 결코 헤아릴 수 없고 제어할 수 없는 능력을 찬미하고, 그 속에서 '우주의 아름다움'과 '창조 세계의 치유'를 보고, '십자가를 통해 기쁨이 온 세상에 온 것'을 증거하기 싫어하지 않는다면, 그것은 틀림없이 신들의 전쟁으로 죄의 본질을 구현했던 그 동일한 십자가를 통해 그 죄가 극복되었기 때문이다. 또한 그것은 십자가에서의 그 죽음을 통해 세상을 통치했고, 그 궁극의 승리를 달성한 것처럼 보였던 죽음이 멸망했기 때문이다. 그리고 마지막으로 십자가의 이 승리의 깊은 데서부터 부활의 기쁨이 빛을 발했기 때문이다.

그리스도의 사랑이 아니라면, 하나님 나라의 본질과 영광으로서 그리스도께서 최후의 만찬에서 나타내시고 주셨던 그 동일한 신적 사랑이 아니라면, 무엇이 십자가를 영원히 승리로 변화시켰단 말인가! 마지막 만찬에서가 아니라면, 우리는 어디에서 이 사랑의 충만하고 완전한 자기희생의 완성을 발견할 수 있겠는가! '이 세상'에서 배신, 못박힘, 고난, 그리고 죽음을 뜻하는 십자가를 피할 수 없게 만든 그 사랑을!

복음서와 교회 예배들, 특히 놀랍도록 심오한 고난 주간의 예배들은 바로 최후의 만찬과 십자가 사이의 이런 관계를 하나님 나라의 현시와 승리로 증거한다. 이런 예배에서 최후의 만찬은 우리로 하여금 언제나 그 만찬의 주위를 둘러쌌던 그 밤을 주목케 한다. 그 밤 특히 '자리를 마련한' 모든 세대로부터 미리 준비된 '큰 다락방'에서 그리스도께서 그의 제자들과 행하셨던 사랑의 축제의 빛이 환하게 빛난다. 죄의 밤, '이 세상'의 본질인 이 밤은 극단적으로 짙어지고, 그 속에서 빛나는 마지막 빛을 삼키려고 입을 벌린다. 백성의 지도자들은 그리스도를 대항하려고 모여 있고 배신의 값인 은 삼십은 이미 지불되었다. 지도자들에 의해 선동된 군중들도 이미 검과 창으로 무장하고 겟세마네 동산으로 향하고 있다.

그러나 교회가 십자가를 이해하는 데 있어 무한히 중요한 최후의 만찬은 바로 이 어둠의 그늘 아래서 이루어졌다. 그리스도는 이미 "나를 파는 자의 손이 나와 함께 상 위에 있음"을 아셨다 눅 22:21. 그리고 바로 그 마지막 만찬에서, 그 빛으로부터 유다는 조각을 받은 후에 요 13:27, 그 무시무시한 어둠 속으로 나갔고, 곧 그의 뒤를 따라 그리스도께서 나가셨다. 성 목요일의 예배, 최후의 만찬을 기념하기 위한 이 특별한 날 기쁨이 슬픔으로 점철되어 있다면, 교회가 반복해서 그 빛만이 아니라 그 위에 그림자를 드리운 어둠을 상기하는 것은, 그 빛으로부터 그 어두움으로 나아간 유다와 그리스도의 이중의 퇴장 속에서 교회가 죄의 신비와 죄를 이기는 승리의 신비인 십자가의 시작을 이해하고 있기 때문이다.

죄의 신비는 바로 이것이다. 그 기원을 낙원에, 그 본질을 하나님을 저버리고 하나님이 아닌 스스로를 선택한 데 두고 있는 유다의 퇴장은 바로 그 죄의 한계와 완성인 것이다. 타락한 세상, 죄악 가운데 있는 '이 세상', '이 세상의 임금'의 나라인 이 세상에서의 모든 삶, 모든 역사는 이 배신에서 시작되고 이 배신에 의해 규정된다. 그리고 이제 사도요 배신자인 유다의 퇴장으로 눈멀고, 뒤틀리고, 무정한 이 죄의 역사, 곧 하나님과의 교제를 위해 주어진 생명을 훔친 죄의 역사는 '홀로' 그 끝을 향해 나아간다. 신비로우면서도 두려운 이 유다의 퇴장은 바로 그가 낙원을 떠났고, 낙원으로부터 도주했고, 낙원으로부터 자신을 던져 버렸다는 의미다. 유다는 최후의 만찬에 있었고, 그리스도는 그의 발을 씻기셨다. 그는 그리스도의 사랑의 떡을 자신의 손으로 받았고, 그리스도는 이 떡에 담긴 자신을 유다에게 주셨다. 그는 하나님 나라를 보았고, 들었고, 손으로 직접 만졌다. 그리고 이제 아담처럼 원죄를 실행하면서 극단적으로 끔찍한 모든 죄의 '논리'를 취한 채 그 나라를 거부했다. 유다 안에서 신들의 전쟁과 같은 욕망, 곧 '이 세상'을 향한 타락한 사랑의 극치가 드러났다. 이 욕망은 그 모든 끔찍한 죄의 논리에 힘입어, 결과적으로 그리고 필연적으로 하나님을 살해하는 욕구일 수밖에 없다. 최후의 만찬 후, 유다에게는 신을 죽인 자가

가야 할 어둠 말고는 갈 곳이 없었다. 그 일을 마치고, 이 욕망과 그것을 통해 그의 '살아 있는' 삶을 다 소모한 후, 유다는 자기 소멸과 죽음 말고는 갈 곳이 없었다.

반면에 승리의 신비는 바로 이것이다. 자기희생을 통해 그 나라와 영광을 최후의 만찬에서 나타낸 그리스도 안에서, 바로 이 나라는 '이 세상'의 밤에 나타났다. 마지막 만찬 후 그리스도 또한 죄와 죽음과의 치명적 결투장 말고 가야 할 곳이 없으셨다. 이 두 나라, 하나님 나라와 '이 세상 임금'의 나라는 결코 '공존'할 수 없기 때문이다. 하나님께서 그의 독생한 아들을 주신 것은 죄와 사망의 지배를 멸하기 위해, 마귀가 훔친 그의 창조 세계를 다시 그분에게 되돌리기 위해서, 세상을 구원하기 위해서였다. 그렇기 때문에 그리스도는 최후의 만찬을 통해, 그리고 그 안에서 사랑의 나라를 표현함으로써 과감히 자발적으로 자신에게 십자가형을 부과하셨다. 그 만찬에서 비밀스럽게 나타났던 하나님 나라가 그 십자가를 통해 '이 세상'으로 들어오고, 바로 이런 등장을 통해 투쟁과 승리가 되었다.

9

교회의 예전 전통 전체가 그리고 무엇보다 성찬의 기억이 증명하듯이, 이것이 교회 안에 있는 십자가에 대한 지식, 곧 십자가 본래의 경험이다. 그리고 감사 기도가 다음과 같이 이어진다.

> 이 구원의 계명과 우리에게 전해진 모든 것들을 기억합니다. 십자가, 무덤, 제 삼일의 부활, 하늘로 오르심, 하나님 우편에 앉으심, 그리고 영광스러운 다시 오심을….

이 나열은 하나님 나라가 '이 세상'을 이기고, 그리스도 안에서 얻은 유일한 승리를 기념한다. 강조하건대, 그 안에서 십자가가 다른 사건들로부터 단절되거나 대치되는 것이 아니라, 다른 사건들과 상승하는 연속물을 이룬다. 각각의 승리가 이어지는 승리로 완성되는 이 잇따른 승리의 연속은 바로 그 끝, 곧 그리스도께서 "나라를 아버지 하나님께 바칠 때…하나님이 만유의 주로서 만유 안에 계시는"고전 15:24,28 때를 향해 가는 승리의 행진이다. 그리스도의 희생적 사랑, 이 모든 승리들을 통해 그리스도에 의해 총체적으로 드려진 이 단번의 희생은 그 승리들을 모두 하나로 묶고, 그것들을 하나의 승리로 변화시킨다.

여기에, 단번에 모든 것을 성취한 그리스도의 이 희생과 관련해 '재편성'하는 스콜라주의 신학에 내재하는 '유해성', 곧 그리스도께서 우리를 위해 드린 희생을 오직 십자가상의 고난과 죽음과만 동일시할 때 나타나는 '유해성'이 있다. 물론 이 유해성은 첫째,

그 희생이라는 개념을 속죄atoning, 악함과 죄와 관련된 것에 대한 속량expiation, 따라서 그 본질에 따른 고난과 궁극적으로는 죽음을 '요구하는' 행위로만 편중되게 이해하는 '법률적' 개념에 뿌리를 두고 있다. 이런 이해에 대해서는 봉헌의 성례를 다룬 6장에서 언급했듯이, 이는 분명 지나치게 한쪽으로 치우쳐 있는 매우 잘못된 이해다. 희생은 본질적으로 죄와 악이 아닌 사랑과 연관되어 있다. 희생은 사랑의 자기 계시이고 자기실현이다. 희생 없이는 사랑도 없다. 다른 이에게 자신을 내어줌, 다른 이를 위해 자신의 생명을 대신함, 다른 이를 향한 완전한 순종이 되는 사랑이 바로 희생이기 때문이다. '이 세상'에서 희생이 불가피하게 고난과 연관된다면, 그것은 희생의 본질 때문이 아니라, 악 가운데 있고 그 본질을 사랑을 저버린 데 두는 '이 세상'의 본질이기 때문이다.

이에 대해서는 앞에서 언급했기에 여기서 다시 반복할 필요는 없다. 지금 우리에게 중요한 것은, 희생제사로서의 교회의 성찬 경험에 있어서 그 희생이 그리스도의 삶과 사역 전체를 포함한다는 것이다. 나아가 희생은 그리스도 자신이다. 그리스도가 완전한 사랑이고, 따라서 완전한 희생이시기 때문이다. 그의 구원 사역에 있어서 만이 아니라 무엇보다 그의 영원한 아들됨에 있어서, 사랑 그리고 아버지를 향한 완전한 순종으로 자신을 내어드림에 있어서, 그리스도는 희생제물이시다. 진정 우리는 완전한 하나님의 지복beatitude에 대한 고전적인 교리와 모순에 빠질 염려 없이, 희생제사를 더듬어 생명의 원천인 삼위일체까지 올라갈 수 있다. 그렇기 때문에 우리는 더욱 아버지, 아들, 그리고 성령 하나님의 서로를 향한 완전한 희생, 완전한 사랑 안에서, 그리고 그로 인한 완전하고 거룩한 삼위일체 안에서 하나님의 지복을 묵상할 수 있다.

아들은 아버지께 이 영원한 희생제사를 드린다. 아들은 아버지께 순종함으로 그 희생의 제사를 세상의 생명을 위한 자신의 내어줌이 되게 하신다. 그분은 인간이 되심, 인성을 가지심, 그리고 영원토록 인자되심을 통해 희생제사를 드리신다. 그분은 요한에게 세례를 받고, 세상의 모든 죄를 짊어지심으로 희생제사를 드리신다. 그분은 복음 전파와 이적을 통해 희생제사를 드리신다. 그리고 그분은 최후의 만찬에서 그의 제자들에게 하나님 나라, 곧 완전한 자기 포기, 완전한 사랑, 완전한 희생의 나라를 나타내심으로 이 봉헌을 완성하신다.

그러나 이 봉헌이 '이 세상'에서 이루어진 것이기에, 헤롯에 의해 살해당한 어린 아이들의 피에서부터 세상의 불신과 회의뿐 아니라 서기관과 바리새인들의 광적인 미움에 이르기까지 죄의 저항을 직면하기에, 이 모든 봉헌은 십자가, 곧 수난과 그것을 받아들임, 도덕적 분투와 극복이다. 그것은 가장 깊은 의미에서 십자가에 못박힘이다. '심히 놀라며 슬퍼하사.' 이것은 겟세마네에서 그 배신의 밤에 마지막 고투, 마지막 기진함에 대한 성경의 묘사다. 그러나 이 고뇌는 그리스도를 둘러싼 죄에 대한, 직접 찾아가 자신의 전 생애와 사역 동안 함께 있던 '자기 백성'이 믿음을 잃는 것에 대한 고뇌이고 괴로움이기도 하다. 성탄 축일에 즐겁게 성육신의 축전을 준비하는 한편, 바로 이 기쁨 안에서 태고부터 필연적으로 그 안에 각인되어 있는 십자가를 묵상하며, 교회가 고난 주간의 특정한 예표를 행하는 것은 이와 같은 이유 때문이다.

그리스도의 지상에서의 모든 사역이 '이 세상'에서 '우리와 우리의 구원을 위한' 사랑의 영원한 희생제사의 봉헌이듯, 십자가 역시 '이 세상'에서 그러하다. 최후의 만찬에서 기쁨과 하나님 나라의 선물로 완성된 그의 사역은 십자가 위에서 분투와 승리로 완성된다. 그것은 동일한 봉헌이고, 동일한 희생이며, 동일한 승리다. 그리고 마침내 십자가를 통한 십자가로서의 봉헌, 곧 그 희생과 승리는 '이 세상'에 사는 우리에게 전해지고 양도된다. '이 세상'에서, 무엇보다 우리 안에서 우리에게 위임된 그 나라의 기쁨과 충만함으로 올라가는 것이 오직 그 십자가를 통해 이루어지기 때문이다.

10

오직 십자가를 통해…. 사실 이번 장에서만이 아니라 이 책 전체를 통해 내가 말하려고 했던 하나님 나라의 기쁨 속으로 오르는 것인 교회의 본질, 승천의 성례인 성찬의 본질에 대해 지금까지 나는 의도적으로 빈약하고 부족한 언어로 이야기했다. 기쁨과 충만에 관한 이 말들이—바로 교회를 통해 성찬 자체에서—승천의 유일한 길이자 우리가 승천에 참여하는 매개체인 십자가를 말하지 않는다면, 그것들은 참으로 무책임한 말이 될 것이기 때문이다.

"그리스도로 말미암아 세상이 나를 대하여 십자가에 못박히고 내가 또한 세상을 대하여 그러하니라"갈 6:14. 이 말씀에서 사도 바울이 그리스도인의 삶의 본질을 그리스도를 따르는 것으로 표현하고 있음을 따로 언급할 필요가 있을까. '세상이 나를 대하여 십자가에 못박히고.' 그리스도를 따르는 것이 그의 사랑에 대해 그리고 그의 희생에 대한 반응으로서의 희생이라면, 그것은 '이 세상'에서 그리고 이기심과 교만 속에서, "육신의 정욕과 안목의 정욕과 이생의 자랑"요일 2:16 속에서의 진정한 포기라는 영적 위업이 아닐 수 없다. '내가 세상을 대하여 십자가에 못 박히고.' 그러나 이 희생은 또한 나의 못박힘이 아닐 수 없다. '이 세상'은 내 밖에 있지만 무엇보다 나 자신 안에, 내 속의 옛 아담 안에 존재하기 때문이다. 그리스도께서 우리에게 주신 새로운 생명과의 사투는 우리가 이 땅에 머무는 동안 결코 멈추지 않는다.

"세상에서는 너희가 환난을 당하나"요 16:33. 부족하지만 그리스도의 길을 따르고, 그분을 사랑하고, 그분에게 자신을 드린 사람이라면 누구나 이런 환란과 고난을 당한다. 십자가는 고난이다. 그러나 사랑과 자기희생을 통해 이 환란은 기쁨으로 변한다. 그렇기 때문에 그리스도와 함께 못박히고, 그의 십자가를 받아들임은 그의 승리에 참여하는 것으로 경험된다. "담대하라. 내가 세상을 이기었노라"요 16:33. 십자가는 기쁨이다. "너희 기쁨을 빼앗을 자가 없으리라"요 16:22.

성찬의 기념은 최후의 만찬에서 나타나고 위임된 하나님 나라를 기념하는 것이다. 하지만 십자가, 우리를 위해 깨어진 그리스도의 몸, 곧 우리를 위해 흘리신 그리스도의 피를 기념함은 그 하나님 나라의 기념과 분리되지 않는다. 이것이 바로 오직 십자가를 통해 하나님 나라의 선물이 성찬에서—우리가 하늘로 올라가는 가운데, 그분의 나라에서 그리스도의 식탁에 참여하는 가운데—그 나라의 잔치와 그것의 현시로 변화되는 이유다.

11

성회의 성례, 봉헌의 성례, 드높임과 감사의 성례, 그리고 마지막으로 기념의 성례는, 단 하나의 하나님 나라의 성례, 단 하나의 그리스도의 사랑으로 말미암아 단번에 드려지는 희생의 성례다. 따라서 그것은 명백히 현시의 성례, 곧 희생으로 우리와 우리의 삶에 주어진 선물이다. 그리스도가 자신 안에서 우리의 생명을 취해 하나님께 드렸기 때문이다. 인간은 희생적 삶을 위해, 사랑으로서의 삶을 위해 창조되었다. 그러나 인간은 그것을 잃어버렸다. 하나님으로부터 떨어져 나와 그의 사랑을 저버린 상태에서 다른 삶이란 존재하지 않기 때문이다. 그리스도는 자신을 내어주는 사랑 안에서 이 희생이 생명이고 생명이 희생임을 분명히 보여주셨다. 희생을 하나님 나라에 오르는 것으로 그리고 거기에 참여하는 것으로 주신 것이다.

성찬의 기념을 마무리하는 문장 속에서 우리는, 그리스도 안에서 우리의 것이 되는 이 희생의 증인과 그 표현, 모든 것을 포괄하는 그 충만함의 표현을 얻는다. "마땅히 당신의 것을 모두를 대신해 그리고 모두를 위해 당신께 봉헌합니다." 이 결론의 말을 통해 끝은 시작으로, 영원한 시작으로 변한다. 그 끝은 보혜사 성령께서 그의 오심을 통해 나타내고 이루시는 만물의 영원한 갱신이기 때문이다.

11장
성령의 성례

성령의 교제 안에서 하나의 떡과 잔에 참여한 우리로
서로 연합하게 하소서.

대 바질의 예전 중에서

1

이제 우리는 성찬예식의 정점에 도달했다. 하나님의 제단 앞에서 모든 것이 언급되고 모든 것이 기억되었다. 모든 것에 대한 감사를 드렸고, 이제 이 찬양의 제사, 곧 봉헌을 만족시키기 위한 기도, "우리와 여기에 드린 이 예물 위에" 성령을 내려주시길 바라는 간구를 아버지께 돌린다.

다시 우리는 당신께 이 합당하고 피 흘림 없는 예배를 올려 드리며, 당신께 요청하고, 기도하며, 간구합니다. 우리와 여기에 드려진 이 예물 위에 성령을 내려주소서. 이 떡이 그리스도의 존귀한 몸이 되게 하시고, 이 잔에 있는 것이 그리스도의 존귀한 피가 되게 당신의 성령으로 변화시켜 주소서. 그리하여 이 떡과 잔이 여기에 참여하는 자들에게 심판과 정죄가 아니라…영혼의 정결함, 죄용서, 성령의 교제를 위한 것이 되게 하소서.

이제 이 정점에 도달했기에 지금까지 우리를 이끌어 왔고, 앞 장들에서 논한 것들을 다시 정리할 필요가 있다. 위에 인용한 대바질의 예전문이 에피클레시스, 곧 성령의 임재를 바라는 기원을 예물로서의 그리스도의 몸과 피로 변화되는 것과 연결하기 때문이다.

그러나 이런 연관성은 알고 있는 바와 같이 다양하게 해석된다. 서방의 스콜라주의 전통에서는 '축성문'을 담고 있는 기도로, 동방정교회에서는 성찬예식 전체, 곧 봉헌, 감사, 기념을 거룩한 선물의 성찬과 관련된 변화 안에서 성례 전체의 실현을 완성하는 기도로 해석한다.

서방교회의 교리는 점차 동방정교회 쪽으로 스며들었고, 일부분 받아들여졌다. '일부분'이라고 표현한 이유는, 한편으로는 동방정교회가 의심의 여지없이 '제정의 말씀'을 변화의 원인으로 보는 서방의 가르침을 거부했기 때문이고, 다른 한편으로는 동방정교회가 그 가르침을 거부하면서도 동시에 서방교회처럼 성령의 임재를 바라는 기원을 '축성문'으로 해석했기 때문이다.

에피클레시스와 예전 안에서의 그 기도의 위치에 대한 수세기에 걸친 논쟁은, 본질적으로 예전에서 분 단위가 아니라 심지어 초 단위로 구별되는 변화의 두 '순간'에 대한 논쟁으로 바뀌었다. 이는 에피클레시스, 예물의 변화, 성례 신학에 관한 일반적인 질문이 교부 시대 교리 논쟁에서 보여 준 열정적인 반응을 동방교회가 왜 보여주지 못했는가를 설명해 준다. 예물의 변화의 실재가 동방교회나 서방교회 어디에서도 결코 문제되지 않았고, 성례에 대한 서방교회의 접근 자체가 서서히 동방교회의 삶에 이식되었기 때문에, 교회 신자들은 그것을 결코 알아차리지 못했다. 외형적으로 예식과 기도문은 그럼에도 여느 때 그대로였기 때문이다. 이런 이유로 사실상 성례에 대한, 무엇보다 성찬에 대한 서방의 개념이 우리가 사용하는 교재들 안에 주된 내용이 되었고, '교리문답' 안으로 슬며시 들어왔을 때, 신학자들과 성직자들을 포함한 신자들의 압도적 다수가 그 변화를 감지하지 못했다.

2

그러나 나는 이제 이런 변화를 인식하고, 교회와 그리스도인의 삶에 대한 부차적인 세부 사항이 아니라, 본질적인 것에 대해 이야기해야 하고, 또 이해할 때가 되었다고 확신한다. 정교회를 위한 성찬 해석의 기초가 리용의 이레니우스의 말에 영원히 기록되어 있다. "우리의 가르침은 성찬과 일치한다. 또한 성찬은 우리의 가르침을 확정한다."[1] 성찬에 속한 모든 것들은 교회에, 교회에 속한 모든 것은 성찬에 속하며, 그것은 이와 같은 상호의존성에 의해 평가된다.

한편, 이런 원래의 상호의존성이 교부 전통에서 분리된 후 교회에 스며들어 온 성례에 대한 새로운 이해의 유포로 인해 단절되었음을 우리는 앞에서 자세히 보았다. 초기 교회에서 연합의 성례, 교회 승천의 성례, 그리고 하나님 나라의 식탁에서의 교회의 완성으로 인식되었던 성찬이, 이 교리에서는 성도의 성화의 수단 정도로 인식되고 정의되었다. 이것은 성찬 참여가 교회의 행위, 모임의 행위, 곧 그리스도의 몸인 교회의 구성원으로서의 자격 이행에서 개인적 경건의 행위로의 변질에서 가장 분명하게 나타난다. 또한 평신도에게 있어서 성찬은—그것도 교회에 의해서가 아닌—개인의 경건과 성찬 참여자 자신의 '선택'에 의해 규정되는 예외적 행위로 변질되었다.

우리는 예전 안에서 계속해서 다음과 같이 기도한다. "성령의 교제 안에서 하나의 떡과 잔에 참여한 우리로 서로 연합하게

---

1. Against Heresies 4:18:5.

하소서." 그러나 성찬 참여자들이 없다면 우리의 예전들에서 이 연합은 어떻게 성취될 수 있는가? 예전의 시작과 끝에서 "당신의 교회의 충만을 보전하소서"라고 기도하는데, 이 충만은 도대체 무엇을 말하는 것인가? 그리고 이런 식의 접근에서 보면 사도 베드로가 우리에게 "너희는 택하신 족속이요, 왕 같은 제사장들이요, 거룩한 나라요, 그의 소유가 된 백성이니 이는 너희를 어두운 데서 불러내어 그의 기이한 빛에 들어가게 하신 이의 아름다운 덕을 선포하게 하려 하심이라"^{벧전 2:9}고 한 말씀은 도대체 무슨 의미가 있는가?

나는 여기서 교회에 미치는 성찬에 대한 인식의 변형된 다른 결과들에 대해 앞에서 언급했던 것을 반복하지는 않을 것이다. 나는 교회의 예전적 전통, 기도의 법칙에 입힌 심각한 손상과 그에 따른 전통의 왜곡에 대해 이미 충분히 말했다. 그로 인해 이제 우리는 전보다 더욱 이 전통으로 돌아가고, 그 진정한 관점과 본질의 회복을 요구받게 되었다.

3

이는 우리를 거룩한 예전의 다양한 측면의 본질로 다시 돌아가도록 한다. 우리가 계속해서 확인했듯이, 성찬은 분명 거룩한 예전 안에서 예전의 많은 부분에 의해 완성되고, 그것들을 통해 완성되기 때문이다.

성례로서의 예전은 거룩한 선물의 준비와 교회로 모인 모임으로 시작한다. 회중이 모두 모인 후에는 입당과 하나님 말씀의 선포가 이어지고, 그 후에는 성찬 예물을 제단 위에 바치는 봉헌이 이어진다. 평화의 입맞춤과 신앙고백 후에 우리는 감사와 기념의 기도 속에 예물을 바치는 아나포라를 시작한다. 그리고 아나포라는 에피클레시스, 곧 하나님이 성령을 보내셔서 우리 예물인 떡과 포도주를 그리스도의 몸과 피로 만들어 우리로 그것에 참여할 자격이 있게 해달라는 기도로 끝난다.

그러나 서방의 전통적 교리는 예전의 이런 다면적 성격과 요소들, 곧 모든 의식들의 상호의존성을 거부한다. 서방의 전통적 교리는 성찬의 신학적 해석에 관여하지도, 그것을 필요로 하지도 않는다. 우리가 인용했던 돔 보니어의 말에 따르면, 성례는 오직 그리스도에 의한 제정으로 성취되는 독자적인 실재를 형성하고, 교회 안의 어떤 것에도 의존하지 않게 되었기 때문이다.[2] 이런 논쟁, 이런 차이는 무엇을 의미하는가? 이 질문에 답하기 위해 우리는 바로 '서방 유수' 전까지만 해도, 성례가 동방정교회에서 연구와 정의의 '대상'이나, 별개의 신학 논문으로 축소되지 않았음을 주목

---

2. 2장의 각주 1과 4를 보라.

해야 한다. 그런 축소는 교회 초기의 '세례를 위한 사전 교육'이나 '세례 후 그리스도인의 삶'에 관한 (위-디오니시우스, 고백자 막시무스 같은) 저술들에서는 결코 찾아 볼 수 없는 것이다. 성례 또한 현재 우리가 인정하는 일곱 개의 성례 정도로 한정되지도 않는다. 본래 성례는 그리스도에 의한 세상과 인류의 구원의 모든 신비를 포함하고, 본질적으로 기독교 신앙의 내용 전체를 포괄한다고 인식되었다. 교부들은 성찬을 '천사들에게는 감춰졌으나' 하나님의 새로운 백성인 우리에게는 모든 충만의 충만으로 나타난 이 우주적 신비의 계시와 실현으로 인식했다. 나는 예전 의식들의 질서와 구조가 근본적으로 마무리되기도 전에 이미 형태에 있어 활성화되었던 위대한 '세례 후 그리스도와의 연합을 추구하는 자들'의 설명을 상세히 살펴보지는 않겠다. 서방교회의 성찬 이해를 열렬히 따랐던 이들(콘스탄티노플의 젤마노와 신 신학자 시므온)의 영향력—언제나 행복하거나 '건강한' 것만은 아닌—이 복잡한 알레고리들과 부수적인 상징들로 무분별하게 퍼지기 시작했기 때문에 교회의 그 경건 안에서, 교회 사람들 가운데 발견되는 성찬의 개념과 경험 안에서의 증거가 우리에게는 훨씬 더 중요하다. 그리고 이 증거에 따르면, 교회의 각 지체들은 예전의 첫 시작인 부제의 "카이로스!"('주님께 예배를 시작할 시간입니다')의 외침부터 "평안 가운데 떠납시다"라는 폐회의 선포에 이르기까지 자신들이 동일한 하나의 공통 과제, 곧 하나의 성스러운 실재에 참여하고 있음을 알고 있었다. 주어진 이 순간 교회가 하나님 나라의 천상의 식탁으로 오르는 가운데, 그리스도께서 계시하고, 나타내고, 부여해 주신 것과 전적으로 일치하는 그 실재에 참여하고 있음을 말이다.

반복해 말하지만, 예식 자체가 이를 강력하게 증명해 준다. 따라서 예물, 곧 프로스코미데가 준비되는 동안 사제는 준비된 예물에 분향하고 그것들 앞에 절을 한다. 입당할 때 사제는 하나님께서 그의 보잘것없고 무익한 종들인 우리에게 "이 순간 그분의 거룩한 제단의 영광 앞에 서도록" 허락하셨음을 선언하고, "당신 나라의 영광의 보좌 위에 계신 당신을 송축하나이다"라고 제단을 축복한다. 마지막으로 평화의 입맞춤을 하며 "그리스도가 우리 가운데 계셔서…지금도 계시고 앞으로도 계실 것입니다"라는 말을 마치기 전, 사제는 다 시 제단에 놓인 예물을 향해 엎드린다. 이 모든 것은 예전에 참석한 모든 사람들이 분명 실제로 경험하는 것이다.

순수한 신학자는 사람들이 대입당 중에 무릎을 꿇는 이유에 대해 의문을 가질 것이다. 결국 예물은 여전히 떡이고 포도주일 뿐 그리스도의 몸과 피가 '되지' 않지 않는가? 그러나 순수한 예배자는 이런 질문을 중요하게 생각하지 않는다. 이성으로가 아니라 온 마음으로, 대입당에서 봉헌의 알레고리적 표현으로가 아니라 봉헌이 실제로 이루어진다는 것과 '봉헌하는 분이자 봉헌되는 분이시며, 열납하는 분이자 열납받으시는 분'이 그리스도이기에, 그리고 그것이 그리스도에 의해 이루어짐을 알기 때문이다. 예전은 전적으로 그리스도 안에 있다. 곧 예전 전체를 통해 그리스도가 우리와 함께 계시고, 우리는 그리스도 안에 있다.

4

또한 예전의 다면적 본질에 관한 이런 주장에 있어, 그리스도의 몸과 피로의 점진적이고 단계적인 예물의 변화가 정확히 언제 일어나는지 질문하는 사람들도 있다. 이 질문은 의식적으로든 무의식적으로든 축성문의 가르침, 곧 떡과 포도주가 어떻게 그리고 언제 그리스도의 몸과 피가 되는지를 교리적으로 결정한다. 그러나 이 질문은 기독교 신앙의 종말론적 측면과 본질에 대한 스콜라주의 신학이 종료될 때에만 답해질 수 있으며, 따라서 이는 결국 우리를 시간에 대한 질문에 직면하게 만든다.

예전이 이 땅에서 행해진다는 것은 '이 세상'의 시간과 공간 안에서 행해진다는 뜻이다. 그러나 예전이 이 땅에서 행해진다 하더라도, 그것은 천국에서, 새 창조의 새로운 시간, 곧 성령의 시간에 완성된다. 시간에 대한 질문은 교회에 매우 중요하다. 세상에 만연해 있는 신령주의spiritualism가 시간을 거부하고, 시간을 벗어나려 하고, 시간을 악과 동일시하는 것에 기초해 있는 것과는 달리, 그리스도인의 시간은 창조된 모든 것과 마찬가지로 하나님의 것이고 하나님께 속해 있다고 보기 때문이다. 창세기의 첫 말씀인 "태초에 하나님이 천지를 창조하시니라"에서부터 "충만한 시간이 왔을 때"라는 사도 바울의 말과 신학자 요한의 "때가 이르리니 곧 이때라"요 5:25는 선언에 이르기까지 "하나님께서 보시고 심히 좋았더라"라는 신적 인증이 울려 퍼지고, 또 영원히 울려 퍼질 곳은 시간 밖이 아니라 오직 시간 안에서다.

　　오늘날 우리의 '종교계'에서 '신령주의자들'은 자신들의 영적인 지평이 시간적·역사적·사회적 문제의 해결로 제한되는 '행동주의자들'과 대립한다. '신령주의자들'이 시간을 거절하는 반면, '행동주의자들'은 시간의 존재론적인 타락을 인식하지 못한다. 그들은 시간이 세상의 타락을 반영한 것일 뿐 아니라, 시간 자체가 이런 타락의 '실재'이고, 땅을 지배하는 '죽음과 시간'의 승리라는 것을 결코 알지 못한다. '이 세상의 형상이 지나가는', '옛 시간'은 필연적 죽음으로 내려 갈 수밖에 없는 이 땅의 모든 것들의 형상이다. 한편, 그리스도가 사람이 되는 데 있어서 자신을 낮추신 것은 바로 이 타락한 시간 속으로—여기에서 관념론자들과 행동주의자들 모두 파산하고 마는데—곧 이 타락한 세상 속으로 낮아지신 것이다. 그 안에서 그는 도래할 하나님 나라, 죄와 죽음으로부터의 구원, '새롭고 영원한 또 다른 생명의 시작'이 가까이 왔음을 선포하셨다. 그리고 그는 그것을 선포할 뿐 아니라 그의 자발적인 고난과 십자가에 달리심, 그리고 부활을 통해 승리하시고, 이 승리를 우리에게 주셨다.

오순절에 성령이—그와 함께 그리고 그 안에서 새로운 시간이—교회 위에 임하셨다. 그렇다고 옛 시간이 사라진 것도, 세상이 외적으로 변한 것도 아니다. 그러나 성령 안에서 그리고 성령으로 사는 그리스도의 교회는, 옛 시간을 새로운 시간으로 바꿀 수 있는 명령과 능력을 받았다. "보라, 내가 만물을 새롭게 하노라"계 21:5. 이는 옛 것을 새 것으로 대체하거나, '다른' 어떤 세상으로 탈출한다는 의미가 아니다. 우리는 성령 안에서 하나님이 창조하신 것을 그대로 보고, 하나님의 사랑을 통해 창조된 동일한 세상, 하나님의 영광으로 충만한 하늘과 땅을 받는다.

새로운 시간 속에서 산다는 것은 성령 안에서 산다는 뜻이다. "주의 날에 내가 성령에 감동되었다"계 1:10. 사도 요한의 이 말은 어떤 식으로든 성령을 얻기 위해 사는 모든 신자에게 적용된다. 사로프의 세라핌은 이것을 삶의 본질이며 목적이라고 말했다. 그러나 이 말은 먼저 이 성령 획득의 원천, 곧 교회의 예전적 삶에, 그리고 그 안의 거룩한 예전에 적용된다. 예전의 본질이 성령 안에서 우리를 들어올리는 것과 옛 시간이 그 안에서 새 시간으로 변모하는 것에 있기 때문이다.

그리스도인의 예배, 특히 그 정수인 성찬의 성례를 제의로 해석하는 것은 잘못이다. 제의란 옛 것과 새 것의 구분이 아닌, '성스러운 것'과 '속된 것'의 구분 위에 세워지기 때문이다. 제의는 '거룩하게' 하지만 그것 자체가 거룩해진 결과물이다. 이는 시간적으로는 '거룩한 날'이나 '기간'으로, 공간적으로는 '거룩한 장소'로, 질적으로는 '거룩한 요소'로 성별한다. 그러나 이 모든 것은 '옛' 시간적이다. 제의란 역동적이지 않고 정적이며, 그와는 다른 새로운 시간을 알지 못하기 때문이다.

    이것에 대한 가장 두드러진 예는 신성화의 '중심'이었던 성전에 대한 초기 그리스도인들의 거부다. 박해 시대에 그리스도인들은 그들이 신들과 신성한 곳을 거부한다는 이유로 고소를 당했다. 사도행전의 첫 번째 순교자인 스데반은 이런 고소를 하며, 돌을 던지는 분노한 군중들을 향해 다음과 같이 선언한다. "그러나 지극히 높으신 이는 손으로 지은 곳에 계시지 아니하시나니 예언자가 말한 바 주께서 이르시되, 하늘은 나의 보좌요 땅은 나의 발등상이니 너희가 나를 위하여 무슨 집을 짓겠으며 나의 안식할 처소가 어디냐. 이 모든 것이 다 내 손으로 지은 것이 아니냐." 그리고 죽음의 순간에 스데반은 "보라, 하늘이 열리고 인자가 하나님 우편에 서신 것을 보노라"라고 부르짖었다 행 7:48-50. 요한 크리소스톰은 '십자가와 두 강도'에 대한 두 번째 설교에서 다음과 같이 말한다. "그리스도께서 이 땅과 성문 밖에서 고난을 받으셨을 때, 그분은 모든 땅을 정결케 하셨고, 모든 장소를 기도하는 곳으로 만드셨다…당신은 어떻게 모든 땅이 성전이 되고, 어떻게 모든 곳이 기도

의 장소가 되었는지 알고 싶은가?"³

　손으로 만들어진 성전이 아니라 하늘의 열림, 곧 성전으로 변한 세상, 예전으로 변한 모든 삶, 그것이 기독교가 지닌 기도 법칙의 기초다. 오늘날 우리가 성전을 하나의 교회, 곧 성회 또는 거룩한 모임이라고 부를 수 있다면, 그것은 '신성화'에 대한 우리 개인의 갈급함이 아니라 교회의 성찬 경험, 곧 지상에서의 천국 경험으로 인해 가능하게 된 것이다.

5

지금까지 언급한 것에 비추어 볼 때 예전의 다면적 특성의 의미와 '예전적 필요'를 이해하기 위해선, 예전이 '이를 행하여 나를 기억하라'는 기억의 성례로서의 성찬에 근거하고 있음을 염두에 두어야 한다. 마지막 만찬에서의 말씀이 성찬을 제정한 것이라는 전통적이고 스콜라주의적 해석은 그리스도의 말씀 중에서 '이'this라는 단어를 그리스도의 몸과 피로 변하는 것에만 배타적으로 연관시켰기 때문에 생긴 오류다. 이 성찬의 제정은 예전 전체로부터 독립되어 있다는 해석 또한 동일한 이유로 오류다. 오히려 예전의 핵심과 그것

---

3. *Second Homily on the Cross and the Thief*, PG 49:409

의 다면적인 본질은, 그것이 처음부터 끝까지 모두 기념, 나타남, 현시, 그리스도에 의해 성취된 세상의 구원이라는 사실에 있다.

성찬에서 기념은 구원의 경험 전체, 곧 교회 안에서 우리에게 주어지고 우리 삶을 구성하는 실재의 모든 충만을 한 데 모으는 것이다. 그것은 하나님의 창조물로서 세상의 실재이고, 그리스도에 의해 구원받은 세상의 실재이며, 하나님 나라로 올라가는 성례에서 우리가 올라가는 새 하늘과 새 땅의 실재다. 기념한다는 것은 기억한다는 것이고, 기념된 것 안에 산다는 것이며, 그것을 받아들여 보존한다는 뜻이다. 그러나 어떻게 '일어나지도 않은' 것을 기억할 수 있겠는가. 어떻게 보이지 않는 것으로 살고, 그것을 인식하고, 그것을 보존하고, 이 경험을 그 충만 가운데 보존할 수 있겠는가. 기독교는 언제나 고백, 용납, 경험이다. 그러나 '이 세상'의 타락하고 깨어진 시간 속에서 완전한 기억을 구성하는 부분들의 연속이 아니고는 이런 온전한 기억은 불가능하다. 이 옛 시간은 수직적이지 않고 수평적이기 때문이다. 따라서 각각의 예전은 우리 기억의 충만을 모으는 것이고, 우리 기억의 충만의 회복이자 '동일시'이다. 나는 바로 앞에서 예전이 지상에서 행해지는 동안 그것이 하늘에서 성취된다고 말했다. 그러나 여기서 중요한 것은 하늘에서 성취된 것은 이미 성취되었던 것이라는 사실, 곧 이미 성취되어 존재하고, 이미 주어진 것이라는 사실이다.

그리스도께서 사람이 되셔서, 십자가에서 죽으시고, 음부에 내려가셨다가, 죽은 자 가운데서 일어나시고, 하늘로 승천하셔서 성령을 보내주셨다. "그가 오실 때까지" 지키도록 명령받은 이 예전에서 우리는 그것을 단순히 반복하거나 재현하는 것이 아니다. 우리는 구원과 새 생명의 신비 속, 곧 단번에 이미 성취되었고, '지금부터 영원히, 그리고 세세 무궁토록" 우리에게 주어질 신비 속으로 올라간다. 또한 하늘에 속한 영원하고, 초자연적인 이 성찬에서 그리스도가 우리에게 내려오는 것이 아니라 우리가 그에게로 올라간다.

비유적으로 말해 예전은, 어떤 사람이 너무나도 아름답지만 어둠 속에 감춰 있는 건물을 손전등으로 완전히 일치되고 아름다운 건물의 일부분을 더듬으며 통과하는 것과 같다. 이렇듯 땅에서 이루어지는 동안 하늘에서 이루어지는 것이 우리의 예전과 함께 이루어진다. 그리스도에 의한 세상의 구원의 신비가 그 안에서 드러나고, 또 우리에게 주어졌고, 그 안에서 교회가 교회됨을 이루고, 그 안에서 "또 다른 생명, 새롭고 영원한 생명의 시작"이 승리하는 것이다.

6

따라서 예전은 성령을 통해 새로운 시간 안에서 이루어진다. 그 안에서 이루어진 모든 것, 곧 각각의 엄숙한 의식을 우리에게 나타나고 계시된 것으로 변모시키는 것은, 처음부터 끝까지 성령의 임재를 바라는 기원인 에피클레시스다. 다른 말로 하면 예전의 외면적 모습, 곧 '이 세상'의 시간 안에서 그것은 상징이고 상징들로 표현된다. 그러나 여기서 '상징'이라 함은, 우리가 이 책의 서두에서 말한 대로 '이 세상'의 범주 안에서, 곧 오감伍感에 의해 경험적으로, 가시적으로 표현되거나 나타날 수 없는 실재라고 명명한 의미에서의 상징이다. 다른 곳에서 하나님의 창조한 모든 것에 내재하는 성례성sacramentality이라 명명했던 것도 바로 이 실재다. 그러나 인간은 '이' 타락한 세상에서 더 이상 그것을 감지하고 인식하기를 그만두었다.

그렇기 때문에 이 상징을 설명하고 정의하는 것은 불가능하다. 이 상징은 그것이 가리키고 증거하는 것으로의 변화를 통해 그 자신의 실재 속에 드러나고 실현될 뿐이다. 이것이 바로 상징의 참된 의미다. 그러나 이 변화는 가시적이지 않다. 이 변화가 새로운 시간에 성령으로 말미암아 이루어지고, 오직 믿음으로 보증되기 때문이다. 마찬가지로 떡과 포도주가 그리스도의 거룩한 몸과 피로 변화되는 것 또한, 보이지 않게 일어난다. 인지할 수 있는 것은 그 무엇도 일어나지 않는다. 떡은 떡으로, 포도주는 포도주인 채로 남는다. 만일 이 변화가 '명백히 알 수 있게' 일어났다면, 기독교는 믿음, 소망, 그리고 사랑의 종교가 아닌 마술적인 제의가 되었을 것이다.

따라서 이 변화를 설명하고, 형식과 원인의 틀 안에 넣으려는 어떠한 시도도 불필요할 뿐 아니라 해롭기까지 하다. 그런 시도는 "나는 이것이 진실로 당신의 가장 순전한 몸이며, 귀중한 피라는 것을 믿습니다"라는 기도문에 표현된 교회의 최초의 믿음과 경험을 거부하는 것이다. 우리는 믿는다. 그러나 이해하지 못한다. '이 세상'에서 믿음 안에서 드러난 것 말고는, 어떤 지식과 어떤 '과학'도 새로운 시간에, 성령의 오심 안에, '우리 가운데 임한' 하나님 나라의 새로운 삶으로의 생명의 변화 속에서 성취된 것을 설명할 수 없기 때문이다.

마찬가지로, 내가 모든 예전이 변화라고 주장할 때, 나는 매우 단순한 어떤 것을 염두에 두고 있다. 그것은 예전에서 각 부분, 각각의 엄숙한 예식과 의식이 성령에 의해 본래의 그것, 곧 그것이 나타내는 '참된 상징'으로 변화되는 것을 말한다. 예를 들어 계속해서 제단에 경의를 표하는 것, 곧 분향하고, 입을 맞추고, 엎드리는 등의 행동은, 우리가 천상의 성소에 있는 하나님의 영광의 보좌 주위에 있음을 고백하는 것이다. 그렇기 때문에 예전에서 예물을 가지고 입당하는 것이 "모든 이를 대표해서 그리고 모두를 위해" 드리는 교회의 구원의 봉헌으로 변화되는 동안, '교회로서의 성회' 또한 그리스도에 속한 교회의 충만으로 변화되는 것이다.

이렇게 예전의 모든 것이 실재한다. 하지만 그것은 '이 세상'에 속한 타락하고 파편화된 시간 안에서가 아니라, 집합된 새로운 시간 안에서의 실재로 존재한다. 11세기 초 서방에서 성찬을 '이성적으로' 설명하려고 했을 때, 프랑스의 투르의 베렝가Berengar of Tours는 한편으로는 '신비로운' 것, 곧 상징적인 것과 다른 편으로는 '실재적'인 것의 차이를 제시했다. 그는 성례는 실재가 아닌 신비*mystice non realiter*라고 가르쳤다. 그러나 라테란 공의회council in lateran는 이 교리를 정죄하고 성례는 신비가 아닌 실재*realiter non mystice*이기에 신비롭거나 상징적이지 않다고 답했다. 이는 전통적인 교회가 자연스럽게 빠지게 되는 막다른 골목, 곧 시간에 대한 본래적 이해와 인으로부터 점진적 이탈과 함께 교회와 성례의 종말론적 본질의 점진적 '소멸'을 가져오는 막다른 골목이다. 루이 부이에는, 서방의 성찬이 13세기 초 "비전통적인 의식서들과 해석들 아래 사장되었다"라고 주장했다.[4] 정교회에 관한 한, 그들이 결코 서방의 설명과 주장들을 전적으로 받아들이지는 않았지만 서방의 복잡한 여러 문제들, 곧 서방교회의 질문들을 '그들 자신의 것'으로 만들었고, 이는 결국 성찬에 대한 정교회의 해석과 규정에도 나쁜 영향을 미쳤다.

---

4. *The Eucharist*(South Bend, Ind.: Notre Dame, 1968), p.381

7

이제 우리는 정교회 예전에서 기념의 결론 부분인 에피클레시스, 곧 성령의 임재를 바라는 기도의 기능이 무엇인지 물을 수 있게 되었다.

무엇보다 요한 크리소스톰의 예전과 대 바질의 예전 모두에서 "그러므로 기억합니다"라는 말로 시작되는 에클레시스의 본문은, 이 기도와 기념에 유기적으로 관련되어 있다는 증거다. 나는 앞에서 크리소스톰의 본문을 인용했다. 따라서 여기서는 대 바질의 예전에 있는 동일한 기도, 에피클레시스를 인용하고자 한다.

> 그러므로 주여, 우리는 또한 그리스도의 구원의 고난과 생명을 창조하는 십자가, 삼일 동안 장사지낸 바 되었다가 죽은 자들 가운데서 부활하신 것, 하늘로 승천하셔서 하나님 아버지의 우편에 앉으신 것, 그리고 그의 영광스럽고 놀라운 재림을 기억하며 모든 이를 대신해서 그리고 모든 이를 위해 당신의 것 중에 당신 것을 바칩니다…우리는 이제 감히 당신의 거룩한 제단 앞에 나아가 그리스도의 거룩한 몸과 피의 예표(안티투파)를 드리며, 당신께 지극히 거룩하신 당신께 기도하고 부르짖사오니 당신의 선함으로 당신의 성령을 우리와 이제 여기에 드려진 예물 위에 내려주소서.

앞에서 보았듯이 에피클레시스는 기념의 결론 부분에 해당한다. 성찬이 이뤄지는 새로운 시간의 범주 안에서, 이 성령의 임재를 바라는 간구는 '우리를 위해 행해진 모든 일들', 곧 그리스도에 의해 성취된 구원의 모든 신비와 온 세상을, 우리에게 주어진 그리스도의 사랑의 신비로 묶는다. 기념은 이 신비와 그것의 실재를 아는 지식이고, 세상과 인간의 구원이라는 믿음의 고백이다. 성찬 전체처럼 기념은 단순히 반복이 아니다. 그것은 '이 세상'에 있기에 되풀이되는, 그러면서도 모두를 위해 그리고 그리스도에 의해 단번에 드려진 성찬과 우리가 그 성찬을 향해 올라간다는 재현으로서의 선물이고 경험이다.

성찬은 처음부터 끝까지 떡과 포도주 주위에서 행해진다. 떡과 포도주는 하나님이 태초부터 생명으로 우리에게 주신 음식이다. "너희의 먹을거리가 되리라" 창 1:29. 하지만 생명의 의미와 본질과 기쁨은 음식에 있지 않고, 하나님께 그리고 그분과의 교제에 있다. 인간과 그 안에서 '이 세상'은 "낙원에 있는 불멸의 음식"(대바질의 예전)인 이 음식으로부터 멀리 떨어져 나왔다. 음식은 인간을 지배하지만, 이 지배는 인간을 생명이 아니라 죽음, 소멸, 그리고 분리에 이르게 했다. 그리스도가 이 세상에 오셨을 때, 자신을 "하늘에서 내려 세상에 생명을 주는…하나님의 떡" 요 6:33이라고 하신 이유가 바로 이 때문이다. "나는 생명의 떡이니 내게 오는 자는 결코 주리지 아니할 터이요, 나를 믿는 자는 영원히 목마르지 아니하리라"요 6:35.

그리스도는 '하늘의 떡'이시다. 이 정의에 그분이 구원자이며 주님이심을 믿는 우리의 믿음의 모든 내용과 실재가 담겨 있다. 그는 생명이시다. 따라서 그는 음식이시다. 그는 "모든 이를 대신해서 그리고 모두를 위해" 희생제사로 이 생명을 드리셨다. 그렇게 그리스도는 우리를 자신의 생명, 곧 새 창조의 새 생명에 참여하는 자가 되게 하기 위해, 그리고 그의 몸된 우리로 그를 드러내도록 하기 위해 자신을 희생제사로 드리셨다.

이 모든 것에 교회는 아멘으로 답하고, 믿음으로 이 모든 것을 받으며, 성령을 통해 성찬에서 이 모든 것을 완성한다. 예전에서 모든 의식은 순차적으로 진행되는 그리스도의 구원의 사역이 이룬 실재들의 현시다. 그러나 다시 말하지만, 성취 안에서의 진행이 아니라 현시 안에서의 진행이다. 현시된 것은 현시되기 전에는 존재하지 않던 전혀 새로운 것이 아니기 때문이다. 결코 그렇지 않다! 그리스도 안에서 이미 모든 것이 성취되었고, 모든 것이 실재하고, 모든 것이 주어졌다. 그분 안에서 우리는 아버지께 나아감과 성령 안에서의 교제, 그 나라에서의 새로운 삶에 대한 기대를 이미 얻었다.

여기 성찬 기도의 끝에서 만나는 에피클레시스 또한 이것의 현시이며 선물이고, 그것들에 대한 교회의 수납이다. "당신의 성령을 우리와 이제 여기 드려진 이 예물 위에 내려주소서." 에피클레시스는, 오직 떡과 포도주만을 유일한 대상으로 하는 고립된 어떤 행위가 아니기 때문에 성령의 임재를 바라는 간구를 한 후 집례자는 곧바로 다음과 같이 기도한다. "성령의 교제 안에서 하나의 떡과 잔에 참여한 우리로 서로 연합하게 하소서"(대 바질). "이 떡과 잔이 여기에 참여하는 자들에게 심판이나 정죄가 아니라…영혼의 정결함, 죄의 용서, 성령의 교제, 천국의 완성을 위함이 되게 하소서." 나아가 이 기도는 곧바로 중보로 이어진다. 성찬의 목적은 떡과 포도주가 변하는 데 있는 것이 아니라, 우리의 음식과 생명이 되시고, 교회를 그리스도의 몸으로 나타내신 그리스도에게 참여하는 데 있기 때문이다.

이것이, 거룩한 선물들 자체가 동방정교회에서 경외와 묵상과 찬양의 특별한 대상이 되지 않고, 어떻게, 언제, 어떤 방식으로 변화가 일어나는지가 특별한 신학적 문제로 부각 되지 않는 이유다. 예물이 변한다는 의미에서 성찬은 시간, 본질, 인과관계 같은 '이 세상'의 범주로 드러나거나 설명되지 않는, 오직 믿음에 의해서만 계시되는 신비다. "나는 이것이 진실로 당신의 가장 순전한 몸이며, 귀한 피라는 것을 믿습니다." '이 세상'에서는 어떤 것도 설명되지 않고, 어떤 것도 정의되지 않고, 어떤 것도 변화되지 않는다. 그렇다면 이런 빛, 내적인 기쁨, 그리고 '다른 세상'을 만지는 것 같은 느낌과 충만함은 어디에서 오는 것인가?

우리는 이 질문에 대한 답을 이 에피클레시스에서 찾을 수 있다. 그러나 그 답은 우리의 '단층적인' 논리 위에 세워진 '이성적'인 것이 아니다. 그것은 성령으로 우리에게 드러난다. 우리에게 전해진 모든 성찬의 예식 순서에서 교회는, 성찬이 '성령의 친교'에 참여하려는 사람들을 위한 것이라는 에피클레시스의 다음과 같은 기도문으로 기도한다. "성령의 교제 안에서 하나의 떡과 잔에 참여한 우리로 서로 연합하게 하소서." "천국의 완성을 위해 연합하게 하소서." 성찬 목적에 관한 이 두 가지 정의는 본질적으로 같은 말이다. 둘 다 성례의 종말론적 본질, 곧 장차 올 것이지만 이미 교회 안에 나타났고 이미 주어진 하나님 나라로의 지향을 말하고 있기 때문이다.

따라서 에피클레시스는 예전에서 '교회로서의 성회', 입당, 하나님 말씀의 선포, 봉헌, 감사, 성찬 봉헌, 그리고 기념을 포괄하는 순서인 아나포라를 마무리한다. 그러나 에피클레시스와 함께 예전의 극치, 곧 그 본질을 친교, 거룩한 선물로서 그리스도의 몸과 피를 신 자들과 함께 나누는 것에 두고 있는 예전의 극치가 시작된다.

12장
친교의 성례

오, 그리스도 우리 하나님. 당신의 다스림의 신비가
우리의 능력 가운데서 이루어졌고 온전히 성취되었나이다.
그것은 우리가 당신의 죽음을 기념했고, 우리가 당신의 부활의 모범을 보았으며,
우리가 당신의 영원한 생명으로 채워진 까닭입니다.
우리가 결코 소멸되지 않는 음식을 먹었기 때문입니다.
장차 올 세상에서 당신의 영원하신 아버지와 당신의 거룩하고 선하시며
생명을 창조하시는 성령을 통해 우리 모두에게 기꺼이 내려질 음식을…
대 바질의 예전 중에서

1

예전은 수세기에 걸쳐 발전하며 많은 변화를 겪었다. 그중에서 성찬예식의 마지막 부분, 곧 그리스도의 몸과 피인 거룩한 선물을 취하는 순서는 가장 많이 그리고 중요한 변화를 겪었다. 이 부분이 진정 성찬의 가장 거룩한 성례를 마무리하고 완성하기 때문에, 마지막 장을 시작하며 우리는 가장 먼저 친교, 그중에서도 특히 성찬 참여와 그것을 왜곡한 변화들을 자세하게 살펴보도록 한다.

교회는 처음부터 예전 안에서 나누는 모든 신자들의 친교를

분명한 성찬의 목표이자 "너희로 내 나라에 있어 내 상에서 먹고 마시며"눅 22:30라는 주님의 말씀의 성취로 인식했다. 그렇기 때문에 그 식탁은 성찬의 '형식'이자 성찬의 완성에 참여하는 형식이었다. 정교회의 관점에서 이는 너무나 자명하고 더 이상의 논증을 필요로 하지 않는다.

역사가 흐르면서 점진적으로 많은 교회 구성원들이, 성찬에 대한 이 원래의 개념에서 벗어나 이를 개인주의적으로 축소해 인식하기 시작했다. 오늘날 예배에 충실한 개인은 모든 예배의 목적이 성찬, 곧 성도들의 교제에 참여하기 위함임을 알지 못한다. 신자들은 교리문답에서 다음과 같이 배운다. "어머니와 같은 목소리로 교회는 우리에게 영적인 아버지 앞에서 죄를 고백하고, 가장 뜨거운 경외감으로 일 년에 네 번 혹은 한 달에 한 번, 최소한 일 년에 한 번도 참여하지 않는 일이 없도록 그리스도의 몸과 피에 참여할 것을 신자들에게 명한다."[1] 그리고 성찬을 받기 원하는 사람은 소위 고백 성사를 거쳐야 한다. 그런데 어떤 평신도가 이와 같은 '통상적인 기준' 이상으로 성찬에 참여하고 싶어 하면, 곧 '더 많은 성찬'을 통해 그리스도인으로서의 소명과 그리스도의 몸으로서의 자신의 지체됨을 실현하고자 하면, 매우 이상한 눈으로 쳐다보는 것이 오늘날 교회의 현실이다. 그러나 이는 오늘날 교회에 성회와

---

1. Filaret Drozdov, Metropolitan of Moscow, Longer Catechism(Paris, 1926; rep. Jordanville, N.Y., 1961), "Confession", part 1, question 90.

성찬의 교회론적 이해가 매우 희박해졌다는 증거일 뿐이다. 그래서 이런 인식이 교회에 너무나 편만해진 나머지 교리문답은 "거룩한 예전에 대해 듣기만 하고, 거룩한 성찬을 가까이 하지 않는 사람이 어떻게 그 예전에 참여할 수 있는가?"라는 특별한 질문을 포함하게 되었다. 그 질문에 대한 답은 이렇다. "그들은 기도를 통해서, 믿음을 통해서, 그리고 '자신을 기념하여 이것을 행하라'고 우리에게 분명히 명령하신 주 예수 그리스도를 끊임없이 기억함을 통해서 참여할 수 있고, 또한 참여해야 한다." 우리는 그리스도께서 정확히 그 선물들을 맛보라고 명령하셨다는 데 주목해야 한다. '받아…모두…먹고…마시라.' 또한 우리는 성찬에 참여하지 않는 자들에 대한 이 질문과 대답이 특별한 예외를 제외하고, 교회 전체에 적용되고 있다는 것에도 주목해야 한다. 그러나 놀랍게도 오늘날 이 예외가 성찬에 참여해야 할 모든 신자들에게 스스럼없이 적용되고 있다.

도대체 무슨 일이 일어난 것인가? 어떻게 성찬의 핵심에 대한 이해와 관련해 이런 변화가 일어났는가? 그것도 교회 대부분의 사람만이 아니라 주교들, 사제들, 그리고 심지어 신학자들도 떡과 잔을 받아 먹는 것은 단지 여러 '성례 중 하나', '성화의 수단 중 하나'로 이해하고 있으며, 그것이 수세기 동안 유지될 수 있던 이유는 무엇인가? 놀랍게도 우리의 공식적인 스콜라주의 신학은 그동안 이 질문들에 아무런 답을 하지 않았다. 이제 우리는 여기서 단순히 앞에서 언급했던 교회 훈련과 경건의 쇠퇴, 서방의 영향 등에 대해서가 아니라, 교회 전체에서 일어난 자의식과 자기 인식에 나타난 영적인 전환점, 소위 교회론적 위기에 대해 말해야 한다.

2

교회의 충만한 완성에 참여하는 것으로서의 친교의 점진적인 쇠퇴에 대한 가장 일반적인 설명은, 성찬에 참여할 자격 여부와 그로 인한 성찬 참여의 자격과 보증을 추가적으로 감당해야 할 필요성의 증가와 관련되어 있다. 평신도는 세상 속에서 산다. 부도덕, 거짓됨, 죄악, 거짓말들을 끊임없이 접하며 산다. 따라서 그들은 회개라는 특별한 정화, 특별한 준비 같은 과정을 필요로 한다. 이것이 이 설명의 기본 명제다.

나는 이런 설명을 종교적인 동기에 의한 설명이라고 부르고자 한다. 긍정적으로 말해 이 설명은 거룩한 것에 대한 '경외감'으로부터 생긴 죄의식, 자신의 무가치함을 인식하는 것에서 비롯한 일종의 경건한 두려움을 전제로 하고 있기 때문이다. 이런 두려움은 어떤 형태로든 모든 종교에 내재되어 있는데, 특히 중세 기독교에서 이런 두려움은 교회의 삶 전체를 지배하고 있었다. "우리가 죄를 범하였습니다. 우리가 계명을 어기고 당신 앞에 잘못 행하였습니다"(크레테의 성 안드레의 캐논, 송가 7, 헤이르모스). 금욕주의는 종종 극단적인 형태로 기독교 사회의 도덕적 이상을 설정했다. 물론 언제나 긍정적이진 않았지만, 그것이 교회의 삶에 엄청난 영향을 미쳤다는 것은 분명하다. 예를 들어 살펴보자. 691년에 열린 트룰로 공의회 Council in Trullo의 교회 규범이 증언하듯이, 세상 속의 성직자 혹은 '흰 옷 입은' 성직자(정교회에서는 결혼을 한 사제를 가리킨다-옮긴이)의 감소는 교회 생활의 리더십이 수도원 생활로 옮겨가는 원인이 되었다. 여기서 우리는 이 다면적 과정의 원인과 형태를 자세히 살펴볼 필요는 없다.

중요한 것은, 그것이 점차 교회의 성직중심주의를 초래했고, 성직자와 평신도 사이에 엄청난 거리를 두는 결과를 낳았다는 것이다. 한마디로 교회 '분위기' 전체가 바뀐 것이다. 4세기 말 요한 크리소스톰은 다음과 같이 기록했다. "사제가 그의 아래 있는 백성들과 다르지 않은 경우가 있다. 예를 들어, 그가 거룩한 신비(성찬)에 참여할 때 그렇다. 구약과는 달리 우리는 신자들과 함께 동일한 대우를 받는다. 구약 시대에는 사제들과 회중들을 위한 음식이 구분되었고, 사제들의 음식에 일반 성도들이 참여하는 것이 허락되지 않았다. 그러나 지금은 그렇지 않다. 동일한 떡과 동일한

2. *Homily on II Corinthians* 18, PG 61:527

잔이 모두에게 제공된다… 그리고 우리 모두는 동일하게 서로를 껴안는다."[2]

하지만 결국 '성직신성화'와 '성직중심주의'가 승리했다. 이같은 현상을 우리는 갈수록 평신도과 성직자의 분리를 강조하는 성전과 그 구조의 발달 과정에서도 본다. 크리소스톰은 다시 다음과 같이 기록했다. "그리스도가 이 땅과 성문 밖에서 고난을 당하셨을 때, 그분은 모든 땅을 정결케 하셨고, 모든 장소를 기도하는 곳으로 만드셨다. 당신은 어떻게 모든 땅이 성전이 되고 어떻게 모든 곳이 기도의 장소가 되었는지 알고 싶은가?"[3] 하지만 이 '핵심'으로 성전과 예전 모두를 해석하는 것이 교회에서 일찌감치 사라졌다. 제단에 들어가고 성소에 접근하는 것이 평신도에게는 제한되었고, 성찬에서 그들은 수동적이 되었다.

성찬은 그들을 대신해서, 그리고 그들을 위해서 행해지지만, 정작 그들은 성찬에 참여하지 못하게 되었다. 일찍 이 '이 세상'과 교회를 분리했던 그 경계선이 지금은 그 선이 평신도들을 배제하고 있다. 평신도에 대한 정의가 전에는 '백성'(라이코스), '하나님의 백성'(라오스), '하나님의 소유된 백성'벧전 2:9이었다면, 이제는 세상에서 온 사람들(미리아네) 혹은 '세상에 속해 있는 사람'κοσμικοί로 바뀌었다.

---

3. *Second Homily on the Cross and the Thief*, PG 49:409

3

오늘날에는 성찬에 참여할 준비를 하는 것도 사적인 것이 되어 버렸다. 성찬 참여가 사적이고 개인적인 행동으로 인식되었던 것에 비추어 보면 이를 금방 알 수 있다. 우리의 기도문에는 성찬에 참여하기 전의 기도가 있지만, 성찬 참여 전에 읽히는 기도문 중 두세 개를 제외한 나머지 기도들은 실제로 예전에서는 거의 사용되지 않는다. 마찬가지로 기도문에는 성찬에 참여한 후에 드리는 감사 기도가 포함되어 있지만, 이것 역시 사적인 것일 뿐 예전 자체에는 포함되지 않는다. 예전에 참석한 평신도가 잔에서 멀리 떨어져 있고, 그 결과 이런 기도가 그들에게는 한낱 명목적인 것이 되었음을 고려하면, 이는 너무나 자연스러운 현상이다. 기도문을 읽는 데 있어 그것의 구성, 실행, 시간은 기도문마다 다양하다. 이는 금식에 관한 지침들도 마찬가지다. 그것 자체로만 보면 이 기도문 안의 기도들은 매우 아름답고, 영감을 주며, 무척 유익하다. 그렇기 때문에 우리는 기도문 자체에 대해서가 아니라, 예전과 성례 안에서의 기도문의 위치에 대해 말해야 한다.

요점은 예전 어디에서도 아나포라, 곧 신자들의 예전의 시작부터 그 마지막까지 그 어디에서도 두 '범주'의 예배자들, 곧 거룩한 신비 가운데 성찬에 참여하는 자와 참여하지 못하는 자의 역할에 대한 언급을 찾을 수가 없다는 것이다. 오히려 대략적이긴 하지만 아나포라 이전과 이후, 그리고 아나포라 자체의 기도문만을 읽어 보더라도, 아직 세례를 받지 못한 세례 예비자들이(초기 교회에서는 '참회자들'도) 자리를 떠난 후 '문들이 닫힌 채' 성찬이 거행되었음을 우리는 확신할 수 있다. 이는 피 없는 희생제사의 봉헌이자 동시에, 신자들을 주님의 거룩한 몸과 피를 받도록 준비시키기 위함이었다.

> 다시금 그리고 때때로 우리는 당신 앞에 엎드립니다. 오, 인류를 사랑하시는 하나님. 우리의 청원을 하감하셔서, 당신은 육신과 영의 모든 더러움으로부터 우리의 영혼과 육체를 깨끗케 하시고, 당신의 거룩한 제단 앞에 흠 없이 정죄함 없이 서게 하실 것입니다. 오 하나님, 또한 우리와 함께 기도하는 이들에게 삶과 믿음과 영적 이해가 자라게 하소서. 그들이 경외함과 사랑으로 흠 없이 당신을 예배하게 하시고, 정죄함 없이 당신의 거룩한 신비에 참여하게 하시며, 당신의 천상의 나라에 합당한 자로 여김을 받게 하소서.
>
> _신자를 위한 두 번째 기도, 요한 크리소스톰의 예전

> 당신께 우리의 삶 전부와 우리의 소망을 의탁합니다. 오, 인류를 사랑하시는 주님, 당신께 구하고, 기도하고, 간구하오니 우리로 깨끗한 양심으로 이 신성하고 영적인 식탁에서 하늘의 놀라운 신비에 참여하기 합당한 자 되게 하소서. 죄 사함을 얻도록, 허물의

용서를 받도록, 성령과의 교제를 얻도록, 하늘의 나라를 상속받도록, 당신께 담대히 나아가도록. 오직 판단과 정죄를 받지 않게 하소서.

'우리 아버지' 앞에서 드리는 기도, 요한 크리소스톰의 예전

오, 주 우리 하나님. 우리를 창조하시고, 이 생명으로 이끌어내시고, 우리에게 구원의 길을 보여주시고, 우리에게 하늘의 신비를 계시하신이시여. 당신은 당신의 거룩한 성령의 능력 안에서 이 예배를 우리에게 위임하셨습니다. 오 주님, 그러하오니 우리로 당신의 새로운 언약의 대리자, 당신의 거룩한 신비를 섬기는 자 되게 하소서. 우리가 당신의 거룩한 제단에 가까이 갈 때, 당신의 넓으신 인자하심을 따라 우리를 받으시고, 우리로 우리의 죄와 당신 백성의 잘못으로 인해 드리는 이 마땅하고 피흘림이 없는 희생을 드리기 합당하게 하소서. 당신의 거룩한 하늘의 이상의 제단 위에서 이 제사를 감미로운 영적 향기로 받으시고, 그 대신 우리에게 당신의 거룩한 성령의 은혜를 내려주소서.

제단에 예물을 올려놓을 때 드리는 봉헌 기도, 대 바질의 예전

그리고 마지막으로

성령의 교제 안에서 한 떡과 한 잔에 참여하는 우리 모두가 서로

연합하게 하소서.

아나포라, 대 바질의 예전

아나포라, 곧 예물의 봉헌, 찬송의 피흘림 없는 희생제사와 그것의 준비, 성찬을 받는 것과의 전체적인 유기적 관계를 이보다 더 선명하게 드러내기란 불가능하다. 거룩한 예물에서 우리는 그리스도의 거룩한 몸과 피, 곧 '모든 이들을 대신해서 그리고 모두를 위해' 그리스도께서 드리신 희생제사를 본다. 이것을 우리는 그리스도와 그의 생명, 그 나라와의 연합인 성찬 안에서 믿음과 소망과 사랑으로 받는다. 이것이 정말로 두려운 일임에도 불구하고 성찬에 참여하지 않는 것은 성찬의 성례적인 진정한 의미를 훼손하는 것이다. 이런 성찬의 성례는 더 이상 교회의 교회됨, 하나님 나라와 새로운 생명의 현시가 아니라 '성스러운 재료', 코미아코프 khomiakov의 말을 빌려 말하면 일종의 "해부학적 기적"으로 변환되는 어떤 것으로 인식되고 만다. 바로 여기서 성찬에 대한 설명들의 모든 막다른 결과들이 드러난다. 코미아코프는 계속해서 "개신교와 로마 가톨릭 모두 성례의 본질적인 요소가 '교회'라는 것 및 자연법칙과는 아무런 상관없이, 그리고 그 성례들이 오직 교회를 위한 것임을 이해하지도 못한 채 이미 알려진 지상의 떡과 포도주의 초자연적인 변화를 부인하거나 확언한다. 그러나 그들의 이런 행위는 본질적으로 동일하다."[4]

4

비잔틴 예전 전통에 따라 우리에게 전해진 대로 준비 의식 혹은 순서를 먼저 상기해 보도록 하자. 이는 앞에서 언급한 프로스코미데를 의미하는 것이 아니다. 여기서 나는 신자들의 예전으로 우리의 논의를 제한하려 한다.

에피클레시스 바로 다음에 집례자는 중보의 기도문을 읽기 시작한다. 이 기도문을 우리는 교회의 모임, 그리스도의 몸, 교회의 충만 안에 있는 현시로 정의하는 것이 훨씬 정확하다.

> 성령의 교통 안에서 한 떡과 잔에 참여하는 자 된 우리 모두를 서로 연합하게 하소서. 그리스도의 거룩한 몸과 피에 참여하는 우리 중 누구도 심판이나 정죄를 받지 않게 하소서.

> 오히려 우리로 대대로 당신께 기쁨이었던 모든 성인들과 함께 긍휼과 은혜를 얻게 하소서. 조상들과 선조들과 주교들과 예언자들, 사도들과 설교자들과 복음전도자들과 순교자들과(믿음을 지킨) 고백자들과 교사들, 그리고 믿음에서 완벽했던 모든 의로운 영혼들과 함께.

---

4. *O Tserkvi* (On the Church), *in Complete Works* II (Moscow, 1900), 또는 in the edition of L. Karsvin (Berlin, 1926), p.75

특별히 지극히 거룩하고, 지극히 순전하고, 지극히 복되고, 영화로운 하나님의 어머니 Theotokos이자 평생 동정녀였던 성모 마리아와 함께, 그 거룩한 예언자요 선구자인 세례 요한과 함께, 거룩하고 영광스럽고 모든 칭찬할 만한 사도들과, 또한 당신의 모든 성인들과 함께 그들의 기도로 우리를 방문하소서. 오 하나님, 영생의 부활에 대한 소망으로 우리 앞서 잠든 모든 이들을 기억하시고. 오, 우리 하나님, 그들로 영혼의 용서 안에서, 당신 얼굴의 빛이 그들 위에 비춰는 곳에서 안식하게 하소서.

다시금 간구하오니, 오 주여. 당신의 거룩하고, 보편적이고, 사도적인 교회, 우주의 끝에서 끝까지 존재하는 교회를 기억하소서. 당신께서 그리스도의 보배로운 피로 사신 교회에 평화를 주시고, 세상 끝까지 이 거룩한 집을 보존하소서.

오 주님, 이 예물을 드린 자들과 그들이 위하고 그들을 통해 예물을 드린 자들을 기억하소서. 오 주님, 예물을 가져온 자들과 당신의 거룩한 교회에 선하게 행한 이들과, 가난한 이들을 기억한 자들을 기억하소서. 그들을 당신의 풍성한 하늘의 선물들로 보상해 주소서. 이 땅에서 일시적이고 썩어 없어질 선물 대신에 하늘의 것, 영원하고 썩지 않을 것으로 저들에게 주소서.

오 주님, 기억하소서. 사막과 산, 동굴과 구덩이에 있는 자들을.

오 주님, 기억하소서. 구제하며 경건하게 산 자들과 절제하며 거룩한 삶을 산 자들을.

위정자를 위한 기도

오 주님, 여기에 있는 자들과 영예로운 이유들로 참석하지 못한 자들을 기억하소서. 당신의 그 크신 인자하심을 따라 그들과 우리를 긍휼히 여기소서. 모든 좋은 것들로 그들의 곳간을 채워 주소서. 평화와 조화로운 결혼 생활을 하도록 지켜 주소서. 어린 아이들을 보살펴 주소서. 젊은이들을 인도해 주소서. 나이든 사람들을 부양해 주소서. 낙담한 사람들을 격려해 주소서. 실수한 이들을 이끄시어 당신의 거룩하고, 보편적이고, 사도적인 교회에 다시 참여하게 하소서. 부정한 영들에 사로잡힌 자들을 자유롭게 하소서. 항해하는 자들과 함께 항해하시고, 여행하는 자들과 함께 여행하소서. 과부를 변호하시고, 고아들을 보호하소서. 노예들을 자유롭게 하시고, 병든 자를 치유하소서. 오 주님, 기억하소서. 법정에 있는 자들과 광산에 있는 자들과, 쫓겨난 자들과, 고된 노동을 하는 자들과 그리고 어떤 종류의 고난이나 필요나 위험에 처한 이들을 기억하소서.

오, 주 우리 하나님. 당신의 크신 인자를 구하는 모든 이들, 우리를 사랑하는 이들과 우리를 미워하는 이들, 우리가 비록 자격이 없을지라도 우리에게 그들을 위해 기도해 달라고 부탁한 이들을 기억하소서. 그리고 모든 당신의 백성을 기억하소서, 오, 주 우리 하나님. 그 모든 이들에게 당신의 긍휼을 부어주시고 그들의 구원을 위해 드려진 모든 간구를 응답하소서.

또한 오 하나님. 무지와 게으름으로 인해 혹은 우리가 다 기억하지 못한 모든 이들을 기억하소서. 당신은 각 사람의 이름과 나이를 아시고, 그 어머니의 태로부터 그를 아시기 때문입니다. 오 주님, 당신은 무력 한 자의 참된 돕는 자시며, 소망 없는 자의 소망이시며, 폭풍을 만난 자의 구원자시며, 항해자의 피난처시며, 병든 자의 의사이시니 모든 사람에게 모든 것이 되소서. 각 사람을 아시고 그들의 간구, 그들의 가정, 그리고 그들의 필요를 아시는 당신이여.

오 주님, 이 도시와 모든 도시와 나라를 기아, 전염병, 지진, 홍수, 화재, 전쟁, 원수들의 침략, 그리고 전쟁으로부터 구원하소서.

주교단을 위하여

오 주여, 먼저 주교 ㅇㅇㅇ을/를 기억하소서. 당신의 거룩한 교회를 위하여 그들로 평화롭고, 안전하고, 존귀하고, 건강하고, 장수하게 하셔서 진리의 말씀을 바르게 가르치게 하소서.

오 주님, 기억하소서. 당신의 넘치는 긍휼로, 나의 보잘것없음을, 그리고 의도적으로 혹은 의도적이지 않게 지은 모든 허물을 용서하여 주소서. 나의 죄로 말미암아 여기 차려진 이 예물에서 당신의 거룩한 성령의 은혜를 거두지 마소서.

오 주님, 사제직을 감당하는 이들과, 그리스도 안에서 부제직을 감당하는 이들과, 또한 성직의 직분을 감당하는 모든 이들을 기억하소서. 당신의 거룩한 제단에 둘러 서 있는 우리 가운데 누구도 혼돈에 빠지지 않게 하소서. 당신의 인자로 우리를 찾아 주소서. 오 주님, 당신의 풍성한 긍휼로 우리에게 당신을 나타내소서. 우리에게 적절하고 건강에 좋은 날씨를 주소서. 이 땅에 단비를 내려주사 땅이 열매를 맺게 하소서. 주의 은택으로 한 해를 풍성하게 하소서.

교회들의 분열을 막아 주소서. 이교도들의 맹렬함을 잠잠케 하시고, 당신의 성령의 능력으로 이단들이 일어나는 것을 속히 멸하여 주소서.

우리로 빛의 아들 그리고 낮의 아들됨을 보이사 우리 모두를 당신의 나라로 받아 주소서. 당신의 평화와 사랑을 주소서, 오 주 우리 하나님. 당신께서 우리에게 이 모든 것을 주신 까닭입니다.

그리고 우리로 한 입술과 한 마음으로 당신의 온전히 영화롭고 엄위하신 이름을 찬송케 하소서. 성부와 성자와 성령께서, 이제와 또 영원히, 세세토록 찬양을 받으소서.

아멘. 우리 위대하신 하나님과 구주 예수 그리스도의 자비하심이 여러분과 늘 함께 하시기를 바라나이다.

또한 당신의 영혼에도.

대 바질의 예전

5

내가 기도문 전부를 인용한 이유는, 이 기도가 '성찬 참여 준비'의 의미를 가장 분명하게 그리고 최선으로 드러내기 때문이다. 이 기도로 성찬예식이 시작된다. 앞에서 언급했듯이 이 기도는 성찬의 우주적이고, 교회론적이고, 종말론적인 내용을 하나로 묶는다. 아울러 성찬 참여와 그리스도의 몸됨의 본질을 보여주고, 그리스도 안에서의 새 생명을 우리에게 가져다 준다. 하지만 이 놀라운 기도에 의해 성배로의 즉각적인 접근이 잠시 지체된 것을 간과해서는 안 된다. 그렇다고 이런 지체를 습관적으로 반복해서도 안 된다. 이런 지체는 우리로 하여금 거룩한 것들을 받기 위해 우리의 죄를 다시 한번 고백하고 자신을 준비시키기 위함이 아니라, 오히려 교회로 하여금 자신을 하나님 나라의 성례, 곧 새로운 시간 그리고 새로운 생명의 실재로서 자신을 충만히 이루게 하기 위함이기 때문이다.

중보의 기도는 우주적이다. "당신의 인자로 우리를 찾아 주소서. 오 주님, 당신의 풍성한 긍휼로 우리에게 당신을 나타내소서. 우리에게 적절하고 건강에 좋은 날씨를 주소서. 이 땅에 단비를 내려주사 땅이 열매를 맺게 하소서. 주의 은택으로 한 해를 풍성하게 하소서." 중보의 기도는 교회론적이다. "교회들의 분열을 막아 주소서. 이교도들의 맹렬함을 잠잠케 하시고, 당신의 성령의 능력으로 이단들이 일어나는 것을 속히 멸하여 주소서." 마지막으로 이 기도는 종말론적이다. "우리로 빛의 아들 그리고 낮의 아들됨을 보이사 우리 모두를 당신의 나라로 받아 주소서. 당신의 평화와 사랑을 주소서, 오 주 우리 하나님. 당신께서 우리에게 이 모든 것을 주신 까닭입니다."

세상, 교회, 하나님 나라도 그렇다. 하나님의 모든 창조, 모든 구원, 모든 성취. 이 땅에서의 하늘 모두. 한 목소리와 한 마음, 하나의 찬미와 모든 존귀한 이름, 아버지와 아들과 성령의 이름을 이제와 영원히 그리고 세세토록 찬양함, 아멘. 여기에 이 위대하고 최상의 기도의 본질이 있다. 여기에 이 위대하고 중요한 기도의 본질이 있다. 여기 그리스도 안에, 하나님의 어린 양을 중심으로 하나된 성찬의 궁극적 기원이 있다. 영적인 세계 전체, 곧 하나님의 어머니로부터 시작해 성인들과 모든 신자에 이르기까지 여러 사람에게 여러 모습이 되는 것이 바로 여기에 있다 고전 9:22.

이것이 바로 성찬을 거행할 때마다 우리가 주목하고, 깨닫고, 인식하도록 명령받는 것이다. 우리는 '우리의 불멸의 왕이신 하나님'께 나아가기 전에, 우리의 모든 의식과, 우리의 모든 사랑과, 우리의 모든 욕망을 이곳에 담아야 한다.

6

중보의 기도를 마무리한 후에야 우리는 성찬을 받을 사적인 준비, 곧 모인 자들 전체에 의한 것도 아니며 교회 전체에 의한 것도 아닌, 개인적인 정결을 위한 각자의 기도를 살펴볼 수 있다.

그리하여 당신의 거룩한 것들의 일부를 깨끗한 양심으로 받아 우리로 당신의 그리스도의 거룩한 몸과 피와 하나가 되게 하소서.

우리가 그것들을 합당하게 받으므로 그리스도가 우리 마음 가운데 거하게 하시고, 성령의 전이 되게 하소서. 그렇습니다! 오 우리 하나님, 우리 중 누구도 당신의 두려운 천상의 신비로 인해 죄를 범치 않게 하시고, 합당치 않게 성찬에 참여함으로써 우리의 영과 육이 연약하지 않게 하소서. 오히려 우리의 마지막 숨결까지, 영원한 생명으로 가는 길의 도움이며 당신의 두려운 심판의 보좌 앞에서 받으실만한 변호로 당신의 거룩한 것들을 받기에 합당하게 하소서. 우리도 대대로 당신께 기쁨이 되어 온 모든 성인들과 함께, 당신을 사랑하는 자들을 위해 예비하신 당신의 영원토록 선한 것들에 참여하는 자 되게 하소서, 오 주님.

위에서 알 수 있듯이 일반적으로 이제 중보 기도는 교회 전체의 벅차오르는 기쁨의 자기 준비에서 교회 각 지체들의 개인적인 준비로 강조점이 옮겨간다. 사도 바울은 고린도 교인들에게 다음과 같이 말한다.

너희가 이 떡을 먹으며 이 잔을 마실 때마다 주의 죽으심을 그가 오실 때까지 전하는 것이니라. 그러므로 누구든지 주의 떡이나 잔을 합당하지 않게 먹고 마시는 자는 주의 몸과 피에 대하여 죄를 짓는 것이니라. 사람이 자기를 살피고 그 후에야 이 떡을 먹고 이 잔을 마실지니, 주의 몸을 분별하지 못하고 먹고 마시는 자는 자기의 죄를 먹고 마시는 것이니라. 그러므로 너희 중에 약한 자와 병든 자가 많고 잠자는 자도 적지 아니하니, 우리가 우리를 살폈으면 판단을 받지 아니하려니와, 우리가 판단을 받는 것은 주께 징계를 받는 것이니, 이는 우리로 세상과 함께 정죄함을 받지 않게 하려 하심이라. 고전 11:26-32

의심의 여지없이, 초기 기독교 '영성'에서 '공동체적'인 것은 '개인적'인 것을 강화했고, '개인적'인 것은 '공동체적'인 것 없이는 불가능했다. 그러나 개인적이고 공동체적이라는 초기 기독교의 개념과 오늘날 우리가 가진 개념 사이에는 큰 차이가 있다. 사도 바울은 합당치 않게 성찬에 참여하는 신자들을 정죄했고, 이를 엄하게 경고했다. 바울은 스스로를 살피도록 명했다. 하지만 그는 결코 '당신은 합당하니 성찬에 참여해도 된다. 하지만 당신은 합당하지 않으니 참여하지 말라'며 선택의 기회를 그리스도인 개인에게 준 적이 없다. 그러나 바로 이런 개인적 선택으로 인해 대부분의 교회 지체들이 점점 성찬 참여를 자신 혼자서 삼가고 결국 성찬을 '공동의 사역', 곧 성찬을 교회 전체가 참여하는 예전으로 이해하는 것을 잃어버리게 되었다. 성찬 참여에 조심하려 마음이 원래의 동기를 잃어버리고, 그것이 성찬 참여의 입장권이라도 되는 양 죄 고백을 의무적으로 동반하는 규율 형태("일 년에 네 번")로 변질되었다.

초기 교회는 자신의 영적인 노력으로 그리스도의 몸과 피에 참여할 수 있는 자가 아무도 없음을 잘 알고 있었다. 성찬 참여 준비는 사적으로 자기 자신의 '준비 여부'를 돌아보는 것이 아니라, 그리스도의 사랑에 사랑으로 응답하는 것에 있음을 알고 있었다. "우리도 대대로 당신께 기쁨이 되었던 모든 성인들과 함께, 당신을 사랑하는 자들을 위해 예비하신 당신의 영원토록 선한 것들에 참여하는 자 되게 하소서, 오 주님." 집례자가 "거룩한 것(떡과 잔)은 거룩한 자에게 합당하나이다"라고 선포할 때, 교회는 "거룩한 분은 오직 한 분, 주 예수 그리스도십니다. 하나님 아버지께 영광을. 아멘"으로 화답한다. 하지만 교회는 이 고백을 확증하고 선포하는 데 있어 '사모하는 본향'으로 향하는 문이 모두에게 열려있음을 안다. "서로에게서 분리되는 일은 없을 거라네, 오 친구들이여."

성찬 참여 준비가 공동체적인 것과 개인적인 것의 온전한 연합으로, 곧 그리스도께서 직접 우리에게 주신 주기도문으로 마무리되는 이유가 이 때문이다. 궁극적으로 모든 것이 그분 하나님께 달려 있기 때문이다. 우리는 우리의 부족함, 타락, 배반, 그리고 게으름에도 불구하고 우리의 전 존재로 이 기도의 말씀을 우리 자신의 것으로 받기를 '진정으로 갈망'했고, 또 갈망하고 있는가? 우리의 부족함에도 불구하고 그 말씀들이 우리 자신의 것이 되기를 간절히 원하고 있는가? "이름이 거룩히 여김을 받으시오며 나라가 임하시오며 뜻이 하늘에서 이룬 것 같이 땅에서도 이루어지이다."

7

최근 정교회는 무엇보다 많은 평신도들 측에서 성찬 참여에 대한 열망으로 표출된 일종의 성찬의 부흥을 목격했다. 이 부흥은 서로 다른 장소와 '문화들'에서 여러 모양으로 나타났다. 이 부흥은 무척 환영할 만한 일이다. 그러나 나는 이 부흥을 왜곡할 수많은 장애물들이 존재하기에 매우 조심해야 한다고 생각한다. 그 중에서도 나는 교회의 심각한 '성직 신성화'가 가장 큰 장애물이라고 확신한다. 수 세기 동안 정부와 제국과 공존해 온 교회는 신자들의 '영적인 필요들'을 수발하는 일종의 기관으로, 한편으로는 이런 '필요들'에 종속되고 다른 한편으로는 그 필요들을 정의하고 결정하는 기관으로 변질됐다. 교회와 세상을 구분할 뿐 아니라, 세상을 교회로 연결하는 이—초기 교회에서는 너무나 분명했던—경계선은 이제 단순히 교회로부터 세상을 분리하는 경계선이 되어 버렸다.

나는 교회의 진정한 부흥은 성찬의 부흥에서 시작된다고 믿는다. 물론, 이 단어의 충만한 뜻에서 그렇다. 정교회 역사에서 비극적인 결함이 성례 신학의 불완전함에만 있는 것이 아니라 성례 신학의 부재, 곧 성례 신학의 서방식 사고 체계와 범주로의 축소에 있음을 우리는 이미 확인했다. 교회는 하나의 기관이 아니라 하나님의 새로운 백성이다. 교회는 하나의 종교적 제의가 아니라, 하나님의 모든 창조 세계를 아우르는 예전이다. 교회는 장차 올 세계에 대한 하나의 교리가 아니라 하나님 나라와의 기쁨에 넘친 조우다. 교회는 평화의 성례, 구원의 성례, 그리고 그리스도의 성례다.

온전한 것으로부터 한참 멀어진 생각들을 마무리하기 위해 우리는 성찬에 참여하는 규정에 관해 간단히 몇 가지를 더 살펴볼 필요가 있다. '기술적인' 규정, 문자 그대로 '제의적'인 규정에 관한 것이 바로 그것이다. 그 내용들에 대해 키프리언 컨이 충분히 그리고 상세하게 설명했다. 그 내용들은 우리가 앞에서 언급했던 결함들을 충분히 반영하고 있기에, 여기서 나는 그 요점들만 간단히 요약하려고 한다.

첫 번째 결함은 지나친 상징주의다. 앞에서 언급한 대로 하나님의 창조 세계 전체의 성례성이 아니라, 신성한 예식들 각각에 특별한 의미를 부여하고, 그것을 그것이 아닌 다른 어떤 것을 나타내는 것으로 만드는 알레고리적 상징이 오늘날 교회에 만연해 있다. 예를 들어 '어린 양을 나눔'(성찬 떡을 뜯어 나눔) 가운데서 드리는 기도에 관해 말하며 키프리언 컨은 다음과 같이 결말을 맺는다. "성가대가 '아멘'을 부르는 동안(그들은 그 아멘을 아주 천천히 불러야 하는데 그 이유는 무엇일까?), 사제는 그 양을 나누기에 앞서 은밀하게 기도문을 읽는다…기도문을 읽을 동안, 부제는 왕의 문 앞에 서서 십자 형태로 자신의 몸에 오라리온(부제가 매는 띠 형식의 영대)을 묶는다. 보통 오라리온은 '우리 아버지'(무엇을 언제 행하시는가?)를 부르는 동안 착용한다."[5] 하지만 "신 신학자 시므온 New Theologian

Simeon에 따르면, 부제는 마치 여러 쌍의 날개들처럼 오라리온으로 자신을 장식한다. 그리고 부제는 성찬에 참여할 때 경외감과 겸손으로 자신을 덮는다. 그리하여 여섯 날개 중 두 날개로는 발을, 두 날개로는 얼굴을 가리고, 두 날개로는 날면서 '거룩하다, 거룩하다, 거룩하다'라고 노래하는 세라핌을 모방한다."[6]

두 번째 결함은 은밀히 드려지는 기도에 있다. 이 기도문으로 인해 수많은 평신도들이 감사 기도의 본문을 알지도 못하고, 심지어는 전혀 들어보지도 못해 결국 이 귀중한 보물을 상실하고 만다. '택하신 족속이요, 왕 같은 제사장들이요, 거룩한 나라요, 그의 소유가 된 백성이요, 그들을 어두운 데서 불러내어 그의 기이한 빛에 들어가게 하신 이의 아름다운 덕을 선포하게 하려 하신' 신자들이 왜 하나님께 드리는 기도문을 들을 수 없는지 누구도 설명해 주지 않는다.

세 번째 결함은 성찬을 받는 과정에서 행해지는 성직자와 평신도들 사이의 구별, 곧 앞에서 이미 거듭 언급했던 바 특히 교회 의식에 비극적 결과를 초래한 구별이다.

이런 종류의 결함들은 무수히 많지만, 특히 이것들은 도무지 이해할 수 없는 일종의 금기로 남아 있다. 아마도 성직자들이나 신학자들이 그 결함을 무시하고 있기 때문인 것 같다. 이 문제는 꼭

---

5. *Evkharistia*, pp.301-302
6. 같은 책.

다뤄야 함에도 불구하고, 그들은 누구도 이 문제를 논의하지도, 논의되는 것을 허락하지도 않는다. 여기서 나는 이미 앞에서 여러 차례 반복했던 바를 되풀이하고자 한다. 성찬에 관련된 것은 교회와도 관련되어 있고, 교회와 관계된 것은 성찬과도 관계되어 있다는 것이다. 따라서 우리는 예전의 이런 병적 증상은 우리의 믿음과 교회의 삶 전체를 반영한 것이라고 이해해야 한다. "교회가 있는 곳, 그곳에 성령과 모든 은혜가 있다"*Ibi ecclesia, ubi Spritus Sanctus et omnis gratia*.[7] 그리고 "당신의 거룩한 제단 가까이에 선"(대 바질의 예전) 우리는, 그분이 지극히 거룩한 성례를 조명하는 단순함으로 우리의 내적 시야를 밝혀 주시길 온 맘으로 기도해야 한다.

8

거룩한 예전은 이제 완성된다. 성배로 제단을 축성하며 사제는 외친다. "오 하나님, 당신의 백성을 구원하소서. 그리고 당신의 기업을 축복하소서." 그런 후에 사제는 "높임을 받으소서, 오 하나님. 당신의 영광이 하늘 위에, 그리고 온 땅 위에 있나이다"라고 말하면서 거룩한 제단에 세 번 분향한다. 그러면 사람들이 다음과 같이

---

5. Irenaeus of Lyons, *Against Heresies* 3:24:1

대답한다.

우리가 참된 빛을 보았습니다! 우리는 하늘의 영을 받았습니다! 우리는 참된 믿음을 찾았습니다! 나누어지지 않는 삼위일체, 우리를 구원하신 분을 예배하기 때문입니다.

그러면 사제는 성배를 제단에서 옮긴다. 그런 다음에는 소연, 곧 짧은 감사가 다음과 같이 이어진다.

오늘 당신께서 우리로 당신의 하늘의 신비에 합당한 자 되게 하셨습니다. 우리의 길을 곧게 하셨고, 우리 모두를 당신의 두려움 안에서 견고케 하셨습니다. 우리의 생명을 지키시고, 우리의 발걸음을 굳게 하셨습니다.

그 다음,

평화로운 가운데 떠납시다!

파송이 뒤따른다.
모든 것이 명백하다. 모든 것이 확실하고 분명하다. 이런 충만이 모든 것을 충만케 한다. 이런 기쁨이 모든 것에 스며든다. 이런 사랑이 모든 것을 통해 빛을 발한다. 우리는 다시금 태초에 선다. 그 나라에서 그리스도의 식탁으로의 올라감이 시작되었던 바로 그 곳에.

우리의 부르심을 입증하고, 그것을 이루기 위해 이제 삶을 향해 우리는 나아간다. 우리는 각자 자신의 역할을 감당하지만, 또한 이것은 '성령의 교통 안에서' 우리 모두의 사역이고, 우리 모두의 예전이다.

"주여, 우리가 여기 있는 것이 좋습니다!"

The Eucharist

역자 후기

●●● 알렉산더 슈메만은 동방정교회의 예배학자이자 목회자, 교수로서 탁월한 강의와 영성을 고양시키는 저술로 동방정교회를 넘어 로마 가톨릭과 개신교 신학계에 잘 알려진 분이다. 그의 여러 저술들 가운데 본서는 예배학자로서 그의 사상의 핵심이 담긴 대표작이다.

그는 본서에서 삶의 모든 과정을 하나님과 연결하는 핵심에 예배가 자리하며, 이 예배는 하나님과 그의 백성의 거룩한 연합과 사귐을 가능하게 하는 실재로서의 성찬을 핵심으로 하고 있음을 일관되게 주장한다. 이런 점에서 오늘날의 성찬에 대한 무관심과 쇠퇴는 예배의 본질을 상실한 것이고, 결국 우리의 삶에서 하나님을 경험하지 못하는 위험을 초래했다. 슈메만은 이런 위험을 깊이 경험하고, 복음 전파의 효율성이라는 이름으로 세속화에 빠지고 시대 정신에 부합하려는 현대 교회와, 본질이 아닌 피상적 대안 제시에 머물러 있는 교회 지도자들로 하여금 창조 세계와 교회의 생명과 본질을 근본적으로 회복할 성찬의 의미를 재발견하도록 촉구한다.

동방정교회와는 다른 전통에 속한 독자들에게 이 책은 몇 가지 점에서 간과해서는 안 될 중요한 가치와 의미가 있다. 먼저 예배의 형식과 구성에 있어 우리와는 다르지만, 예배 모임 자체가 하나님을 깊이 경험하는 중요한 방식이라는 것을 우리에게 깊이 확신시켜 준다는 점에서 그렇다. 이는 개인주의와 소비주의에 물든 나머지 예배를 개인의 '영적인' 필요를 채우기 위한 수단 정도로 이해하는 오늘날 예배의 위기를 정확히 지적하고 있기 때문이다. 나아가, 예배의 핵심 구성 요소로서 성찬을 단지 일상적 삶과 구분된 특별한 의식이나 기념식 정도가 아니라, 자신의 삶의 근본을 구성할 뿐 아니라 삶의 방향까지 새롭게 설정하는 것으로 제시한다는 점도 시사하는 바가 크다. 단지 성찬을 통한 예배 형태나 의식의 갱신이 아니라, 그것을 삶으로 연결하는 근본적인 개혁의 원리로 가르치는 저자의 주장은 특히 주목할 만하다. 따라서 서방교회 예배 전통에 서 있는 현대 교회 성도들은, 이 책이 제시하는 성례로서의 성찬을 그대로 답습하기보다는 자신이 속한 예배 공동체가 예배 속에서 얼마나 깊이, 그리고 삶과 연결해서 하나님의 임재에 참여하고 있는지를 진지하게 고민해야 한다.

본서를 번역하는 과정에 많은 어려움이 있었다. 그중에서 동방정교회의 예전 의식에 해당하는 용어들과 개념들, 예를 들어 입당entrance 같은 개념화하기 어려운 단어들이 그랬다. 동방정교회의 예전은 예배당에 들어가는 것, 말씀의 예전에 들어가는 것, 그리고 성찬의 예전에 들어가는 것과 같이 입당에 해당하는 용어를 의도적으로 사용한다. 예전의 모든 과정을 하나님의 임재에 좀더 깊이 들어가는 입당으로 이해하기 때문이다. 성찬 예전에서 가장 핵심인 성체 기도로 알려진 기도문인 아나포라도 우리말로 옮기는 것도 쉽지 않았기에 경우에 따라 원문 그대로 사용하기로 했다. 구체적 의미와 역할에 있어 개신교와 조금씩 차이가 있는 예배 용어와 개념 외에도 논지를 전개해 나가는 데 있어 저자의 갑작스런 임종에 의한 단편적이고 다듬어지지 않은 논지와 문체들과 역자들의 제한된 지식으로 인해 우리말로 옮기는 데도 어려움을 겪었다. 이런 약점들에도 불구하고 기독교 예배라는 기본적인 공통분모를 갖고 있는 독자라면 저자의 주장에 크게 공감하고 또한 그의 통찰에 크게 감탄하리라 생각한다. 슈메만이 자신의 유작인 본서에서 드러내고자 했던 하나님 나라의 성례로서의 성찬의 의미와 본질을 통해 예배의 근본 정신과 실천에 대한 회복의 강조가 한국 교회에 드러나길 간절히 바란다.

번역자 대표 주종훈

성찬 하나님 나라의 성례

초판 1쇄 인쇄 2021년 4월 22일
초판 1쇄 발행 2021년 4월 30일

지은이 알렉산더 슈메만
옮긴이 김아윤 · 주종훈

펴낸이 김태희
펴낸곳 터치북스
출판등록 2017년 8월 21일(제 2020-000174호)
주소 경기도 고양시 덕양구 통일로 800, 2층(관산동)
전화 031-963-5664 팩스 031-962-5664
이메일 1262531@hanmail.net

ISBN 979-11-85098-41-8

책값은 표지에 있습니다.
잘못 만들어진 책은 구입한 곳에서 바꿔 드립니다.